TSJAKKAA!

Das Buch

Emile Ratelband bietet ein effektives Programm, mit dem Sie sich selbst motivieren und Ihre Grenzen überschreiten können. Seine Methode ist das Neurolinguistische Programmieren (NLP): die Beeinflussung des Geistes durch die Sprache, um damit positive Veränderungen zu erzielen. Anhand ganz konkreter Handlungsvorschläge zeigt Ratelband, daß alles möglich ist: Energien können besser genutzt, Ängste überwunden und damit Erfolge erzielt werden. Alles ist eine Frage des Tuns. Die Chance für ein glückliches Leben liegt in Ihrer Hand!

Der Autor

Emile Ratelband ist einer der erfolgreichsten Motivationstrainer Europas. An seinen Powerseminaren haben schon über 30 000 Menschen teilgenommen. Über 270 Unternehmen hat er geschult, darunter Apple, Bauknecht, IBM, Visa u. a.

In unserem Hause ist von Emile Ratelband bereits erschienen:
Der Feuerläufer

Emile Ratelband

TSJAKKAA!

Strategien für Ihren persönlichen Erfolg

Econ Taschenbuch Verlag

Econ Taschenbuch Verlag 2000
Der Econ Taschenbuch Verlag ist ein Unternehmen der
Econ Ullstein List Verlag GmbH & Co. KG, München
© 2000 by Econ Ullstein List Verlag GmbH & Co. KG, München
© 1998 by Econ Verlag in der Verlagshaus Goethestraße GmbH & Co. KG,
München
Umschlagkonzept: Büro Meyer & Schmidt, München, Jorge Schmidt
Umschlaggestaltung: Init GmbH, Bielefeld
Titelabbildung: © Emile Ratelband
Satz: Josefine Urban – KompetenzCenter, Düsseldorf
Druck und Bindearbeiten: Ebner Ulm
Printed in Germany
ISBN 3-612-26720-5

Inhalt

Glück ist, an das Glück zu glauben

Mit Dank an
Sie, der als Leser Zeit, Energie und Kapital investiert.

Eine Bitte

Ich möchte Sie als Leser darum bitten, Sie duzen zu dürfen. Wie all meine Bücher ist auch »Tsjakkaa!« ein sehr persönliches. Ich werde Ihnen von meinen Erlebnissen und Erfahrungen sowie von den Begegnungen mit vielen, vielen Menschen erzählen – und das geht mit einem »Du« sehr viel besser.

Doch in erster Linie denke ich an Sie, den Leser – Sie möchte ich mit meinem Buch ansprechen, Ihnen möchte ich von dem Weg hinauf zum Glück erzählen und ihn mit Ihnen begehen. Und wie alte Weggefährten sollten wir uns – das Ziel klar vor Augen – einfach duzen. Danke!

Tsjakkaa!

Dieses Buch hat ein Ziel: zu zeigen, daß Glück immer erfahren werden kann, indem man es erzwingt – durch das eigene Handeln. Also: Tun! Tun! Tun! ist das Motto.

Wir machen uns zusammen auf den Weg, denn zusammen ist es immer viel leichter! Das Ergebnis wird dich natürlich überraschen, denn ich bin mir sicher, daß du nach der Lektüre dieses Buches mehr in die Tat umsetzen kannst, als du jetzt für möglich hältst.

Glück ist keine mathematische Formel, kein Trick oder Rezept. Es ist eher eine Erkenntnis, aber immer auch eine persönliche Erfahrung, ein Erlebnis!

In meinem Buch »Der Feuerläufer« habe ich erläutert, was Neurolinguistisches Programmieren (NLP) bedeutet. NLP ist eine Technik, die dir erlaubt, in deinem Leben alles zu erreichen, was du möchtest. Du brauchst nur eine grundlegende Überzeugung: »Ich will = ich kann!«

Es ist möglich, in seinem Leben die Zügel selbst in die Hand zu nehmen, das Ergebnis festzulegen. Als Homo sapiens sind wir die höchste Lebensform auf dieser Erde. Wir wissen, daß wir wissen. Das macht unser Dasein so spannend, hat aber oft auch seine Schattenseiten.

Unser Gehirn ist äußerst kreativ. Unser schöpferisches Potential ist schier unerschöpflich. Das wird unter anderem an den Entwicklungen deutlich, die wir Menschen im Laufe der Jahrhunderte auf den Weg gebracht haben.

Jeder möchte auf dieser Erde seinen Platz an der Sonne haben. Auf dem Weg dorthin werden wir ständig von zwei Gefühlen angespornt: Angst und Freude. So führt uns die Angst vor Verlusten, Schmerzen und Hunger immer wieder zu neuen Ufern. Die Freude über eine liebevolle Beziehung oder ein genußreiches Vergnügen motiviert ebenfalls zu neuen Taten. Diese zwei Emotionen bestimmen ständig unser Handeln und Denken.

Auf der Suche nach dem Glück versuchen wir es zuerst mit dem Kaufen von kleinen Dingen (Barbie, Dinky Toy), später mit einem Haus, Luxus und Komfort. So gut wie jeder fällt darauf herein, und das ist verständlich. Die ganze Gesellschaft ist so eingerichtet, daß jeder denken muß, Glück könne man kaufen. Geld verspricht Glück. Wer ist also nicht süchtig nach Geld? Wenn diese Sucht befriedigt ist, folgt die Sucht nach Macht, die sich in Mißbrauch, Gewalt, Korruption und politischer Manipulation äußert; der fruchtbare Nährboden für das unermeßliche Elend auf diesem Planeten.

Es gibt Menschen, die durch das Materielle verblendet sind und dadurch das Licht nicht mehr in ihren Blick bekommen. Sie werden blind für das Glück und kommen von ihrem Weg dorthin ab. Was sie vergessen haben: Glück ist ganz »normal«. Glück hat mit Geld nichts zu tun. Man muß nur mit offenen Augen durch die Welt gehen und einen Sinn für das Glück entwickeln.

Ich nehme dich mit auf einen Weg zu neuen Perspektiven. Wir probieren einfach verschiedene Brillen aus und schauen durch sie hindurch, bis du die passende gefunden hast und dein Blick die Dinge breiter und tiefer durchdringt.

Dazu benötigen wir keine tiefsinnigen philosophischen Betrachtungen oder eine komplizierte Psychologie. Glück ist etwas ganz Normales, wenn man es an sich selbst entdecken kann. Und ich finde es phantastisch, daß ich dir dabei helfen darf.

TSJAKKAA!

Die Schritte des Lernens sind:

1. *Unbewußt unfähig.* Wir wissen nicht, daß wir etwas nicht wissen.
2. *Bewußt unfähig.* Wir wissen, daß wir etwas nicht wissen. Dann kommt die Entscheidung.
   a. Entweder wir sagen: Das brauche ich nicht, das will ich nicht, das kann ich nicht oder
   b. wir sagen: Ja, das macht mich neugierig, das will ich erleben, das möchte ich auch können, ich will das lernen, ich habe das unbedingte Verlangen danach, es zu beherrschen. Sind wir soweit, dann haben wir die nötige Begeisterung und können uns unverzüglich ans Werk machen.
3. *Bewußt fähig.* Wir sind ganz bewußt damit beschäftigt, uns Schritt für Schritt etwas beizubringen.
4. *Unbewußt fähig.* Wir brauchen nicht mehr über das, was wir tun, nachzudenken. Es geht automatisch von der Hand.

Es war eines der schönsten und wertvollsten Geschenke, das ich jemals bekommen habe. Und doch so einfach und billig. Es war ein **Notizblock (6 x 10 cm)**. Nicht der Wert des Geschenks, den ich auf etwa 90 Pfennig schätze, machte ihn so kostbar, sondern das, was auf dem ersten Blatt geschrieben stand:

»Wer schreibt, der bleibt! Schreib so oft wie möglich alles auf, was dir einfällt, und laß mich dann wissen, wie es dir damit ergangen ist.«

Ich finde es sehr schön, meinem damaligen Gönner nun zeigen zu können, daß dieses Buch die Frucht seines Geschenks ist. Es ist aus vielen kleinen Notizen entstanden, die ich in letzter Zeit schriftlich festgehalten habe. Sie betrafen Ideen, die ich entwickelt habe, Gedanken – hochtrabende, philosophische, aber auch ganz alltägliche, banale –, Ereignisse oder ganz praktische Dinge. Ich habe sie aufgeschrieben, abends noch einmal nachgelesen und zugeordnet.

Das ursprüngliche Notizbuch ist schon lange voll, und der Inhalt der Blätter ist in meine Seminare und in dieses Buch eingeflossen. Ich weiß nicht, wie viele Notizblöcke ich seitdem gekauft habe, denn ich habe mir angewöhnt, alles mögliche aufzuschreiben, auch die verrücktesten Sachen.

So habe ich z. B. das ganz besondere Lächeln meiner kleinen Tochter Georgine gesehen und ganz genau beschrieben. Der Moment, in dem ich das tat, zwang mich, diesen flüchtigen, aber so schönen Eindruck noch einmal intensiv zu erleben. Daraus entstanden zwei Gedichtzeilen. Immer wenn ich diesen kleinen Reim lese, sehe ich das glückliche Gesicht von Georgine vor mir. Die Zeilen sind zu einem positiven Anker geworden, und auf diese Weise habe ich die fröhliche Georgine immer bei mir.

Eindrücke und Erfahrungen aufzuschreiben hat eine bemerkenswerte Wirkung – wie knapp auch immer die Zeilen ausfallen mögen. Wir Menschen leiten unser Selbstverständnis stets von äußeren Eindrücken ab. So sind wir in unserer Stimmung oft abhängig von der Art und Weise, wie andere auf uns reagieren. Deshalb bemühen wir uns, möglichst modisch, schön, jung und attraktiv zu wirken, so wie es der Geschmack der Zeit verlangt.

NLP ist eine Technik, die uns erlaubt, mit den äußeren Sinneswahrnehmungen zweckmäßig und praktisch umzugehen. Mit diesem Buch gehen wir einen Schritt weiter. Es zeigt nicht nur, wie wir Impulse von außen verarbeiten, es macht uns auch mit den inneren Impulsen vertraut und hilft uns, sie gezielt einzusetzen.

Für die Erforschung der inneren Impulse ist ein einfacher Notizblock ein sehr geeignetes Hilfsmittel.

Er versetzt dich in die Lage, die Innen- und Außenwelt miteinander abzustimmen. Er ermöglicht dir, deine Abhängigkeit von äußeren Reizen zu sehen, nach denen deine Sinne manchmal so verzweifelt suchen. Du wirst erkennen, daß äußere Reize ein Glücksgefühl suggerieren, das sich letztlich jedoch als Fata Morgana erweist.

Es sieht fast so aus, als ob wir Menschen nur leben, um unsere Wünsche befriedigen zu können. Selbstverständlich müssen die Elementarbedürfnisse gestillt werden: Essen, Trinken, Kleidung und Sicherheit. Darauf hat jeder Mensch ein Recht. Doch muß man immer wieder mit Bitterkeit feststellen, daß dieses Recht 75 Prozent der Menschen auf der Welt verweigert wird, während eine relativ dünne Oberschicht alles anstellt, um auf ihrer unsinnigen Jagd nach Glück noch mehr zu bekommen.

Wir leben hier in Westeuropa in einer Wohlstandsgesellschaft, die uns kaum etwas verwehrt: überquellende Supermärkte und Kaufhäuser zeugen davon. Und voller Stolz können wir auf breiten Straßen die Überfülle glänzenden

Blechs bewundern. Aber leben wir deswegen glücklich? Wir haben alleinerziehende Mütter, volle Krankenhäuser, einsame alte Menschen, Süchtige und eine ganze Palette von kleinen und großen Leiden …

Wie sehr manche Menschen auf der Suche nach einem *Kick*, nach dem ultimativen Impuls von außen sind, um die innere Leere zu füllen, zeigt sich an der *house*-Manie und den Ecstasy-Pillen. *Housen* ist herrlich, aber es wird bedenklich, wenn es zu einem Lebensstil wird, einem künstlichen Nebelvorhang, hinter dem sich die Wirklichkeit verbirgt.

Damit habe ich eigentlich bereits gesagt, was der Tenor dieses Buches sein wird. Das Ziel ist, zwischen deiner Innenwelt und der Außenwelt ein Gleichgewicht herzustellen. Wir haben soviel Außenwelt (sechzig Fernsehkanäle, wechselnde Moden, Fachliteratur und technischen Erfindungsgeist), daß wir allmählich nicht mehr wissen, wie wir all das, was sich anbietet, in uns hineinstopfen sollen. Und schließlich müssen wir enttäuscht feststellen, daß wir dadurch nicht glücklicher geworden sind. Wenn das Festessen in einem Nobelrestaurant verzehrt ist, wenn der Rausch des Urlaubs, des neuen Autos oder des Drinks vorüber ist, wenn der Genuß vorbei ist, meldet sich die unbewußte Unruhe wieder. Und dann gehen wir auf die Suche nach der nächsten Betäubung oder kurzfristigen Befriedigung, diesen kurzen *Kicks*, die eine Aneinanderreihung sinnlicher Wahrnehmungen bilden.

Ist es die Angst vor der Konfrontation mit unserem Inneren, die uns das Glück nur in der Außenwelt suchen läßt? Oder ist es die Angst vor Armut und Hunger? In jedem Falle ist es eine ziemlich ermüdende Angst, da sie nicht nur uns selbst erschöpft, sondern auch unsere Umwelt, Mutter Erde.

Wie es in unserem Inneren aussieht, sei noch dahingestellt. Erst wenn wir die Innenwelt besser verstehen und beide Welten – innen wie außen – aufeinander abgestimmt sind, wird sich Glück in seiner wahren Gestalt präsentieren. Das klingt gut, aber wie setzt man so etwas in die Praxis um? Es beginnt ganz einfach mit einem kleinen Notizblock. Das Schöne am Glück ist, daß es ganz normal ist und sich unablässig zeigt. Auf unserer Jagd nach Betäubung und Befriedigung übersehen wir so oft das Glück im kleinen, so daß wir schließlich das große Glück nicht finden. Glaube nicht, daß unser Vorhaben, das Glück zu finden, schwierig ist. Du brauchst nur die Augen offenzuhalten. Das führt mit ein wenig Übung schließlich dazu, daß du innerlich besser, umfassender erleben wirst. Sobald das erreicht ist, wird der Lockruf der Außenwelt mit allen ihren Versprechungen weniger verführerisch sein.

Mußt du dann ohne die Befriedigung deiner materiellen Wünsche auskommen? Nein, natürlich nicht, aber du bist nicht mehr länger abhängig von ihnen, weil du dir allmählich bewußt wirst, daß das Glück in dir selbst liegt und du es ausgraben darfst. Dein Kugelschreiber oder Bleistift ist deine Schaufel. Schreiben ist graben. Es ist rührend, wie absurd einfach es ist, sich auf den Weg zu einem bewußteren und glücklicheren Leben zu begeben.

Keine Therapie!

Weg mit den gutgemeinten Sprüchen der vielen Pseudo-Psychologen, die damit Unruhe und Ängste bekämpfen wollen. Wir wollen nur: nach außen schauen und im Inneren erleben. Das ist NLP (Neurolinguistisches Programmieren).

Und es beginnt mit etwas so Kleinem wie einem Notizblock. Das ist von heute an das Symbol der Einfachheit, mit der das Glück für dich zum Greifen nahe liegt.

Der Notizblock hilft dir, die Sichtweise, mit der du bis jetzt deine Außenwelt wahrgenommen hast, zu verändern. Vertrittst du die Auffassung, daß Menschen schlecht sind, dann wirst du eine Menge schlechter Menschen sehen, wenn du dich umschaust. Bist du der Ansicht, daß Menschen grundsätzlich gut sind, dann siehst du in erster Linie nur derartige Menschen.

Wir alle sind konditioniert. Bewußt oder unbewußt sind wir in Mustern, Schablonen und Denkweisen gefangen, die uns behindern oder auch anregen. Indem man z. B. unerwartet handelt und Verrücktes tut, werden einem die Augen geöffnet und Beschränkungen aufgehoben. Du verschiebst damit deine Grenzen. Das ist weder ein schwerer Eingriff noch eine Gehirnwäsche. Aus der neuen Perspektive heraus erfährst du, daß dein alltägliches Glück so nahe liegt und daß du bisher, ohne es zu merken, ständig darüber hinweggesehen hast.

Für deinen Notizblock gibt es keine Gebrauchsanweisung. Sorge nur dafür, daß du immer einen bei dir trägst. Er muß ein treuer Kamerad sein, zusammen mit deinem Kugelschreiber. Dann gewöhnst du dir an, alles aufzuschreiben, was dir die Mühe wert ist. Das kann etwas Praktisches (»Morgen John und Josine eine Blume schicken«) oder etwas Emotionales sein (der Sonnenuntergang oder etwas aus der Zeitung, was dich berührt hat). Es kann eine kurze Analyse von jemandem sein, den du heute kennengelernt hast (das könnte dir in drei Monaten zugute kommen), oder ein Witz, den du gehört hast und nach zwei Tagen doch wieder vergessen hättest. Auf diese Weise hast du immer schöne Augenblicke bei dir. Jedesmal, wenn du zurückblätterst, erlebst du sie von neuem.

Dieses Buch ist das Ergebnis unzähliger Aufzeichnungen aus den letzten Jahren. Tatsächlich habe ich dabei erforscht, wie einfach das Glück zu finden ist, es liegt immer zum Greifen nahe. Dieses Buch ist ein Anreiz, Dinge zu tun, die jeder tun kann.

Wenn du die ganzen Vorschläge liest, wirst du wahrscheinlich denken: »Ich werde mich hüten« oder »Ich bin doch nicht blöd« oder »Das mach' ich längst«. Mache dir dann klar, daß du gerade dabei bist, dich noch mehr in dein sorgfältig zurechtgeschnitztes Denkbild und in deine Gewohnheiten einzukapseln.

Wenn dir das gelingt und du die Einkapselungsstrategie dieser Sätze erkennst, bist du dem Glück um einen großen Schritt näher gekommen. Du erweiterst mit dieser Einsicht deinen Horizont auf so überraschend einfache Weise, daß du gar nicht mehr anders kannst, als dir die Vorschläge zu Herzen zu nehmen.

Setzt du sie aber wider besseres Wissen nicht um, bist du entweder faul und träge oder du hast einfach nicht den Mumm. Wenn du nicht bereit bist, deine Außenwelt vielfältiger zu erfahren, um damit deine Innenwelt weiterzuentwickeln, bist du ein Dummkopf. Bleibe dann nur sitzen, wo du gerade sitzt, und rühre dich nicht. Vertrockne, verschrumpel und schwelge in Sinnlosigkeit. Du bist verloren, wenn du dich weigerst, das Leben in all seinen Facetten kennenzulernen.

Wenn du jedoch mitmachst, wirst du merken, daß es keine Mühe macht, mehr Glück zu erfahren. Es war und ist bereits in deinem Leben vorhanden – nur bist du bisher immer darüber hinweggestiegen, drumherumgelaufen oder daran vorbeigegangen. Ich möchte gerne, daß bei uns eine optimale Wechselwirkung zwischen Außenwelt und Innenwelt entsteht. Wir öffnen das Fenster weit und atmen tief ein und aus. Die Gardinen werden zur Seite gezogen, und das Licht strömt herein.

Die Geschwindigkeit, mit der sich der Mensch in der Technologie zu einem immer höheren Tempo aufmacht, kann negativen Streß verursachen. Die häufigsten Ursachen für diese Art Streß sind jedoch Arbeit, Beziehungen und das Bild, das du von dir selbst hast. Streß läßt sich vermeiden und beseitigen, indem du deine Einstellung veränderst. Was du säst, wirst du ernten. Eine negative Haltung führt in jedem Falle zu einer mageren oder mißglückten Ernte.

Du kommst in eine positive Stimmung (die Stimmung steuert dein Verhalten), indem du deine Süchte und Abhängigkeiten von der Außenwelt erkennst und dich deiner Innenwelt stellst. Dabei hilft dir das tägliche Leben, indem es deinen Horizont erweitert und deinen Verstand schärft.

Das klingt pathetisch, ist aber eine universale Wahrheit. Das wird dir klar werden! Der erste Schritt ist jetzt schon klar: ein hübsches kleines Notizbuch, in dem du alles mögliche aufschreibst.

Ich habe davon sehr profitiert, denn all die kleinen Notizen haben mich inspiriert, als ich dieses Buch geschrieben habe. Und eigentlich machst du das gleiche. Schritt für Schritt **schreibst du dein eigenes Buch**; zunächst bruchstückweise, aber am Ende entsteht daraus ein Ganzes, und das bist du!

Alle, die mittlerweile einen Notizblock benutzen, sind begeistert. Es ist ein Beweis für die Behauptung, daß Glück eigentlich ganz normal ist. Du kannst es dir zur Gewohnheit machen, indem du jetzt damit anfängst und es beibehältst. Jeden Tag aufs neue.

Vermögen und Wohlstand, ist das Glück? Nach Van Dale (ndl. DUDEN) ja, und auch in Spielcasinos vertritt man diese Definition. Auf die richtige Zahl setzen, und wenn die Kugel dann dort liegenbleibt, hast du Glück. Ob du davon glücklicher wirst? Na und ob, auch wenn es nur eine kurzfristige Freude ist, die dich erfüllt, weil du gewonnen hast. In diesem Buch wird unter »Glück« jedoch eher ein *Zustand* verstanden: das Glücklich-*sein*.

Das Leben ist Himmel und Hölle zugleich, und ein Blick in den Himmel ist nur einigen wenigen, und auch nur für sehr kurze Zeit, vergönnt: Einen kurzen Moment lang von einem vollständig glückseligen Gefühl durchströmt zu werden, einem Gefühl, das erleichtert und leicht ist. Und danach kommt man wieder zurück in die Realität.

Glück verspürt man auch, wenn man etwas miteinander vergleicht und der Vergleich günstig ausfällt: »Ich habe Glück gehabt«, sagt man, wenn man einer großen Gefahr entkommen ist. Es heißt auch: »Ein See von Glück wird aus einem Brunnen von Verdruß gespeist.« Daraus wird deutlich, daß das eine nicht ohne das andere möglich ist.

Glück ist nur zu erkennen, wenn es mit dem Unglück, das uns umgibt oder sogar überkommt, verglichen wird, so sagen die Zyniker unter uns. Die Suche nach dem Glück führt häufig zu dem Mißverständnis, daß materieller Besitz ein erfolgreicher Schritt auf dem Weg zu diesem gesegneten Zustand ist. Zwar können Komfort und Luxus in einem gewissen Ausmaß zur Zufriedenheit beitragen, aber zum Glück gehört mehr, weit mehr. Glück findet sich nicht in Dingen oder einem Status. Glück kommt von innen und wird in liebevollen Beziehungen zu sich selbst und zu anderen erworben. Glück ist nicht zu kaufen. Unsere Anstrengungen, mit Hilfe von Mode und Kosmetika attraktiv auszusehen, beeindrucken andere zweifellos. Ein teures Auto und ein freistehendes Haus bestätigen den Status. Eine hohe gesellschaftliche Stellung bedeutet Macht. Doch sind dies keine Quellen von Glück; es spiegelt vielmehr unsere moderne Auffassung vom Leben wider, Schmerz zu vermeiden.

Die Menschheit wird durch eine gigantische kollektive Angst getrieben. Ein niederländisches Sprichwort lautet: »Der Mensch leidet am meisten unter dem Leiden, vor dem er Angst hat.« Die Angst macht unsere Gattung blutrünstig, grausam und kriminell. Um zu überleben, brauchen wir Geld, und Geld verleiht Macht.

Gegenwärtig sieht es so aus, als sei der Mensch einzig darauf konditioniert, nur das, was von außen kommt, wahrzunehmen und entsprechend zu reagieren. Sinnliche Wahrnehmung, TV, Anreize, Aktivitäten und Genußmittel betäuben aber nur den Schmerz des Daseins und die Angst – während doch die Wahrnehmung des Inneren zum Zustand der Glückseligkeit führen könnte. Aber diese Art der Wahrnehmung haben wir verlernt. Statt dessen üben wir lieber Macht aus oder betäuben uns sinnlos.

Wer wagt es, sein Inneres anzuschauen? Worauf stößt man da? Wer will sich selbst kennenlernen und schließlich herausfinden, daß das »Selbst« eine mystische Einheit ist, ein Bestandteil eines unvorstellbaren Ganzen? Auch diese Erfahrungen sind tief verschüttet – wiewohl viele das Großartige der Innenwelt noch ahnen. Nicht von ungefähr beschäftigen sich am Ende des Jahrhunderts viele Menschen mit diesen Fragen.

Wir leben in einer Zeit, die uns mit materiellen Gütern reich gesegnet hat. Aber auf diesem Höhepunkt des Wohlstands fragen wir uns allmählich, was wir eigentlich tun – und wo das Glück bei all dem bleibt.

Wenn man Glück nicht kaufen kann und es auch nicht mit Genuß verwechseln darf, was ist es dann? Meiner Meinung nach ist Glück eine Erfahrung zwischen Dankbarkeit und Weisheit. Um weise zu sein, braucht man nicht die Universitätsbibliothek zu verschlingen. Aber man sollte alles in seinem Bereich so gut und so vielfältig wie möglich tun. Was ich damit meine, wird deutlich werden, wenn du weiterliest.

Glück liegt zum Greifen nahe, wenn wir für uns eine geeignete persönliche Definition aufgestellt haben. Glück bedeutet, ein offenes Auge für die eigenen Möglichkeiten und Chancen zu haben und diese anschließend zu nutzen.

Glück ist das labile Gleichgewicht zwischen dem, was du hast, und dem, was du bist. Es bezeichnet auch die Zufriedenheit mit dem, was du hast, und dem Akzeptierenkönnen dessen, was du *nicht* hast. Es hat keinen Sinn, gierig nach Glück zu suchen, denn dann ist es unauffindbar. Glück zu finden ist eine persönliche Einstellung. Wer weiß, wie es zu fangen ist, wird sicher einmal danebengreifen, aber schließlich dennoch viel behalten.

In den folgenden Kapiteln findest du mehr als dreihundert Beispiele dafür, wie man das Glück finden und erfahren kann. Es sind manchmal naheliegende, manchmal überraschende Vorschläge.

Dieses Buch hat seine Aufgabe erfüllt, wenn du erkennst: Das Glück ist in Reichweite, ich muß nur danach greifen.

Außerdem kann das Buch deine Eintrittskarte zu neuen Abenteuern und neuen Erlebnissen sein – wenn du die Vorschläge, die ich dir mache, befolgst. Am Ende wirst du wissen, was für dich Glück bedeutet und wie du es – Tag für Tag – erleben kannst.

Mache etwas daraus!

TSJAKKAA!

Mache was!

Das Schöne am Leben ist, daß jeder Mensch seinem Leben eine eigene Richtung geben kann. In meinem ersten Buch »Der Feuerläufer« habe ich die technische und theoretische Seite von NLP erläutert. In den Niederlanden war es *die* Einführung in das Neurolinguistische Programmieren für ein breites Publikum. Mittlerweile haben Zehntausende von Menschen mit dem Phänomen »Ich will = ich kann!« Bekanntschaft gemacht. Sie programmieren ihr Gehirn so, daß sie mit Hilfe interner Kommunikation ihr Ziel schneller erreichen. Es funktioniert. Frage sie mal!

In der Theorie klingt das erstaunlich einfach. Ach, es liest sich so gut und so leicht, und man kann etwas dabei lernen. Und dann? Wird es auch in der Praxis erprobt? Ich weiß aus zahlreichen Briefen und Anrufen, daß viele Leser die Theorie, die ihnen angeboten wird, tatsächlich praktisch umsetzen.

Diejenigen, die es getan haben, das heißt die aktiv geworden sind und auch bereit waren, den Preis dafür zu zahlen, haben ihr Ziel erreicht oder sind auf dem besten Weg dorthin. Diese Menschen werden Harmonie, Vitalität und Glück erlangen. Menschen, die eine Verbindung zu ihrer Seele herstellen können, haben es leichter im Leben.

Körper, Seele, Geist und unsere Umgebung sind untrennbar miteinander verbunden. Wenn wir einen dieser vier

Aspekte vernachlässigen, geraten wir leicht aus dem Gleichgewicht. Die Seele ist der Ursprung des menschlichen Lebens. Materiell betrachtet bestehen wir aus einer Menge Fleisch, die von Haut und Knochen zusammengehalten wird. Das Fleisch und die Gliedmaßen bestehen aus Molekülen, diese aus Atomen, die wiederum aus Protonen und Neutronen bestehen und so weiter. In der Zusammensetzung gibt es keinen Unterschied zwischen menschlichem und tierischem Fleisch. Die Materie allein kann also der Ursprung *menschlichen* Lebens nicht sein. Wir haben jedoch ein Bewußtsein, wir können geistig wachsen und dadurch unser Leben aktiv gestalten. Ich nenne dies die »Seele«, sie sitzt in unserem ganzen Körper, in allen unseren Atomen. Und Glückserfahrungen sind Nahrung für die Seele. Wer das begreift, bekommt eine positive Lebenseinstellung und begibt sich auf den Weg zum Licht. Mit anderen Worten: auf den Weg zur Vervollkommnung. Später komme ich darauf noch zurück, aber *first things first!* Zu handeln und aktiv zu werden, das steht an erster Stelle! Es ist eine Sache, einen theoretischen Text zu lesen, die andere ist es, die Theorie auch anzuwenden. Das ist das Thema und der rote Faden dieses Buches: deine Aktivität, deine Umsetzung meiner Vorschläge. Also: Mach etwas, handle!

Es ist natürlich wichtig, daß der Kopf mit Denkstrategien gefüllt wird, denn das Denken lenkt uns in eine bestimmte Richtung. Danach aber kommt es darauf an, daß Denken in

Handlung umzusetzen. Deshalb ist es jetzt Zeit für eine Handlungstechnik, Zeit dafür, sich tatsächlich etwas vorzunehmen und aktiv zu werden: Komm raus aus den Federn und pack die Dinge an!

Dir das mitzuteilen könnte für mich als Autor eigentlich schon reichen; das Buch wäre damit geschrieben. Abschließend könnte ich dir noch mental einen Tritt in den Hintern geben. Für kurze Zeit würdest du dann vielleicht darauf brennen, dein Leben so zu gestalten, wie du es für richtig hältst – aber bleibt das im Gedächtnis hängen? Besteht nicht die große Gefahr, daß du ruckzuck in dein altes Verhaltensmuster zurückfallen wirst? Schau dich nur um: Die Welt scheint von apathischen Menschen zu wimmeln. Allesamt zeugen sie von einer Lethargie, die jede Aktivität sicher zu verhindern weiß. Mit dieser Schwerfälligkeit müssen wir – du und ich – rechnen.

Mein Rezept für Menschen, die zu mir in die Therapie kommen, ist unmißverständlich. Ich nehme sie am Schlafittchen (sie sitzen meistens zusammengeduckt und nach vorne gebeugt) und trete ihnen in den Allerwertesten. Das meine ich wörtlich. Sie schrecken zusammen und stellen sich automatisch gerade hin. Diese Körperhaltung holt sie sofort aus ihrer Niedergeschlagenheit heraus.

Stelle dich einmal aufrecht hin, Schultern nach hinten, Bauch einziehen, Pobacken zusammenkneifen; atme tief und ruhig, schaue nach oben und sieh, wie du an dem phantastischsten Ort, den du kennst, mit den nettesten Menschen, die du kennst, Spaß hast. Es ist unmöglich, sich jetzt elend zu fühlen. Du fühlst die Kraft in dir fließen, die Kraft, die jedermann dir sofort ansieht. TSJAKKAA!

Oft bitte ich meine Klienten, sich umzuziehen. Die Sitzungen finden nämlich häufig bei ihnen zu Hause statt. Nicht selten fühlen sie sich einfach zu elend, um zu mir zu kommen. Blitzschnell wechseln sie die Kleider und präsentieren sich in einer alten Gartenhose mit Flecken und einem zerknitterten T-Shirt. Ich schicke sie sofort wieder weg mit der Anweisung, sich ausgiebig zu duschen, die Haare zu waschen, sich ihre schönste und farbenprächtigste Kleidung anzuziehen und sich angenehm zu parfümieren. Dann gehen wir zusammen in die Stadt und genießen den Tag, wobei ich alle positiven Momente, die wir erleben, bei meinem Begleiter verankere.

Ich bringe meinen Klienten bei, die Aufmerksamkeit auf alles zu richten, was ihnen guttut und zu ihrem Wohlbefinden beiträgt. Eindrücke, die ein schlechtes Gefühl auslösen könnten, beachten wir auf unserer Tour nicht. Abschließend mache ich ihnen klar, daß nicht entscheidend ist, was einen überkommt, sondern wie man damit umgeht. Die meisten meiner Klienten haben nach einem solchen Tag gelernt, daß sie selbst entscheiden können, worauf sie ihre Aufmerksamkeit lenken und ob es ihnen gut oder schlecht gehen soll. Sie haben ihr Erleben der Wirklichkeit in einen neuen, positiven Rahmen gestellt. Diese Technik nennen wir »neubewerten«.

Früher oder später fällt der Klient natürlich wieder in die alte Mutlosigkeit und Verlassenheit zurück. Das tun wir zu gewissen Zeiten alle, denn es gehört zum Leben. Stelle dir nur mal vor: ein Leben mit lauter Höhepunkten, ohne Pause, ohne ruhige Minute. Das wird ziemlich langweilig und anstrengend. Aber jetzt kennt mein Klient die Hilfsmittel, sich selbst einen Tritt in den Hintern zu geben, sich zu ermahnen, munter, fröhlich und aktiv zu sein. Einerseits kennt er nun die Technik des Neubewertens, andererseits verfügt er über einen wichtigen Bezugsrahmen, den er immer wieder abrufen kann.

Niedergeschlagene Menschen, mutlose und einsame – das sind die schwereren Fälle. Die meisten Menschen haben jedoch das Gefühl, es mit sich und ihrem Leben ganz gut getroffen zu haben – obwohl das Optimum, wie sie meinen, noch nicht erreicht ist.

Sie haben recht: Es geht immer noch etwas besser. Und diese Einstellung ist ihr Kapital. Denn Menschen, die wissen, daß dieses Leben zum Lernen da ist und einen ständigen Wachstumsprozeß in Richtung »Optimum« darstellt, werden etwas erreichen. Sie sind bereit zu akzeptieren, daß es keine Fehlschläge gibt, sondern nur Resultate. Sie sehen keine Schwierigkeiten, sondern ausschließlich Möglichkeiten. Gehörst du zu diesen Menschen?

Ich biete dir jetzt die Möglichkeiten, aktiv zu werden. Es ist zwar gut zu wissen, daß du dein Gehirn programmieren kannst, um deine Kommunikation zu lenken und im Sinne einer positiven Lebenseinstellung zu optimieren. Aber Wissen ist nicht alles. Jetzt müssen Taten folgen.

Es wird dir auffallen, daß ich dich mit meinen Dutzenden von Anregungen aus vertrauten Schemata und Gewohnheiten herausreißen werde. Ich werde dich aus starren Kreisläufen herausholen und einladen, Dinge zu tun, über die du im Normalfall nicht einmal nachdenken würdest.

Damit setzt du NLP in die Tat um. Wie ein Hund wirst du das Regenwasser aus deinem Fell schütteln oder wie ein

Vogel mit den Flügeln schlagen. Schüttle alte Gewohnheiten ab und lerne, frei zu leben! Probiere es einfach aus. Die Briten haben dafür ein Sprichwort: *The proof of the pudding is in the eating*, Probieren geht über Studieren!

Erfahrung ist noch immer der beste Lehrmeister. Denke mal an deine Kindheit. Wie unbefangen warst du damals? Die Welt glich einem Spielplatz mit grenzenlosem Horizont. Was hast du alles gemacht?

Und wie ist es jetzt? Hast du wirklich schon genug gespielt, oder hast du ein bißchen Angst davor, Fehler zu machen?

Als kleiner Junge war ich ziemlich wild. Ich habe an der Walburg-Kirche Fensterscheiben eingeworfen, das Weihwasserbecken leer gemacht und in Sonsbeek Cowboy gespielt. Unsere Schule stand direkt an einer Kurve, in der der vorbeifahrende Bus abbremsen mußte. Das brachte meine Freunde und mich auf eine prima Idee: An warmen Tagen sind wir auf das Dach der Schule geklettert und haben einen in Zeitungspapier gewickelten selbstproduzierten Haufen Kot durch das offene Busdach geworfen. Wir haben nicht immer getroffen – dann lief der Dreck an den Fenstern herunter. Abends haben wir auf dem Baugeländer des neuen Rathauses herumgespukt und in der Schule ausprobiert, wie weit wir bei den Lehrern gehen konnten. Wir waren ständig aktiv.

Die Notwendigkeit, sich zu entwickeln und zu lernen, ist am größten, wenn man klein ist, deshalb sind Kinder in ihrem spielerischen Tatendrang auch kaum zu bremsen. Ob es regnete, schneite, fror oder ob der Mond schien oder nicht – es konnte uns Kinder nicht darin hindern, die Welt zu erkunden und wichtige Erfahrungen zu machen. Nur unsere

Eltern hatten Bedenken wegen der nassen Kleidung und der Gefahren in der Dunkelheit. Blieben wir im Haus, dann holten wir den Fischer-Bausatz heraus, oder wir zeichneten ein Blatt Papier voll und malten es bunt an. Ich habe es geliebt, eine alte Uhr auseinanderzunehmen, sie wieder zusammenzusetzen und dabei eine Handvoll Teile übrig zu behalten. So wie die Uhr vorher getickt hatte, hat sie nach meinem Eingriff nie wieder getickt …

Wir spielten, und wenn wir gerade einmal nichts machten, bekamen wir zu hören: »Was ist los? Macht doch was!« Es war ein spielerisches Lernen, das ohne das Etikett »Lernen« auskam. Alle diese Erfahrungen haben uns geformt. Wir haben ständig neue neuronale Verbindungen in unserem Kopf hergestellt. Je mehr, desto besser, denn dadurch steigt das Potential, aus dem man schöpfen kann.

Alles, was du getan und durchgemacht hast, ist wie mit einem Meißel in dir eingraviert; es hat einen bleibenden Eindruck bei dir hinterlassen und das Bild von dir geformt. Dieser Prozeß ist noch längst nicht abgeschlossen. Das Bild ist erst fertig, wenn in ferner Zukunft der Deckel geschlossen wird …

Du hast ohne Zwang und ohne darüber nachzudenken gespielt. Es ging von selbst, und du machtest es mit Freude. Hattest du Glück und deine Eltern regten dich an, forderten dich auf, Dinge zu tun (Unfug treiben, Briefe schreiben, Feste organisieren, Feste besuchen, aber auch »Reise nach Jerusalem«, der »Plumpsack geht um«, »Blinde Kuh« und mit Murmeln spielen gehörten zum Paket unschuldigen und unterhaltsamen Zeitvertreibs), dann verfügst du jetzt über ein größeres Potential und mehr Möglichkeiten, als wenn jede Initiative von deinen Eltern im Keim erstickt worden wäre.

Ich bekomme immer einen Schrecken, wenn ich sehe, wie kleine Kinder auf dem Sofa herumhängen und im Fernsehen Zeichentrickfilme konsumieren. Das ist in dieser Zeit normal, das weiß ich. Aber für mich steht eines fest: Aktive Tu-Kinder funktionieren später besser als passive Guck-Kinder.

Früher ging jeder zu Fuß zur Schule, die in den Städten fast immer in Laufweite entfernt war. Auf dem flachen Land hingen die Schüler vornübergebeugt über dem Lenker ihres Fahrrads und strampelten sich auf dem Weg in die Stadt ab, denn nur dort bestand die Möglichkeit, eine Berufsfachschule, Realschule oder eine Ingenieurschule zu besuchen. Keine Frage, das war damals normal.

Nun gibt es Staus vor den Schultoren, und die Straße ist blau von Abgasen, weil die Kinder mit dem Auto zur Schule gebracht werden, als wären sie Politiker oder Wirtschaftskapitäne mit eigenem Chauffeur. Was sie dabei nicht mehr lernen, das ist selbständig die Straße zu überqueren. Sie kommen mit ihrer unmittelbaren Umgebung kaum mehr in Kontakt. In unserer heutigen Zeit wird es sicherlich andere Lern- und Entwicklungsimpulse geben, keine Frage. Aber die Möglichkeit, auf spielerische Weise die Gefahren des Straßenverkehrs kennenzulernen, ist passé. Die Kinder der sogenannten benachteiligten Bevölkerungsgruppen müssen hingegen noch allein mit den Situationen auf der Straße fertig werden – mit ihnen haben wir die Gewinner der nächsten Generation vor uns.

In der Schule begann das wirkliche, das kreative und soziale Leben mit deinesgleichen. Das äußerte sich in der anstekkenden Begeisterung der kleinen Freunde und Freundinnen, die sich gegenseitig verrückt machten. So kam es zu einer dauerhaften und spielerischen Fremdbestäubung mit Plänen und Ideen. So hast du immerfort deine Grenzen erweitert und verschoben. Das Gesetz stand dem Bau einer Baumhütte im Park noch nicht im Weg, und es gab immer Kameraden, die mitmachen wollten. Damals war alles herrlich unkompliziert. Der Grund dafür ist einfach: Als Kind stellt man keine Bedingungen. Man denkt nicht in Sätzen wie: »Was springt dabei für mich heraus?« Man macht es einfach, weil man den anderen nett findet, weil man befreundet ist und weil man etwas Spannendes unternehmen möchte.

Je älter du aber wurdest, desto mehr Bedingungen stelltest du. Plötzlich dachtest du über das, was du tun wolltest, nach und wägtest ab, wie groß der Nutzen für dich sein könnte. Du fragtest dich immer mehr, wie du dich verbessern könntest. Und als sich Risiken abzeichneten, warst du nur damit beschäftigt, sie zu minimieren. Das zeigte sich auch in der Beziehung, die du eingingst: Partnerschaftsvertrag, Gütertrennung oder Gütergemeinschaft, und bei den Vereinbarungen mit anderen: Arbeitsvertrag, Lebensversicherung, Kaufvertrag, Hypothekenbrief, Testament ... »Es gibt nichts umsonst«, sagst du und wirst zu einem Pragmatiker und Opportunisten.

Du beachtest die Verkehrsregeln und respektierst die Gesetze – die Gesellschaft formt dich zu einem Vorzeigebürger. Die Schulpflicht ist seinerzeit nicht eingeführt worden, um die Massen schlauer zu machen, sondern um dem Volk Disziplin beizubringen. Verließ man die Schule, wußte man, wie man sich zu verhalten hatte. Sobald es klingelte, marschierten die Schüler hinein. Beim nächsten Klingeln wieder heraus. So wurde die Blüte der Nation für Fabrik und Büro abgerichtet.

Nach und nach verwandelte sich die Bedeutung von »tun = spielen« in »tun = Leistung«, »tun = müssen«, »tun = Gehalt«, »tun = Status«. Du hast dich immer mehr dazu verführen lassen, etwas zu tun, woran du keine Freude hattest. Du mußtest es tun – und dabei hast du dir noch eingeredet, daß diese Quälerei in ferner Zukunft Früchte tragen und dir Glück einbringen würde: ein trauriges Mißverständnis. Als Kind lebtest du »im Augenblick« und hattest Spaß dabei. Du schlugst den Nagel schief in die Baumhütte und lachtest darüber. Jetzt schlägst du den Nagel schief in die Wand und fluchst. Warum? Was ist passiert? Es ist der gleiche Nagel, der gleiche Hammer und die gleiche Handlung. Geändert aber hat sich die Bedeutung, die du der Sache gibst. Jetzt *muß* der Nagel in die Wand, denn das Gemälde *muß* vor fünf Uhr gerade hängen: Dein Chef kommt heute abend zu Besuch. Du mußt also einen guten, einen sehr guten Eindruck machen, die Frau des Hauses ebenfalls, denn die Gattin deines Chefs will beeindruckt werden – der Einfluß der Direktorenfrau ist nicht zu unterschätzen!

Wir entfernen uns durch die Interpretation der verschiedensten Faktoren um uns herum immer mehr von zu Hause, von unserer Quelle. Wir haben geglaubt, daß das, was die Außenwelt uns vorgaukelt, die Wahrheit ist. Wahrheit ist Weisheit, und die bringt Glück. Also lag der Schluß nahe, daß äußere Faktoren bestimmen, was uns glücklich macht. Das ist Unsinn! Diesen Nonsens aber als Nonsens klar zu erkennen, heißt, den richtigen Weg zum Glück eingeschlagen zu haben.

Letztlich sind wir in die Falle gegangen, die wir selbst uns gestellt und instand gehalten haben. Wir müssen arbeiten, uns fortbilden, entspannen, positiv denken, zum Fitneßclub, uns um unsere Beziehung kümmern, für unsere Zukunft sorgen usw. Wir denken, daß das Glück zum Greifen nahe sein wird, und wissen doch, daß wir von dieser Illusion nichts haben. Mittlerweile gilt für viele: Wenn du über die Firma verfügst, ist es vorbei mit dem Vergnügen.

In unserer Gesellschaft sind Äußerlichkeiten wichtig geworden. Menschen werden aufgrund ihrer Kleidung beurteilt, zumindest nach der Marke: Ist die Brille von Hans Winkel oder nur von Hans Anders? Sind die Schuhe geputzt? Hat die Krawatte die richtige Größe? Darf ich eben schauen, was Sie für ein Auto fahren? Wieviel verdienen Sie? Warten Sie, sagen Sie es nicht, ein Blick auf Ihre Uhr genügt. Ach, und noch ein teurer Ring. Und eine zwanzig Jahre jüngere Frau, eine Sekretärin zum Anbeißen. Mann, Sie haben aber alles gut auf die Reihe gekriegt! Ein Schulterklopfen, und dann genehmigen wir uns noch einen. Ex, und jetzt noch eine Runde von mir, Jungs! Oh, was haben wir für einen Spaß. Spaß? Daß ich nicht lache!

Als Beispiel dafür, wie Frauen sich verrückt machen lassen, verweise ich der Einfachheit halber auf die Hochglanzmagazine. Ein Blick auf die Titelseiten von Zeitschriften wie *Marie-Claire*, *Elle*, *Vogue* und *Cosmopolitan* sagt genug.

So sind wir zu der Ansicht gekommen, daß Äußerlichkeiten wie Fernreisen oder freistehende Häuser unser Glück bestimmen. Das soll uns das Heil bringen. Essen vom Feinkostlieferanten oder bei Käfers, Wein am liebsten Grand Cru

Classé und bei Whisky nur Malt oder Black Label. Kinderbekleidungsgeschäfte statten Kinder wie Mini-Erwachsene aus. Dreijährige Jungen laufen mit Krawatte und Jackett herum, und das liebe Töchterchen braucht unbedingt Oilily, wenn sie nicht schon von Oshkosh zu einer teuren Zicke mit der dazugehörigen Vidal-Sassoon-Frisur transformiert worden ist.

Kinder achten auf die sozialen Abweichungen, die Oprah Winfrey aus ihrem Zylinder hervorzaubert. Das Jugendprogramm serviert Ruanda und Bosnien auf Kinderniveau, und auch die Probleme des neuen Rußlands sind ihnen schon bekannt. Kinder werden wie Pommes frites vorgebacken, um unserer gefräßigen Gesellschaft bald ein appetitlicher Happen zu sein. Sie haben es verlernt, »tun« als Spiel zu betrachten. »Tun« wird mittlerweile mit Umweltbelastung, Krieg, Hunger, Überbevölkerung, Diskriminierung und Rassismus, Kriminalität und anderem Unrecht assoziiert.

Das Etikett, das an »Tun« klebt, hat nicht mehr die Bedeutung von »Freude«, sondern umfaßt Ohnmacht und Schuldgefühl. »Eine bessere Umwelt beginnt bei dir«, es ist also offenbar deine Schuld, daß es an allen Ecken und Enden hapert.

So sind wir in einen Teufelskreis geraten. Wir sehen keine Möglichkeiten, ihn zu durchbrechen. Wir wissen, daß es anders gehen müßte, aber unser Unvermögen gestattet uns nicht, etwas daran zu ändern. Wir belasten kleine Kinder zu früh mit dem Mißverständnis der Erwachsenen, daß jedes Tun mit *müssen* und *Unrecht* zu tun hat. Dieses Mißverständnis ist meines Erachtens die moderne Interpretation dessen, was Erbsünde genannt wird. Und wir werden weiterhin alles daransetzen, dieses Mißverständnis an die nächste Generation weiterzugeben. Ich habe nämlich nicht den Eindruck, daß diese Gesellschaft etwas tut, um diese Herausforderung anzunehmen.

Es gibt nur eine Möglichkeit, diesen Teufelskreis zu durchbrechen, und zwar indem wir »Tun« wieder mit »Freude« assoziieren, spontan und vorbehaltlos handeln. Handeln, um anderen eine Freude zu machen, um zu geben und unserer natürlichen Lebensumgebung zu helfen. Was du gibst, bekommst du immer wieder zurück, vielleicht in veränderter Form, aber du bekommst es zurück, auf jeden Fall. Wenn du davon überzeugt bist, dann bist du motiviert zu handeln.

Zweifelst du an dieser universalen Wahrheit, dann besuche einmal ein Altersheim. Dort kannst du es überprüfen und sehen, daß es nur zwei Typen alter Menschen gibt.

Es gibt diejenigen, die es sich selbst ein Leben lang übelnehmen, etwas falsch gemacht zu haben. Und was haben sie falsch gemacht? Sie konnten nicht geben, gönnten niemandem etwas, wollten behalten, was sie schließlich doch verloren haben. Das äußert sich in unleidlichem Verhalten und einem verbitterten Aussehen. Und es gibt diejenigen, die zufrieden und dankbar sind für das, was ihnen das Leben gebracht hat, die bereit für den Abschied sind, die immer schon haben loslassen und geben können, und nun genießen sie noch jeden Augenblick, der ihnen gegeben ist. Das äußert sich in dankbarem, geduldigem Verhalten und einem sanften Aussehen.

Das vorige Jahrhundert war von einer Reihe aufsehenerregender Erfindungen gekennzeichnet, die die Grundlage für das rasende Tempo legten, mit dem die High-Tech-Entwicklungen jetzt in Erscheinung treten. Der schottische Erfinder James Watt (1736–1819) bekam von seinem Vater, der Navigationsinstrumente baute und reparierte, eine eigene Werkstatt, in der er seine Neigung zum Herumbasteln ausleben konnte. So begann es. Und es endete mit einer Erfindung, die mit dem Namen »James Watt« untrennbar verbunden ist: der Dampfmaschine. Watt starb 1819 in der Nähe von Birmingham.

Thomas Alva Edison (1847–1931) hatte nur eine lückenhafte Schulbildung und begann als Zeitungsjunge auf der Grand-Trunk-Eisenbahnlinie. Weil er an Chemie sehr interessiert war, richtete er sich in einem Eisenbahnwaggon ein Laboratorium ein. Eine chemische Explosion kostete den jungen Edison aber schon bald seine Anstellung. Er wurde daraufhin Telegraphist und machte zahllose Erfindungen auf telegraphischem Gebiet. Unter seinem Namen sind 1400 Patente eingetragen, darunter das Mikrofon, der Phonograph, die Glühlampe und der Filmprojektor.

Michael Faradays (1791–1867) Entdeckung, daß durch die Änderung des magnetischen Flusses in einer Spule Strom erzeugt werden kann (elektromagnetische Induktion), leitete das elektrische Zeitalter ein.

Die Polin Marie Curie (1867–1934) erhielt 1903 zusammen mit ihrem Mann Pierre und ihrem Lehrer Becquerel den Nobelpreis für Physik. Sie begründete die Radiochemie und entdeckte die Elemente Polonium und Radium. 1911 erhielt sie nochmals den Nobelpreis, diesmal allerdings für Chemie.

Die Studienreise nach Paris im Jahre 1886 sollte für den österreichischen Arzt Sigmund Freud (1856–1939) eine Wende in seinem Leben bedeuten, die gleichzeitig den Beginn der Psychoanalyse einleitete. NLP, das Neurolinguistische Programmieren, wäre wiederum ohne die Freudschen Entdeckungen nicht entwickelt worden.

Alexander Graham Bell (1847–1922) emigrierte 1871 von Edinburgh in die Vereinigten Staaten – zunächst mit dem Plan, Taubstumme zu unterrichten. Doch beschäftigte er sich im Laufe der Zeit immer intensiver mit Fragen der Akustik. Fünf Jahre später bekam er das Patent für die Erfindung, die die weltweite Kommunikation revolutionieren sollte: das Telefon.

Das sind nur einzelne Beispiele dafür, wie Menschen das Gesicht ihrer Zeit einschneidend verändern können. So unterschiedlich die einzelnen Biographien auch sind, einige Eigenschaften waren allen gemein: Sie waren aktiv, neugierig und hatten Freude an dem, was sie taten. Es waren nicht nur ihre Ideen, sondern vor allem die Experimente, die zu ihren sensationellen Erfindungen führten.

Schon während seiner Studienzeit war der deutsche Ingenieur Carl Benz (1844–1929) von der Idee eines sich selbst bewegenden Fahrzeugs fasziniert. 1885 entwarf Benz sein erstes Auto auf drei Rädern, das zwei Jahre später in Serienproduktion hergestellt wurde. Das Rattern der Kutschen auf den Pflastersteinen sollte verstummen, Pirelli statt Pferdehufe.

Kannst du dir vorstellen, wie die Brüder Orville (1871–1948) und Wilbur Wright (1867–1912) zusammen spielten? Sie hatten beide schon in jungem Alter ein sehr ausgeprägtes technisches Interesse, das sich in der Konstruktion einer Zeitungsfaltmaschine und einer Druckpresse niederschlug. Von ihrer Reparaturwerkstatt aus unternahmen sie die ersten Modellflugversuche. Sie bauten einen Windkanal und entwickelten einen Apparat, der mit Hilfe eines Propellers und eines Benzinmotors fliegen konnte.

Am 17. Dezember 1903 legte Orville damit in zwölf Sekunden eine Entfernung von vierzig Metern zurück. Er verbesserte noch am gleichen Tag seinen eigenen Rekord, indem er – gegen den Wind – 59 Sekunden in der Luft blieb und dabei 260 Meter zurücklegte. Die Grundlage für die Luftfahrt war gelegt – vor nicht einmal einhundert Jahren.

Stell dir vor, daß der Mensch bereits seit zwei Millionen Jahren auf der Erde umherläuft, und er hat schon immer gespielt, experimentiert und erfunden. Und es gibt sie noch immer, die Männer und Frauen, die auf spielerische Weise ihre Entdeckungen machen. Jan de Bouvrie z. B. fertigte zu seinem Vergnügen Zeichnungen und Entwürfe an – und wurde so zum bekanntesten Möbeldesigner des Landes.

In dem Pfannkuchenhaus, in dem er einmal angefangen hatte, hat Cas Spijkers stets zu seinem Vergnügen gebacken – heute sind seine kulinarischen Köstlichkeiten unübertroffen.

All diese Menschen experimentierten und legten damit die Grundlage für einen eigenen Stil, der sich zum Schluß als großer kommerzieller Erfolg erwies. Sie spielten, um zu spielen, und nicht, um von vornherein Geld damit zu verdienen. Sie machten es zu ihrem Vergnügen.

Eine Idee, Phantasie, Kreativität und die unbezwingbare Lust, mit den Zutaten zu spielen, macht aus Menschen große Talente.

Wenn wir uns selbst wieder dazu bringen, etwas aus reiner Freude zu tun, dann wird uns das Glück entgegenlachen. Wie? Das fängt bei ganz naheliegenden Aktivitäten an. **Bringe deiner Frau oder deiner Freundin spontan eine Blume mit**, rufe jemanden an, der sich darüber freut – also nicht notwendigerweise die Erbtante, der man wegen des bevorstehenden Erbes Honig um den Bart schmieren muß.

Laß jemanden im Stau vor, ohne dabei sofort Mordgedanken zu hegen, oder **biete dem Tresennachbarn** in der Gastwirtschaft **ein Getränk an**, ohne damit gleich ein sexuelles Abenteuer zu verbinden. Kurzum: Werde aktiv und gib deinem Nächsten, ohne etwas dafür zurückzuverlangen.

Mit dem Buch will ich dir beweisen, daß sich dein Denken ändert, sobald du ihm mit deiner Handlung zuvorkommst: erst handeln, dann *nach*denken, auch wenn du es dir nicht zutraust. Nach einiger Zeit der Übung wird dir diese Vorgehensweise zur Gewohnheit werden. Nach und nach wirst du schließlich handeln, ohne nachzudenken, immer wieder. Es ist zu einem Teil von dir geworden, das zum Schluß die Richtung und das Ergebnis deines Lebens mitbestimmt. Die Summe all deiner Teile formt deinen Charakter, der wiederum bestimmt, ob du nach einem Rückschlag gebückt gehst oder ihn als eine wichtige Lehre betrachten kannst. Faßt du ihn als Lehre auf, wirst du in einer anderen Situation deinen Vorteil daraus ziehen können. Dein Charakter bestimmt also dein Schicksal.

Mit NLP lernen wir, die Bedeutung von Wörtern zu ändern, so daß sie einen neuen Inhalt erhalten. Dein *Los* verändere ich deshalb zu einem anderen Wort: Dein Los wird zu deinem *Ziel*. Mit einem Ziel vor Augen bist du motivierter, etwas zu *tun*, weil du dann dein Schicksal in die eigenen Hände nimmst. Es ist zu einem Punkt in deinem Leben geworden, auf den du dich zubewegst und der deinem Leben eine Richtung gibt.

Dein Charakter wird nicht durch einen Klecks Chromosomen oder ein Gebilde aus DNA-Teilchen bestimmt. Er ist keine vorprogrammierte Struktur, die in deinem Gehirn festgelegt ist. Dein Charakter wird vor allem durch die Gewohnheiten geprägt, die du angenommen hast.

Gewisse Denk- und Handlungsweisen sind eingeschliffen und scheinen festzulegen, wer du bist. Sie funktionieren automatisch. Du brauchst dabei nicht mehr nachzudenken.

Du kannst deinen Charakter verändern, indem du deine Gewohnheiten angehst und dich »durcheinanderschüttelst«. Das ist zwar leicht gesagt, aber glaube mir: Ich weiß, daß es dich große Mühe kosten wird. Sehr viele Menschen erleben ihren Charakter als ein endgültiges Faktum und deshalb als Zwangsjacke. So ist es nun einmal.

Es gibt nichts Komfortableres, als sich den Gewohnheiten hinzugeben, die du denkend und handelnd entwickelt hast. Dazu gehören alle Vorurteile sowie deine unerschütterlichen Ansichten über alles und jeden. Du gaukelst dir vor, daß du damit deine Identität festlegst und bewahrst. Du hältst den Löffel in der rechten Hand und rührst in deiner Tasse, weil du Rechtshänder bist? Rührst du den Kaffee mit links, dann schwappt er über den Tassenrand. Warum solltest du also die Hand wechseln? Es ist doch gut so mit rechts? Lasse es nur.

Nicht mehr zu rauchen, wenn du pro Tag eine Packung wegqualmst, ist sicher ein sehr gutes Beispiel dafür, wie schwer es ist, alte Gewohnheiten zu durchbrechen. Deinem Intimfeind Freundlichkeiten zu erweisen scheint ebenfalls nicht ganz leicht zu sein. Du kannst aber Gewohnheiten verändern, indem du beginnst, dein normales Handeln zu verändern. Ein anderes Handlungsmuster zu entwickeln setzt wiederum voraus, daß du anders zu denken lernst – und das ist ja so einfach.

Der Beweis: Du kannst dir ganz leicht vorstellen, etwas zu tun, was du dir nicht zutraust oder nicht zu tun wagst. Mehr noch: Du nimmst dir sogar vor, es zu tun. Doch dann wird nichts daraus. Du führst allerlei Gründe an, es gerade heute nicht zu realisieren, morgen ist auch noch ein Tag ...

Die Gewohnheiten zu ändern ist also nicht nur eine Frage des Denkens, das dem Handeln vorausgeht. Das größte Hindernis ist das fortwährende Aufschieben deiner Pläne. Du mußt die Herausforderung einmal annehmen und dann immer wieder. Dann bekommst du ein Gespür dafür, wie sich dadurch deine Gewohnheiten ändern. Hast du es, wird dir der Sprung ins kalte Wasser gefallen. Du findest Spaß daran, und es geht schließlich wie von selbst. Dann ist es zu einer neuen Gewohnheit geworden. So veränderst du Schritt für Schritt deinen Charakter, dein *Tun* erhält wieder das Etikett von Freude, und deine persönliche Entwicklung bekommt neue Impulse.

So wirst du das Ziel, zu dem es dich hinzieht, auch tatsächlich erreichen. Das geht aber nur, wenn du dein Ziel (Denken) festlegst und entsprechend handelst, damit du das Ziel auch erreichst (Tun). Das scheint selbstverständlich zu sein. Aber wenn du weiterliest, wirst du deine alltäglichen Ausreden wiedererkennen, allesamt Ausreden, die dir als Argument dienen, meine Vorschläge nicht auszuführen. Aber denke daran: Es geht hier um deine Ziele und um deine Träume.

Einige meiner Ideen sehen einfach aus, andere kommen dir vielleicht bizarr vor. Ich bin neugierig, was du mit ihnen anfängst. Davon wird abhängen, inwieweit du deine Ziele erreichst. Laß es mich wissen: Postbus 11, NL-3998 ZR Schalkwijk, Niederlande.

Der Entschluß, dieses Buch zu lesen, ist bereits ein erster Schritt auf deinem Weg. Aber jetzt fordere ich dich gezielt auf, einen weiteren Entschluß zu fassen. Er kann alles mögliche betreffen. Wichtig ist nur: Tu es! Mein Vorschlag lautet also: **Fasse einen Entschluß und führe ihn aus.** Denke kurz nach, entschließe dich, und mache dich ans Werk. Es ist immer besser, eine falsche Entscheidung zu treffen als gar keine. Es braucht prinzipiell keine folgenschwere Entscheidung zu sein. Merke dir nur: Ein Entschluß ist keine Absichtserklärung. Ein Entschluß impliziert die Handlung, das Tun.

Georgine, meine fünfjährige Tochter, wollte zum Märchenpark »De Efteling«, mein Sohn Charles (14) wollte zum Future-Park »Autotron«, und meine Tochter Minou (17) wollte zu einem Konzert von René Froger im Rotterdamer »Ahoy«. Ich wußte nicht, wie ich entscheiden sollte. Deshalb erfüllte ich alle drei Wünsche. Erst zum Efteling, dann zum Autotron und abends saßen wir bei René. In dieser Nacht fielen wir alle vier erschöpft und zufrieden ins Bett. So einfach kann ein Entschluß sein. Einfach machen! TSJAKKAA!

Mache eine Bandaufnahme von dir! Entscheide selbst, ob Audio oder Video, aber nimm dich selbst auf. Richte dich bei dieser Aufnahme an einen Adressaten. Stecke danach die Kassette in einen Umschlag, klebe ihn zu und schreibe ein (weit in der Zukunft liegendes) Datum darauf. Erst dann darf der Adressat, dem du die Kassette schickst (das kannst auch du selbst sein), das Band abhören oder anschauen.

Ich selbst mache es genauso, denn ohne Diktaphon wäre dieses Buch nicht zustande gekommen. Ich habe darauf meine Strategien und Erlebnisse festgehalten, aber auch die Erfahrungen anderer. Mein Entschluß, alles auf Band aufzunehmen, findet seinen Niederschlag auf diesen Seiten.

Was du aufnimmst, ist mir gleichgültig. Du kannst Lebensweisheiten auf Band sprechen, aber auch etwas Einfaches, Alltägliches: Was du heute gemacht hast: z.B. mit wem du worüber gesprochen hast oder was du von diesem Buch hältst. Dieses kleine Zeitbild wird sich in zehn oder 15 Jahren als Dokument erweisen. Du wirst es jedoch nur dann zur Verfügung haben, wenn du jetzt aktiv wirst.

Entscheide dich für das angenehme Gefühl, die Aufnahme jederzeit noch einmal hören oder sehen zu können. Alternativ kannst du dich auch für das ärgerliche Gefühl entscheiden. Erlebe es mit der Feststellung, daß du niemals Zeit für die Aufnahmen hattest und den Recorder nie hast reparieren lassen, die Batterie leer war oder … Ergänze die Ausreden, die du noch anführen könntest.

Ich erkundige mich regelmäßig bei Menschen nach ihren Handlungsweisen. Ich bin schon vielen »Edisons« und »Einsteins« und anderen aktiven Menschen begegnet, die froh und glücklich waren – denn sie machten, wonach ihnen der Sinn stand, sie waren aktiv und mit sich zufrieden.

Als Beispiel möchte ich von meinem Bekannten Bert erzählen, der begeistert von einem Buch erzählte, das er gelesen hatte. Ich hatte ihn bis dato noch bei keiner einzigen kulturellen oder intellektuellen Aktivität erwischen können. Aber eines Tages hatte er beschlossen, ein Buch zu lesen. Nicht irgendein Buch, er wollte gleich ein superdickes und suchte sich »Ayla und der Clan des Bären« von Jane Auel aus. Berts Begeisterung war rührend. Er liest jetzt gerade »Das Tal der Pferde«, und ich habe den Verdacht, daß er sich ein Bücherregal angeschafft hat.

»Am Anfang fand ich es wirklich anstrengend«, sagte er. »Deshalb habe ich mit einer Seite pro Tag angefangen. Es wurden schnell mehr, und nach einer Woche hat mich das Buch so gepackt, daß ich es verschlungen habe.«

Er traf eine für ihn ungewöhnliche Handlungsentscheidung und bereicherte damit sein Leben.

Wenn du noch nie **ein ganz dickes Buch gelesen** hast, will ich es dir gerne als Handlungsvorschlag mit auf den Weg geben. Das bedeutet nämlich, sich stundenlang ohne Fernsehen oder andere Ablenkungen zu amüsieren. Es bedeutet auch, seine Kenntnisse zu erweitern. Wer noch nie ein wirklich dickes Buch gelesen hat, wird von der eigenen Leseenergie verblüfft sein. Das macht es leicht, auch nach anderen, neuen und im Vergleich zu diesem Wälzer dünneren Büchern zu greifen. Und wer liest, befindet sich immer in geselliger Runde – mit den teils liebenswerten, teils zwielichtigen Figuren des Buches wirst du dich prächtig amüsieren.

Wer seinen Urlaub plant, holt sich normalerweise einen Stapel Reiseprospekte und wählt das Reiseziel sorgfältig aus.

Doch viele Menschen kommen auch ohne Prospekte aus; sie bestimmen einzig die Reisezeit, weil sie seit 25 Jahren ein festes Reiseziel haben und ihnen der Rest der Welt gestohlen bleiben kann. Es geht ihnen gut damit, es sei ihnen auch gegönnt. Aber diese stereotype Art, seinen Urlaub zu verbringen, ist natürlich langweilig.

Es heißt: »Es ist doch gut so. Wir wissen wenigstens, wo wir hinkommen und was uns erwartet. Laßt uns nur.« Wer so denkt, ist nicht mehr in der Lage, neue Erfahrungen zu machen, mit anderen Worten: zu experimentieren. Wer nicht mehr denkt, ist eine sprechende Zimmerpflanze: ein bißchen Wasser, ein bißchen Dünger und nicht zuviel Sonne. Ich schlage dir vor, **in Urlaub zu fahren, ohne vorher zu wissen, wohin.**

Ich weiß noch genau, wer es mir erzählt hat, und die Geschichte ist mir noch klar vor Augen. Es war eine ältere Frau, die ich in einem Flugzeug kennengelernt habe. Sie erzählte mir, daß sie zwei Jahre zuvor verreist war, ohne zu wissen, wohin. Sie konnte damals weder ausgesprochene Sommer- noch Wintergarderobe mitnehmen, weil sie ja keine Ahnung hatte, wo sie landen würde, als sie die Haustür hinter sich zuzog – es wurde jedoch die Reise ihres Lebens.

»Ich habe noch nie soviel gesehen, erlebt und so viele Menschen kennengelernt«, erzählte sie mir. Gelacht und geweint habe sie und im ganzen so intensiv gelebt, daß sie sich nach ihrem »Trip« wie »neugeboren« fühlte.

»War es schwierig?« fragte ich sie.

»Eigentlich nicht. Als ich die Tür hinter mir zuzog und vor dem Haus stand, mußte ich die erste Entscheidung treffen: Fahre ich mit dem Fahrrad, laufe ich oder nehme ich den

Bus? Ich bin gelaufen. Nächste Entscheidung: links oder rechts. Ich bin nach links gegangen, und schließlich landete ich auf einem Frachtschiff nach Australien.«

Brauchte sie Mut dazu? Ganz sicher. Aber wer es nicht wagt, seinen Hals auszustrecken, ist schlimmer dran als eine Schildkröte. Denn bei ihr kann ich das noch im Zoo beobachten, sie streckt immer mal wieder den Hals hervor. Das Abenteuer, mit unbekanntem Ziel zu verreisen, erfordert die Mentalität, etwas tun, aktiv sein zu wollen.

Die Frau hat nach ihrer Rückkehr eine kleine Firma gegründet. Noch nach einem Jahr dümpelte sie am Rande des Konkurses dahin. Aber sie hat weitergemacht und mit allen möglichen Strategien experimentiert.

Jetzt blüht ihr Geschäft. »Kein Wunder«, sagen Skeptiker. »Sie hatte Glück, sie kam zum richtigen Zeitpunkt mit dem richtigen Produkt an den richtigen Ort, und jetzt ist es ein Trend, der jedoch nicht lange anhalten wird. Das Ende der Glückssträhne ist abzusehen.« Wer so argumentiert, vergißt etwas ganz Entscheidendes: Diese Frau hat durch die Reise eine Einstellung gewonnen, die ihr auf lange Sicht Glück, Zufriedenheit und den Drang, aktiv zu werden, garantiert. Denn noch immer verreist sie mit unbekanntem Ziel, jetzt allerdings mit etwas mehr Geld und etwas weniger Zeit.

Die Frau hat noch einmal das Abenteuer in ihr Leben hineingelassen und ist durch diese Erfahrung fröhlicher und weiser geworden. Sie hat interessante Geschichten zu erzählen und erntet Bewunderung für ihren Unternehmungsgeist.

Wenn du von einer solchen Reise zurückgekommen bist, kannst du **sofort den nächsten Urlaub festlegen**. Diesmal wird es jedoch kein ungewisses Abenteuer, sondern ein frühzeitig gebuchter Urlaub, auf den du jeden Tag hinleben kannst. Es gibt bestimmt einen Ort, den du gerne besuchen möchtest. Buche die entsprechende Reise schon Monate im voraus. Wenn du dich dann in der Vorbereitungszeit schon in die Sprache und Kultur des Landes vertiefst, ist es jedesmal wie ein kleiner Urlaub für dich. Es gibt sicherlich schöne Fotos von dem Land oder dem Ort deiner Träume. Wenn du sie an die Wand pinnst oder hängst, wirst du immer wieder an dein Ziel erinnert, auch wenn es noch zehn Monate dauert, bevor du deinen Koffer packen kannst. Auf diese Weise dauert die Urlaubsfreude nicht zwei Wochen, sondern elf Monate und zwei Wochen!

Wie lange ist es her, daß du mit einem Boot gefahren bist? Ich frage dich, weil ich dich einladen möchte, **eine Bootsfahrt zu machen**. Es ist mir gleichgültig, mit was für einem Boot du fährst, wohin es dich bringt, ist auch nicht wichtig. Es kann meinetwegen eine kleine Fähre sein, ein Ruderboot oder ein Passagierdampfer; eine kleine Reise auf dem Rhein oder eine Tretbootpartie auf dem Stausee. Hauptsache ist, du befindest dich auf dem Wasser.

Mache dir während deines Ausflugs bewußt, mit welcher Selbstverständlichkeit wir den alltäglichen Verkehr und dessen reibungslosen Ablauf hinnehmen. Du läufst oder fährst mit dem Rad zum Bahnhof, nimmst den Bus oder steigst in den Zug. Na und? Was ist so außergewöhnlich daran?

Bei einem Eisenbahnerstreik ist das ganze Land in heller Aufregung, Rekordstaus werden gemeldet. Dann machen wir uns plötzlich wieder klar, wie lebenswichtig der öffentliche Verkehr für unser Dasein ist und daß man die Arbeit von Lokomotivführern und Schaffnern mehr schätzen sollte.

Das Schöne an einer Bootsfahrt ist auch, daß du ein wenig »Seeluft« schnupperst. Bootfahren hat immer etwas Beruhigendes, sogar wenn du in einem Schnellboot mit Höchstgeschwindigkeit durch die Amsterdamer Grachten jagst. Wasser beruhigt. Es wird dir guttun.

Wenn du alle Vorschläge dieses Buches durchführst – und ich gehe davon aus, daß du es tust –, dann kostet das Zeit und vielleicht auch Geld. Ich bin mir dessen vollkommen bewußt, berücksichtige aber, daß du dabei auf ganz besondere Weise in deine Zukunft investierst. »Wird eine Bootsfahrt meine Zukunft beeinflussen?« wirst du denken. Vielleicht ja, vielleicht nein. Das wirst du erst herausfinden, wenn du die Erfahrung gemacht hast. Es wird wahrscheinlich zu keiner dramatischen Wendung in deinem Leben führen, es sei denn, du triffst »zufällig« den Mann oder die Frau deiner Träume. Aber zu lernen, Dinge zu tun, die du normalerweise nicht tust oder nicht zu tun wagst (oder aus Faulheit nicht angehst), wird dich inspirieren und deine Weltsicht beträchtlich erweitern. Überlege mal, wieviel Zeit du mit unwichtigen Tätigkeiten verschwendest, z. B. mit Schlafen. Wahrscheinlich kämst du auch mit einer Stunde weniger aus.

Du brauchst auch nicht unbedingt aus dem Haus zu gehen, um aktiver zu werden und dein Leben in die eigene Hand zu nehmen. Es geht auch in den eigenen vier Wänden, z. B. mit der Bildung einer **Denkgruppe**. Eine »Denkfabrik« (nach dem englischen *thinktank*) ist eine Gruppe von Menschen, die ihre Kenntnisse und Erfahrungen in ein themengeleitetes Gespräch einbringen, um auf diese Weise zu konkreten Schlußfolgerungen oder Lösungen zu kommen. Alles unter dem einfachen Motto: »Zwei wissen mehr als einer.«

Für eine Denkgruppe brauchst du Menschen und ein bestimmtes Thema. Es steht dir natürlich gänzlich frei, welches Thema du wählst. Es kann dich selbst, eine lokale Angelegenheit oder etwas auf globaler Ebene betreffen. Lege am besten im vorhinein das Thema fest, sonst vergeudet die Denkgruppe zuviel Zeit damit, ein Thema zu finden. Dann lade Menschen ein, von denen du weißt, daß sie klar denken und analysieren können, und bitte sie mitzumachen. Sicherlich werden sich alle geehrt fühlen.

Dann folgt das Brainstorming. Eine der Bedingungen beim Brainstorming ist, daß jeder völlig frei und unbefangen sagen können muß, was ihm oder ihr einfällt. Das impliziert, daß der Rest der Gruppe Disziplin wahrt. Alles wird anerkannt, wie verschroben es auch sein mag. Würdest du einige Ideen sofort als »wertlos« oder mit »Wie kommen Sie nur darauf?« abtun, spräche keiner mehr etwas spontan aus. Die Angst wäre zu groß, niedergemacht zu werden. Alle Beteiligten haben völlige Freiheit, alles frei heraus mitzuteilen. Was der eine sagt, bringt den anderen wieder auf einen Gedanken, und so karamboliert das Thema zwischen den Teilnehmern hin und her.

Wenn es gutgeht, entstehen Synergien. Ich verdeutliche diesen Effekt immer mit einem simplen Zahlenbeispiel: $1 + 1 = 3$. Bei hundertprozentigem Einsatz seitens aller Teilnehmer wird ein deutlicher Mehrwert realisiert. Ist die Motivation schlecht und sind die Beiträge minderwertig, erreichst du das Gegenteil: $1/2 \times 1/2 = 1/4$.

Du wirst über die Kreativität der anderen verblüfft sein, und wenn du Glück hast, werdet ihr zusammen etwas austüffteln, was auch noch realisierbar ist. In einem Brainstorming stecken große Überraschungsmomente. Eine Denkgruppe hat ein unglaubliches Potential, wenn jeder seinen Senf dazugeben darf und jede Idee respektiert wird. Dann entstehen eine positive Zusammenarbeit und gutes Einvernehmen.

Es ist herrlich zu erleben, wozu Menschen auf diese Weise fähig sind. Dieses Buch z. B. konnte nur mit Hilfe einer Denkgruppe entstehen. Das Ziel derartiger Sitzungen ist immer, Vorschläge zu bekommen, die den eigenen Horizont erweitern, und Aktivitäten zu entwickeln, die der Vielfalt deines Lebens noch weitere Aspekte hinzufügen.

Du kannst das Leben deiner Mitmenschen auch bereichern, indem du **ehrenamtlich arbeitest**. Es gibt bereits Hunderttausende von Menschen, die sich sozial engagieren, und ich ziehe meinen Hut vor ihnen. Überall gibt es Einrichtungen, die sich zur Aufgabe gesetzt haben, das Leid unserer Mitmenschen zu lindern. So helfen z. B. die sogenannten *Buddies* Aids-Patienten an ihren letzten Tagen. Andere bringen alten Menschen, die selbst nicht mehr kochen können oder für die die Lebensmittel zu teuer sind, warme Mahlzeiten. Alte Menschen haben viel zu erzählen, und die Zahl ihrer Zuhörer nimmt ständig ab. Es ist nämlich nicht nur die warme Mahlzeit, sondern die Aufmerksamkeit und das offene Ohr, die diesen Menschen an ihrem Lebensabend Lichtblicke verschaffen. Für ehrenamtliche Tätigkeit ist man nicht ausschließlich auf bestehende Organisationen angewiesen. Sie können auch selber anfangen, Kleider für Bosnien oder

Verbandsmaterial für Kriegsgebiete in Afrika einzusammeln.

»An dem Abend hatte ich die Nase gestrichen voll«, erzählt Ruud, der tagsüber einen Zweitonner über den Asphalt lenkt. »Meistens *zappe* ich das Elend mit der Fernbedienung vom Bildschirm. Als ich aber beim Zappen vom Blick eines sterbenden Kindes getroffen wurde, konnte ich es nicht länger aushalten. Ich habe einen Brief geschrieben, kopiert und allen Bewohnern im Viertel in die Kästen eingeworfen. Einfach gefragt, ob sie Kleidung und Lebensmittelpakete für Jugoslawien zusammenstellen könnten. Es herrschte großer Andrang. Mein Schuppen war binnen kürzester Zeit randvoll. Ich bin dann zu meinem Chef gegangen und habe ihn gefragt, ob ich ein paar Tage Urlaub nehmen und den LKW dazu benutzen könnte, die Sachen in das Kriegsgebiet zu fahren.

Er guckte mich erst etwas verwundert an. Er sah schon vor seinem geistigen Auge den zerbombten und ausgebrannten Lastwagen – durchlöchert wie Schweizer Käse. Ich versicherte ihm, nicht in umkämpftes Gebiet, sondern zu einem abseits gelegenen Dorf fahren zu wollen. Er fand das gut, hat sogar angeboten, den Diesel zu bezahlen, und dann bin ich einfach losgefahren. Es wurden die schönsten Tage meines Lebens. Wirklich, da kann kein Urlaub mithalten, auch wenn das in Ihren Ohren seltsam klingen mag. Ich kam in ein Dorf, in dem Menschen mich zum Schluß in die Arme nahmen. Für kurze Zeit war ich einer von ihnen. Jetzt kann ich mir vorstellen, wie Jesus Brot und Fisch am See Genezareth verteilte, was er dabei erlebte und wie er sich fühlte.

Nach meiner Rückkehr habe ich hier im Bürgerhaus einen Diavortrag gezeigt. So konnten die Menschen sehen, was mit ihren Sachen geschehen war. Ein paar Monate später startete ich eine neue Sammelaktion für ein anderes Land.«

Ruud wurde aus seinem Sessel heraus initiativ – mit einem Bier und einer Tüte Chips vor der Nase. Dieser Impuls brachte sein Leben auf Vordermann und bescherte ihm ein Glück, das mit Geld oder Bequemlichkeit nichts zu tun hat. Im »Tun« ist soviel Genugtuung enthalten. Du kommst erst dahinter, wenn du aktiv wirst und bei deinen Handlungen Pfade einschlägst, die du vorher nicht gegangen bist. Dann ist das Leben wie frischer Schnee, der unter deinen Füßen knirscht.

»Das Leben ist hart«, brummte der Schlachter. »Ja, ein Backstein auch«, relativierte ein Kunde sofort. »Es gibt auch Menschen, die behaupten, daß das Leben ein Fest ist«, sagte ich. Es gibt Menschen, die **spontan ein Fest ausrichten**. Ihr Grund, ein Fest zu feiern, besteht lediglich darin, keinen Grund zu haben. Anlässe wie die hölzerne Hochzeit, ein Geburtstag, ein bestandenes Examen oder eine neue Stelle werden natürlich noch gesondert gefeiert. Wie sieht es mit deinem Bedürfnis aus, ein Fest zu geben?

Es wäre allerdings zu bequem, im Supermarkt ein paar Saucen, Nüsse, Käse und einige Kisten voller Getränke zu kaufen und dann die Gäste einzuladen. Das halte ich eher für eine Beleidigung der Gäste, aber nicht für ein Fest. Ein Fest muß unerwartet und originell sein. Das versetzt Menschen in eine positive Stimmung, aus der heraus sie leichter Kontakte zu anderen herstellen können. Wenn du für Gemeinsamkeiten sorgst (z. B. durch die Vorgabe, in 70er-Jahre-Kleidung zu erscheinen oder sich etwas zum Thema »Mittelalter« einfallen zu lassen), starten alle deine Gäste unter den gleichen Bedingungen. Dein Fest verläuft so deutlich lockerer.

Ich werde beruflich oft zu Zusammenkünften eingeladen, die einen festlichen Charakter haben. Ich genieße die Begegnungen mit den anderen Gästen. Trotzdem handelt es sich meistens nicht um richtige Feste. Warum? Weil das Leben selbst nicht gefeiert wird. Veranstalte ein solches Lebens-Fest, und du wirst feststellen, daß die Wirkung aufsehenerregend ist. Versetze deine Gäste mit dem Fest in eine aktive Stimmung. Das ist immer positiv. Daß du dabei im Brennpunkt des Interesses stehst, ist eine angenehme Nebenerscheinung und eine Bestätigung deiner Gastfreundschaft. Das Ausrichten eines Festes ist auch eine Herausforderung für deine Erfindungsgabe. Es kann nur gut für dich sein, wenn du dieser Fähigkeit zu neuem Leben verhilfst.

Richte ein Ritterfest aus, ein afrikanisches Fest, ein Travestiefest, einen Studentenball oder was auch immer. Denke dir selbst etwas aus.

Etwas zu machen ist oft ein *eye-opener* (Augen-Öffner). In seiner Lautung ist das Wort sinnigerweise nicht von »I-opener« (Ich-Öffner) zu unterscheiden. Es hat somit eine doppelte und tiefere Bedeutung: Wenn du deine Augen für etwas öffnest, bedeutet das gleichzeitig, dich von deinem Wesen her für die Eindrücke von außen zu öffnen. Erst dann kann es zu einer Interaktion mit der Umgebung kommen – die prinzipiell so groß ist wie der ganze Planet. Auf jedem Flecken dieser Erde kannst du deine Augen für Möglichkeiten und andere Menschen öffnen.

Ein Geschäftsfreund von mir lieferte mir ein gutes Beispiel dafür. Er muß für seine Firma viel reisen und übernachtet dann meistens in den Fünf-Sterne-Hotels der großen Metropolen. Das letzte Mal kam er mit einem breiten Lächeln von der Reise zurück. Ich fragte ihn, warum er so strahle.

»Ich freue mich immer noch darüber«, sagte er. »Ich habe in Kuala Lumpur im Sheraton übernachtet, die Reise verlief wie immer, mit Verhandlungen, Kontakten und Abendprogramm. Am nächsten Morgen jedoch, als ich meinen Koffer packte, klingelte das Telefon: Ich mußte noch eine Nacht bleiben.

In Gedanken versunken – als ob ich zu Hause wäre – zog ich das Bettlaken glatt. Es fing an, mir Spaß zu machen. Ich räumte das Zimmer auf, machte das Bad sauber und hängte die Handtücher ordentlich gefaltet über den Rand der Badewanne. Wenn ein Staubsauger greifbar gewesen wäre, hätte ich den wahrscheinlich auch noch benutzt. Auf englisch schrieb ich eine kurze Notiz für das Zimmermädchen: ›Ich nehme an, daß Sie wahrscheinlich sehr viel zu tun haben. Ich wollte Ihnen ein klein wenig helfen.‹

Abends fand ich einen kleinen Zettel mit einem Wort: ›*Kiss!*‹ Zweifellos hat sie mit ihren Kollegen darüber gesprochen, daß ein Gast **in dem Hotel sein Bett selbst gemacht** und das Zimmer aufgeräumt hat. Ich merkte das an den Blicken des Portiers und der Empfangsdame. Das gab mir ein gutes Gefühl, und ich genieße es noch immer.«

Die Tatsache, daß andere ihn für verrückt erklärten, als er es erzählte, hob seine gute Stimmung nur noch mehr. »Da kann man einmal sehen, wie sehr wir Menschen in Fächern, Rängen und Ständen stecken«, war seine Schlußfolgerung.

»Ein Zimmermädchen ist ein Zimmermädchen und ein Geschäftsmann ein Geschäftsmann. Das war's. Ich habe kurz das Dasein eines Zimmermädchens ausprobiert und fand es für mich ganz entspannend. Verrückt, daß man Dinge plötzlich ganz anders sieht, wenn man bereit ist, etwas Unerwartetes zu tun.«

»Hätten Sie Lust, einmal **ein Baumhaus zu bauen?**« fragte ich meinen Nachbarn. »Ein was?« reagierte er ungläubig. Er hat einen riesigen Garten mit schönen, großen Bäumen. »Das habe ich noch nie gemacht. Meine Eltern haben mir das früher nicht erlaubt. Aber es könnte was für mich sein, jetzt, wo Sie das sagen. Ich habe noch ein paar alte Bretter im Schuppen.« Seine Augen funkelten bei der Aussicht darauf, daß ein vergessener Jugendtraum nachträglich noch in Erfüllung gehen könnte. Einige Wochen später kamen wir ins Gespräch.

»Und?« fragte ich. Seine Augen fingen an zu glänzen. »Ich habe es gemacht, und Sie werden Ihren Augen nicht trauen. Es ist eine einfache *skybox*, ab und zu klettere ich hinein, um über etwas nachzudenken oder um es mir einfach gutgehen zu lassen. Meine Frau fragt sich natürlich, wie lange es wohl dauern wird, bis ich aus dem Baum falle oder genug davon habe, so dumm herumzumachen. Aber da kann sie lange warten. Es ist eine solide Konstruktion, und ich amüsier mich köstlich. Herrlich!« Er hätte auch Tsjakkaa! rufen können.

Mein Nachbar hat plötzlich ein Stück seiner Kindheit wiedergefunden. Das machte mir der Rest seiner Geschichte deutlich, denn in einem Anfall von Begeisterung hatte er den Cowboyhut seines Sohnes aufgesetzt. Innerhalb kürzester

Zeit war er mit seinem Sohn in ein hitziges **Cowboy- und Indianerspiel** verwickelt, wobei Vater und Sohn in einem spielerischen Kampf mit Plastikpistolen aufeinander losgingen.

»Ich mußte meine Hütte mit Zähnen und Klauen verteidigen, wobei ich noch Hilfe vom Nachbarjungen bekam. Als sein Vater ihn suchte, dachte der Senior wohl einen Moment lang, ich sei nicht mehr ganz bei Trost. Aber dann konnte er sich auch nicht mehr zurückhalten und tauchte mit einem Kopfschmuck aus Indianerfedern wieder auf. Ich mußte zusehen, daß ich nicht vor Lachen aus dem Baum fiel, denn das Verhältnis mit meinem Nachbarn ist immer etwas schwierig gewesen, seitdem ich einen neuen Zaun habe machen lassen.

An diesem Abend haben wir auf die neue Nachbarschaft ein kaltes Bier getrunken, und mein Sohn holte einen spannenden Western aus der Videothek, den wir uns gemeinsam anschauten. Heute morgen schon bin ich meinem Nachbarn auf der Straße begegnet. Er machte aus seinem Zeigefinger einen Revolverlauf und sagte: ›Peng, peng.‹ Ich tauchte weg, sah aber gerade noch, wie unsere gemeinsame Nachbarin kopfschüttelnd hinter ihren Geranien stand und offensichtlich an unserem Verstand zweifelte.«

Jeder hat in seinem Leben Augenblicke erlebt, die es wert sind, noch einmal erlebt zu werden. Es ist leicht, das angenehme Gefühl dieser Augenblicke zurückzuholen. Sie sind gewissermaßen in deinem Gedächtnis verankert. Du kannst dir zu diesen Augenblicken Zugang verschaffen, indem du den »Anker« benutzt.

Der NLP-Begriff »Anker« bezeichnet einen bestimmten Reiz, der eine damit verknüpfte Reaktion hervorruft. Oft sind wir uns unserer Anker gar nicht bewußt, aber es gibt unzählige, auch in deinem Leben. Wer auf dieser Klaviatur bewußt zu spielen weiß, kann sein Gefühlsleben positiv beeinflussen. Du drückst auf einen Knopf, und das Gefühl des zurückliegenden Augenblicks ist gegenwärtig. Je intensiver dieser Augenblick erfahren wurde, desto stärker ist der Anker.

Ein Anker kann positiv oder negativ sein. Wenn wir in aktiver Stimmung sind, erzeugen wir z. B. positive Anker. Musik kann ein sehr starker Anker sein. Alte Platten mit 45er-Umdrehungen rufen sofort wieder die Stimmung »von damals« hervor; mit dem Auftreten der CD jedoch fallen die musikalischen Anker weniger stark aus. CDs haben keine Kratzer, und du brauchst den Staub nicht mehr mit dem Ärmel abzuwischen. Auch mußt du nicht mehr die Nadel auf die Rille setzen – vom Plattenwechsel im Dreiminutentakt ganz zu schweigen. CDs sind bequemer und geben weniger Anlaß, Anker zu setzen.

Es gibt bei dir im Haus bestimmt einen kleinen Koffer, in dem du deine alten Platten aufhebst. Die meisten von uns werden ihren Plattenspieler auch noch nicht dem Müll überantwortet haben. Der Apparat, der dir jahrelang soviel Genuß verschaffte, wird nicht so unbarmherzig ausrangiert.

Mein Vorschlag ist, diesen **Plattenkoffer und den Plattenspieler wieder hervorzuholen**. Die Künstler der meisten Platten werden noch immer Megastars sein. Cliff Richard, die Rolling Stones, Elvis Presley und die Beatles hörst du ja jeden Tag noch im Radio. Aber das ist eigentlich egal. Bedeutsam ist vielmehr, daß es *deine* Singles sind, die du nun hörst, sie repräsentieren ein Stück deiner persönlichen Geschichte.

Erinnerst du dich noch an die erste Platte, die du gekauft

hast? War das im Free-Record-Shop? Ist sie noch in deiner Sammlung? Komm schon, verwöhne dich, und lege die alten Singles noch einmal auf den Plattenteller. Laß die gute alte Zeit noch einmal aufleben, und versetze dich wieder in die Atmosphäre und den Zustand von damals; die Zeit, in der das Glück offensichtlich noch ganz normal war; die Periode, die dem »Schlafanzug an und ab ins Bett« folgte, denn die Plattensammlung war ein erster Ausdruck deiner Selbständigkeit und deines eigenen Geschmacks.

Wir leben ständig im *Jetzt* der Gegenwart, aber das *Jetzt* von damals ist auch noch lebendig. Zeit ist ein Phänomen, das es in der Ewigkeit nicht gibt. Du bist also in Wirklichkeit das, was du einmal warst und gleichzeitig in Zukunft sein wirst. Zu diesem Bewußtsein wirst du gelangen, wenn du dir die vergnüglichen Anker erlaubst und sie einsetzt. Du siegst dann sofort über das Etikett der Kindlichkeit, das »große Menschen« verächtlich auf das Gefühl kleben, das du gerade neben dem Plattenspieler erleben durftest.

Leo, ein großer Kerl mit einem verantwortungsvollen Aufsichtsposten in einer Supermarktkette, erzählte mir, daß er — anstatt alte Schallplatten zu hören — einen ganzen Abend **mit Lego gespielt** habe. »Sie machen sich keine Vorstellung davon, wie entspannend das ist«, sagte er und entschuldigte sich damit gleichzeitig dafür, denn welcher Erwachsene spielt noch mit Lego? Nun, er jedenfalls. Ich fragte ihn, was er gemacht habe. Er wurde rot, nicht weil er sich schämte, sondern weil das der Anker war, der ihn an sein glutvolles Spiel erinnerte.

»Im Urlaub war ich in Kalifornien und bin über die Golden Gate Bridge in San Francisco gefahren. Die finde ich so toll, daß ich angefangen habe, sie nachzubauen.« Das war ein zweiter positiver Anker, denn Leo erlebte beim Bau der Brücke seine Ferienfreude noch einmal.

»Danach habe ich sofort einige von diesen phantastischen Wolkenkratzern nachgebaut. Dabei bin ich dann so richtig auf den Geschmack gekommen. Mein Sohn hatte nicht genügend Steine für ein derartiges Städteprojekt en miniature, also habe ich am nächsten Tag eine ganze Menge zusätzlicher Steine gekauft.«

Leo verwöhnte damit nicht nur sich selbst, sondern auch seinen Sohn, dessen Geburtstag erst in ein paar Monaten anstand. »Mein Sohn hofft jetzt auf ein ordentliches Erdbeben in meinem Klein-San-Francisco, denn ihm juckt es jetzt in den Fingern, nachdem er gesehen hat, was ich alles aus dem Boden gestampft habe. Es würde mich auch nicht überraschen, wenn er dem Andreas-Graben unter meinem Projekt etwas auf die Sprünge hilft«, so ein schallend lachender Leo. »Ich habe Spaß dran und mein Sohn auch. Ich möchte jetzt schnell nach Hause, mein Sohn wartet.« Wie lange ist es her, daß du das sagen konntest?

Nostalgie ist eine großartige Sache, denn sie ist ein Supermarkt voller Anker. Ich kam beim **Aufräumen** meines **Dachbodens** dahinter. Die Suche nach meinem Familienstammbuch führte mich über eine schmale Treppe unter den Dachfirst des Hauses, wo ich kurz meinen Blick schweifen ließ. Hier war ich ewig nicht gewesen. Der Geruch der Vergangenheit kitzelte meine Nasenlöcher.

»Was für ein Durcheinander«, war mein erster Gedanke. Aber in dem Moment, als ich die Kartons öffnete und die alten Sachen durch meine Hände gleiten ließ, wurde mir klar, daß ich all das absichtlich aufbewahrt hatte. Offensichtlich hatte ich es nicht übers Herz gebracht, sie wegzuwerfen; oder ich hatte sie in der Annahme aufgehoben, meine Kinder könnten sie noch gebrauchen. In der Zwischenzeit aber hatten sie mich wissen lassen, an dem alten Kram kein Interesse zu haben.

Ich schaute mich nochmals um – und hatte plötzlich eine glänzende Idee. Wenn mein Herz an diesem ganzen Kram so hing, daß ich ihn nicht in den Mülleimer hatte werfen können, dann repräsentierte er offenbar einen gewissen Wert – nicht nur für mich, sondern wahrscheinlich auch für andere. Das wollte ich herausfinden.

Ich suchte heraus, was ich für wertvoll hielt, staubte es ab, putzte, was geputzt werden mußte, brachte es nach unten und stellte alles in die Garage. An einem sonnigen Tag stellte ich den Krempel in den Garten und befestigte Preisschilder an den einzelnen Gegenständen. Meine alten Krawatten zeichnete ich mit einem Gulden aus, und der Staubsauger (er funktionierte sogar noch) sollte zehn Gulden bringen. Die Puzzles meiner Kinder sollten 25 Cent kosten.

Meine liebe Tochter Minou war so freundlich, im Supermarkt einen Zettel aufzuhängen, daß wir in unserem Garten **einen Flohmarkt ausrichten**. Darüber hinaus leistete sie durch Mund-zu-Mund-Propaganda vortreffliche Arbeit. An diesem Samstagnachmittag gab es im Garten ein Fest. Es wimmelte von fremden Menschen, die herumstöberten und aussuchten. Abends zählte ich das Geld, und es zeigte sich, daß mein Dachbodeninventar noch 183,70 Gulden eingebracht hatte. Der Familienrat beschloß, daß das Geld an »Ärzte ohne Grenzen« überwiesen werden sollte, meine Kinder gaben noch ein bißchen Geld dazu.

Die Fotoalben habe ich natürlich behalten, und an einem frühen Sonntagmorgen wurde ich beim Blättern wieder inspiriert. Es war ein Familienalbum dabei, das ich von meinen Eltern bekommen hatte. Die meisten Gesichter kamen mir bekannt vor, aber eine Reihe davon kannte ich nicht: Onkel, Tanten, Neffen und Nichten und stattlich herausgeputzte Vorfahren im Outfit des 19. Jahrhunderts. Ich verspürte einen unwiderstehlichen Drang herauszufinden, wer diese Menschen waren. Schließlich war ich ein Nachfahre dieser für mich legendären Menschen, aber das Besondere an ihnen kannte ich nicht. Ich wollte herausbekommen, wo die Wurzeln meiner Herkunft lagen, und überlegte mir, **einen Stammbaum zu erstellen**.

Das ist keine leichte Aufgabe. So etwas macht man nicht in einer Woche oder einem Monat, sondern dafür nimmt man sich Zeit, viel Zeit. Du telefonierst, schreibst und informierst dich bei allen dir bekannten Familienmitgliedern, und dann kommt der Augenblick, an dem die Geschichte Form annimmt. Es ist wie das Entwickeln eines Schwarzweißfotos. Es dauert ein bißchen, aber dann kommen die

Konturen des Fotos zum Vorschein, und man sieht das Resultat.

Ich habe jetzt ein klareres Bild von der Geschichte meiner Familie. Ich habe Menschen kennengelernt, deren Existenz mir vorher nicht bekannt war. Eine angenehme Nebenerscheinung ist, daß ich mit

Familienmitgliedern gesprochen habe, die ich seit Jahren nicht getroffen hatte. Es gab mir ein Gefühl der Wärme, aber auch von Ehrfurcht. Ich habe mich in die Vergangenheit hineinversetzen können und überraschende Entdeckungen gemacht. Der Stammbaum endet jetzt bei meinen Kindern, aber es ist noch genug Platz für ihre Nachkommen.

Einen Stammbaum zu erstellen ist ein harter Brocken, aber die Genugtuung ist groß. Ich kann es dir nur von Herzen empfehlen. Du deckst damit ein Stück Familiengeschichte auf, von der du sonst nichts wüßtest.

Es hat mich immer fasziniert, daß die Menschheit inzwischen so unbeschreiblich viel erlebt und durchgemacht hat – und verblüfft hat es mich, daß wir so selten darüber nachdenken. Vieles ist aufgezeichnet, liegt aber von einer Staubschicht bedeckt in Bibliotheken und Archiven – so viel Wissen und so viele Tatsachen, die von einem forschenden Geschichtsstudenten hervorgeholt werden könnten. Jammerschade!

Es ist eine große Erleichterung, **ein Geschichtsbuch zu lesen**, oder noch besser, ein Buch über frühere Zeiten oder die Geschichte einer Volksgruppe, eines Landes oder eines bestimmten Themas. Was das betrifft, hast du die freie Wahl. Nimm die Geschichte deiner eigenen Stadt, die Japans im Mittelalter, des Zweiten Weltkriegs oder der Normannen. Themen gibt es unendlich viele.

Geschichte vermittelt Einsicht in die heutige Zeit. **Stöbere** doch einmal **in einer** guten **Buchhandlung** herum, und schnuppere an allem, was dort angeboten wird. Oder schaue dich in einem Antiquariat um, wo du für wenig Geld prächtige Bücher bekommen kannst. Oder besuche einmal ein modernes Antiquariat.

Ich habe vor kurzem »Die Säulen der Erde« von Ken Follett gelesen, worin der Bau einer Kirche beschrieben wird. Das klingt langweilig, aber das war es nicht, im Gegenteil. Ich habe es in einem Rutsch durchgelesen. Das Buch bietet keine exakte Geschichtsschreibung, aber es gibt die Stimmung einer Zeit wieder, von der wir kaum etwas wissen. Geschichtsbücher zu lesen bewirkt etwas bei dir. Es ist die beste Art und Weise, etwas von dem unerbittlichen Gesetz von Ursache und Wirkung zu begreifen.

Der Deutsch-Französische Krieg von 1870 war der Nährboden für den Mord in Sarajevo, den Auslöser des Ersten Weltkriegs. Die Friedensbedingungen, die im Versailler Vertrag festgelegt wurden, waren die direkte Ursache für den Aufschwung des Nationalsozialismus, der Hitler an die Macht gebracht hatte und zum Zweiten Weltkrieg führte.

Der Kalte Krieg war eine logische Folge dieses Weltkriegs, er brachte die Mauer und den Eisernen Vorhang hervor. Westeuropa vereinigte sich als Machtblock gegenüber dem Ostblock. Die Folge davon war, daß sich im Westen die Grenzen öffneten. Als dann 1989 die Mauer fiel, konnten sich Polen, Rumänen und Bulgaren im Westen frei bewegen.

Wenn du in die Geschichte eintauchst, verstehst du vielleicht auch, aus welcher Situation heraus Hoffmann von Fallersleben das Deutschlandlied geschrieben hat. Es wird lauthals gesungen, wenn z. B. die deutsche Fußball-Nationalmannschaft antritt. Kaum jemand kennt mehr als die ersten beiden Zeilen. Eigentlich ist das blanker Hohn. Zwar sind die Fans bei internationalen Sportveranstaltungen mit

Schwarz-Rot-Gold geschmückt und jubeln, wenn ihre Mannschaft gewinnt, aber die Hymne mitsingen? Fehlanzeige! Darum werden alle Leser dieses Buches – du also auch – **das Deutschlandlied auswendig lernen und singend vortragen**. Nur die dritte Strophe. Los geht's!

Einigkeit und Recht und Freiheit
Für das deutsche Vaterland –
Danach laßt uns alle streben
Brüderlich mit Herz und Hand!
Einigkeit und Recht und Freiheit
Sind des Glückes Unterpfand.
Blüh im Glanze dieses Glückes,
Blühe, deutsches Vaterland.

Wie hat es geklungen? Wie hat dir dein Singen gefallen? **Singst** du überhaupt manchmal? Die meisten Menschen sagen von sich selbst, sie könnten nicht singen. Glaubst du auch nicht an deine Sangeskunst? Ich wette mit dir, es ist halb so schlimm. Du übst dich nur in falscher Bescheidenheit. Ich schließe natürlich nicht aus, daß es Menschen gibt, die tatsächlich keine Stimme haben. Doch auch das ist kein Hindernis. Singen macht Spaß und wirkt befreiend.

Früher als Kind hast du spontan gesungen. Hörtest du ein Lied, hast du sofort eingestimmt. In der Schule haben wir am Geburtstag der Königin immer ein Ständchen gesungen, alle zusammen. Das Singen macht allen Kindern Spaß. Aber du kamst dann irgendwann in den Stimmbruch, oder dein schöner Sopran bekam einen Sprung, und schon war's mit dem Singen vorbei. Dir wurde gesagt, du hättest keine Stimme und könntest den Takt nicht halten, und du hast es geglaubt. Aber das ist jetzt vorbei. Singe ein Lied und stelle dich vor einen Spiegel. Dort findest du das beste Publikum, das du dir vorstellen kannst – dich selbst.

Genieße deinen Auftritt und besiege damit deine Verlegenheit. Schaue dich an und höre, mit wieviel Freude du singst und wie großartig sich das anhört – die Freude, die du spürst, gibt deiner Sangeskunst den letzten Schliff. Diese großartigen Gefühle haben auch mit deiner körperlichen Selbstdarstellung zu tun. Du bist dir deiner stärker bewußt, wenn du dir die eigene Darbietung von … anhörst. Setze hier den Namen eines Schlagers ein, den du jetzt singen möchtest. Singen wirkt ansteckend. Es ist eine Manifestation des Frohsinns.

Marianne war eine junge Frau von dreißig Jahren, die zu mir kam, weil sie eine dunkle Zeit in ihrem Leben durchmachte. Ihre Eltern waren kurz hintereinander gestorben, und ihre noch junge Ehe hatte diesen Gefühlssturm in ihrem Herzen nicht überlebt. Sie erzählte mir, daß sie früher gerne gesungen habe, jetzt aber kein Bedürfnis mehr verspüre.

Ich fragte sie, welches Lied ihr gefalle und sie gerne hören wolle. Ohne nachzudenken, sagte sie: »Niemand läßt sein Kind allein«, und damit meinte sie ihren zweijährigen Sohn. Ich bat meine Sekretärin, die Schallplatte schnell zu kaufen. Kurze Zeit später schallte Willy Alberti durch den Raum, und ich bat sie mitzusingen. Sie machte einen Versuch, aber ihre Stimme erstickte.

Ich sang kräftig mit und ließ mich von der Darbietung Albertis ergreifen. Und siehe da, trotz ihrer Tränen stimmte Marianne plötzlich in den Gesang mit ein. Ihre Stimme schwoll an und wurde kräftiger, auch ihre körperliche Ausstrahlung veränderte sich. Nach ein paar Minuten brach ein Lächeln durch, und ihre Augen strahlten. Nach einigen Wochen traf ich Marianne wieder, und sie erzählte mir, sie würde nun öfter singen – sobald sie in ein dunkles Tal abzugleiten drohte, würde sie ein Lied anstimmen und singen, singen, singen, bis sie wieder vergnügt wäre.

Das kann das Singen für dich leisten. Entdecke es und gönne dem Spiegel die Premiere deiner neu entdeckten Vorliebe für Vokale. Farbige im tiefen Süden der Vereinigten Staaten haben auf diese Weise ihr Elend weggesungen. Daraus entwickelte sich der Blues. Es ist eine sehr geeignete Methode, sich glücklicher zu fühlen.

Marianne wird es schaffen. Davon bin ich überzeugt. Sie hat gelernt, sich mit einem so einfachen Mittel wie dem Singen wieder aufzubauen und in eine heitere Stimmung zu versetzen. Und die braucht man auf jeden Fall im Leben, unabhängig davon, was man erreichen möchte. Niemand wartet auf eine blasse Gestalt, die sich träge präsentiert. Ich bin mir sicher, daß sie in einem Jahr erreicht haben wird, was sie will; sie wird einen neuen Vater für ihr Kind finden und eine glückliche Ehe führen, ein schönes Haus bewohnen und sich die Tage sinnvoll einteilen können!

Wenn du fünfzehn Jahre alt bist, dann **überlege einmal, wie und wer du sein möchtest, wenn du fünfunddreißig bist.** Bist du 78 Jahre? Dann überlege, wie und wer du sein möchtest, wenn du 98 bist. Das ist eine interessante Frage, weil du damit deine eigene Zukunft visualisierst. Wenn du rauchst, weißt du, daß deine Lungen in zwanzig Jahren noch schwärzer sein werden. Trinkst du viel, dann darfst du davon ausgehen, daß deine Leber nach zwei Jahrzehnten ein abgekämpftes Organ sein wird.

Der Wunsch kann hier sehr wohl der Vater des Gedankens sein. Stelle dir in aller Ruhe vor, wer und was du sein möchtest. Und wer und wo bist du im Jahre 2015? Wirst du alt und unglücklich sein und verpaßten Chancen nachtrauern?

Du kannst jetzt schon bestimmen, ob das so sein wird oder nicht. Was kannst du tun, damit du die Chancen nicht vertust und das Ziel erreichen wirst?

Ziele: Der eine will eine gemütliche Berghütte mit Aussicht aufs Meer bewohnen und dort Romane schreiben. Ein anderer will nach einem Klavierkonzert seiner virtuosen Enkelin applaudieren. Vor Jahren schon hat er ihr ein Klavier geschenkt und sie mit allem, was ihm zu Gebote stand, gefördert.

Das Bild ist stärker als der Wille. Was du jetzt beschließt, wird später Realität. Je schärfer das Bild mit allen sinnlichen Wahrnehmungen, desto genauer wird sich dein Leben einen Weg in diese Richtung bahnen. In Gedanken läufst du bereits über die Terrasse deiner Berghütte und mißt mit deinen Schritten die Größe der Terrasse aus. Du hörst die Brandung und siehst das azurblaue Meer. Du schmeckst das Salz im Wind und spürst die heißen mediterranen Steinplatten unter deinen Füßen. Du riechst den frischen Duft von Limonen.

Oder du beobachtest aus deinen Augenwinkeln, wie andere Konzertbesucher das Spiel deiner Enkelin genießen. Du hörst ihr perlendes Spiel, riechst das Parfüm einer dir unbekannten Frau. Es ist, als ob du selbst spieltest.

Füge deinem Wunschtraum möglichst viele Elemente hinzu. Überlege vor allem, ob und wie dein Traum auch anderen Menschen helfen kann. Positive Gedanken führen zu einem positiven Ergebnis, und das liegt dann ganz nahe bei dem Bild, das du dir jetzt vor Augen zauberst – mit Geräuschen, Gerüchen und Gefühlen, ja sogar mit Geschmack!

Das bringt dir in zwanzig Jahren ein *déjà vu*, das dich innerlich außerordentlich bewegen wird. Du hast das Haus, deine Enkelin doch heute schon gesehen und gehört! Es existiert bereits, und du hast noch 7300 Tage oder 175 200 Stunden, um dein Ziel zu erreichen. Eine derartige Affirmation funktioniert. Du selbst hast das schon erfahren, in einer ganz alltäglichen Situation, als du einen Parkplatz suchtest. Du hattest dir den freien Platz schon vorgestellt, sahst ihn bereits vor dir, wie für dich und dein Auto gemacht. Und tatsächlich, dort vorn, linker Hand …

Das wird auch *self-fulfilling prophecy* genannt, die natürlich auch umgekehrt funktioniert. »Es wird wohl schlimm sein, wenn ich zu spät komme«, und verflixt, das ist es auch. »Das klappt nie«, und tatsächlich, es mißlingt.

Wenn du gestreßt bist, kannst du dir überhaupt nichts vorstellen. Deshalb: **Entspanne dich, wenn es einmal nicht sofort richtig funktioniert.**

Wenn du dir selbst Anweisungen gibst, dann sollte das Wort *nicht* darin immer fehlen. Gib dir und anderen immer eine positive Anweisung. »Ich will nicht dick sein«, wird zu »Ich will schlank sein«. »Mach nicht solch ein Durcheinander« wird zu »Räume das Gerümpel auf«.

Deshalb gibt es eine Grundforderung, die du dir einprägen *mußt*: **nicht gibt es nicht.** Das klingt zunächst verrückt, weil unser Sprachgebrauch von dem Wörtchen *nicht* durchsetzt ist. Dennoch wird es von unserem Unterbewußtsein einfach gemieden, es weiß mit diesem »nicht« nichts anzufangen. Wenn du das nicht glauben kannst, dann erprobe es jetzt. Gehe die folgenden Sätze in Ruhe durch.

Denke *nicht* an deine Schwiegermutter.
Denke *nicht* an die flotte Biene, deine Kollegin.
Höre *nicht* auf das Klopfen deines Herzens.
Höre *nicht* auf den Verkehr draußen.
Nimm *nicht* den Geruch der Petroleumlampe wahr.
Nimm *nicht* den Duft von Eau de Cologne wahr.
Spüre *nicht*, daß du sitzt.
Spüre *nicht* die Schuhe an deinen Füßen.
Schmecke *nicht* den Geschmack in deinem Mund.
Schmecke *nicht* den Geschmack von Zahnpasta.

Und? Genau! Die Verneinung führt zur Bestätigung!

Du hast deine Schwiegermutter vor dir gesehen.
Du hast deine Kollegin gesehen, wie sie beim Gehen mit den Hüften schwingt.
Du hast dein Herz schlagen hören.
Unwillkürlich hast du die Ohren gespitzt und die Geräusche draußen wahrgenommen.
Plötzlich hast du den Duft gerochen, von dem du dachtest, daß du ihn vergessen hättest.
Das Taschentuch wurde dir wieder unter die Nase gehalten.
Du spürst endlich einmal, worauf du sitzt.
Du sitzt bequem.
Du hast hingeschmeckt.
Du schmeckst den frischen Geschmack in deinem Mund.

So funktioniert das Unterbewußtsein bei dir, bei mir, bei allen.

Die nächste Übung dauert etwas länger und hat eine unglaubliche Wirkung. **Führe eine Strichliste darüber, wie oft du das Wort *nicht* benutzt.** So wirst du dir deiner Kommunikation bewußt. Und du bist besser in der Lage, dich verständlich zu machen, weil du nämlich dem anderen ein Bild dessen, was du willst, anschaulich vermittelst.

Wenn du sagst »Guckt euch bloß nicht um, da läuft mein Ex«, werden sich bestimmt alle umdrehen. Sagst du jedoch achtlos: »Kennst du eigentlich meinen Ex?«, ist die Wirkung eine völlig andere.

Anstelle von »Komm nicht unters Auto«, sagst du »Paß gut auf, wenn du über die Straße gehst«, und anstatt »Tu das nicht«, kommt »Mach es anders«.

Das kleine Notizbuch hast du ja die ganze Zeit bei dir, was hält dich also davon ab, Striche zu machen, um festzuhalten, wie oft du *nicht* gebrauchst. Am Anfang wird es lästig sein. Nach und nach aber wirst du immer weniger Striche machen. Und du merkst, daß du besser, deutlicher, positiver kommunizierst. Das ist der Gewinn. Für ihn, für sie, für dich.

Noch ein Beispiel: »Das weiß ich nicht.« Natürlich ist es unmöglich, alles zu wissen. Darum ist z. B. das Lesen eines historischen Romans sinnvoll. Es liefert einen Beitrag zu deinem Wissen, das schließlich zu Weisheit reift. Lesen bildet. Welches Thema interessiert dich brennend? Auf welchem Gebiet möchtest du dazulernen? Um mehr zu erfahren, mußt du aktiv werden und Nachforschungen anstellen. Also: Auf!

Was könnte das Ziel deiner Wißbegier sein? Sobald du weißt, was du eigentlich schon immer wissen wolltest, **nimm dir einen Tag frei, um mehr über dieses Thema zu erfahren.** Zwar wird in dieser dynamischen Zeit viel entwickelt, was wir in unserem Alltag bedenkenlos nutzen. Es würde auch viel Zeit und Energie kosten, wenn man bis in die letzten Einzelheiten alles über diese Neuerungen wissen wollte. Trotzdem ist es wichtig, einen Anfang zu machen.

Die Medien quellen über vor Artikeln zum Stichwort *elektronische Datenautobahn*, dem ultramodernen Kommunikationsnetzwerk, das das Aussehen der Welt verändern wird. Was weißt du darüber? Was weißt du von der Evolutionstheorie, und was fällt dir zu den Themen »Politik«, »Computer«, »entfernte Kulturen« oder zu der Frage meiner fünfjährigen Tochter Georgine ein: »Papa, warum ist der Himmel blau?« – ich mußte bei dieser Frage passen.

Finde heraus, was du wissen möchtest, und nimm dir einen Tag Zeit, es in Erfahrung zu bringen. Dafür stehen dir zahlreiche Hilfsmittel zur Verfügung: schmöker in Büchern und Enzyklopädien, suche in den Gelben Seiten, greife zum Telefon, befrage eine CD-ROM oder informiere dich im Internet.

Neue Entdeckungen führen immer wieder zu neuen Fragen und Antworten. Das erzeugt Ehrfurcht vor allem, was sich um uns herum manifestiert. Schritt für Schritt werden die Geheimnisse aufgedeckt, und du kannst dich immer wohliger auf der Wiese deines sich ausdehnenden Wissens ausstrecken. Kurz, du wirst selbstbewußter.

Es kostet dich einen Tag, aber es wird ein Abenteuer für dich sein. Es zwingt dich auch dazu, auf Menschen zuzugehen, die du sonst nie kennengelernt hättest. Ein derartiger Tag erweitert deinen Horizont. Buchstäblich!

Ehrfurcht vor der einfallsreichen Art und Weise, wie die Welt in allen Facetten existiert, offenbart noch einen weiteren Aspekt: den der Einfachheit.

Sobald du Respekt vor der komplexen Wirklichkeit hast, suchst und strebst du von ganz allein nach der Einfachheit. Es sieht zwar so aus, als ob es unmöglich wäre, einen Sachverhalt simpel zu erklären – jeder Student muß ein Problem haben, über das er promovieren kann. Zudem gehört es beinahe schon zum guten Ton, aus etwas Einfachem ein Problem zu machen – sonst wäre der eigene Redebeitrag ja uninteressant. Sollte das der Grund dafür sein, warum wir alle so beschäftigt sind? Doch machen wir Schluß damit, und verpflichten wir uns einem vernünftigen Programm. Wir wollen die Dinge einfach belassen, sie von unnötigem Beiwerk befreien und zum Kern der Sache vordringen.

Die Amerikaner haben einen sehr schönen Grundsatz dafür: KISS! Keep It Stupid Simple. Meinetwegen kannst du es auch umdrehen: Keep It Simple, Stupid!

Wenn man ein Buch schreibt oder ein Problem erläutert, ist das KISS-Prinzip von großem Wert. Es bedeutet nicht, den anderen zu unterschätzen, im Gegenteil. Es ist geradezu eine Form von Anerkennung. Du machst dir und dem anderen eine Freude, wenn du der Komplexität abschwörst und die Einfachheit zu deinem Wert erhebst. Es ist ein herrliches Prinzip, es erlaubt die einfache und kindgemäße Darstellung – rührend fast und einladend. Ich wende das KISS-Prinzip bei NLP an. Die Funktionen des Gehirns und der

Denkvorgänge können auf äußerst komplizierte Weise vermittelt werden. Manche Menschen sind auch der Ansicht, daß es sich so gehört, und nehmen mir meine allgemeinverständlichen Erklärungen übel. Sie denken: »So einfach kann das nicht sein.« Das ist für sie ein Faktum. Aber mein Ziel ist es, möglichst viele Menschen zu erreichen und bei ihnen etwas zu bewirken.

Aber auch die Menschen, die die Komplexität lieben, möchte ich gerne von diesem wundervollen Prinzip überzeugen und ihnen sagen: **Halte es einfach.** Du wirst dann endlich verstanden, weil du richtig kommunizierst. »Richtige Kommunikation« heißt, die eigene Botschaft so zu vermitteln, daß der andere versteht, was du meinst. Dein A ist bei dem Empfänger auch A, und dein XYZ ist bei dem anderen auch XYZ. Wenn er dein XYZ genauso wiedergeben kann und es immer noch das ist, was du ihm mitgeteilt hast, dann war deine Kommunikation perfekt.

Früher haben wir ein Spiel gespielt, »Stille Post« hieß es. Im Prinzip ging es um einen ganz normalen Satz, der unter den mitspielenden Kindern die Runde machte. Allerdings wurde er immer nur ins Ohr des Nebenmanns geflüstert. Wenn der Satz schließlich wieder bei dir ankam, brach großes Gelächter aus, weil er kaum noch dem Original glich. Einfach zu kommunizieren hat die größte Wirkung. Das Resultat wird sein, daß andere dir klar und präzise antworten können.

Wende das KISS-Prinzip an, im Berufs- oder Geschäftsleben, aber auch im privaten Bereich, bei deinem Bankberater, beim Arzt oder wenn du dich mit deinem Partner über persönliche Probleme unterhältst. Mit diesem Prinzip erreichst du schneller, was du willst. So einfach ist das.

Eine der einfachen und direkten Kommunikationsweisen ist das Witzeerzählen. Witze sind einfach strukturiert, schnell erzählt und haben eine umwerfende Wirkung. Und wenn alles lacht, wurdest du verstanden. **Erzähle einen Witz**, wenn du abends müde nach Hause kommst und am liebsten über die Staus schimpfen würdest. Oder beginne die Arbeitswoche mit einem Witz, den du morgens den Kollegen im Büro erzählst. Diese Art, in Gang zu kommen, ist jedenfalls origineller, als stöhnend die Kollegen mit der eigenen Unlust zu langweilen.

Ich erzähle manchmal einen Witz, wenn die Benutzer eines Fahrstuhls schweigend zu Boden schauen. Die Wirkung ist unvergleichlich! Einen Augenblick lang halten sie dich für verrückt, weil es ja so normal ist, in einem Lift zu schweigen und ernst zu gucken. Aber dann schlägt dir eine Sympathiewelle entgegen, weil du es geschafft hast, die Situation im Fahrstuhl aufzulockern.

Ein angeheirateter Onkel von mir geht jeden Sonntag in die Kirche und hat sich angewöhnt, kurz vor Beginn des Gottesdienstes seinem Banknachbarn einen Witz zu erzählen. Der guckt die ganze Zeit argwöhnisch, aber sein Gesicht hellt sich auf, sobald die Pointe heraus ist. Manchmal sitzt jemand laut lachend neben ihm, wenn der Pfarrer auf die Kanzel steigt.

Oft ist die Klage zu hören: »Ich kenne keinen Witz.« Du wirst in der nächsten Zeit sicher einige hören, und dein Notizbuch ist jederzeit bereit. Es gibt übrigens auch genügend Witzbücher im Handel, vom Internet ganz zu schweigen.

Und wenn niemand über deinen Witz lacht, dann lache selbst.

Die Angewohnheit meines Onkels, vor dem Gottesdienst einen Witz zu erzählen, hat ihm in der Gemeinde besondere Popularität eingetragen. Man hält ihn für einen fröhlichen, geselligen Mann, der in der Lage ist, Humor und Gottesverehrung ganz einfach miteinander zu verbinden. Eine gute Angewohnheit kann zu einer Tradition werden, wenn sie sich zu bestimmten Zeiten regelmäßig wiederholt.

In unserer schnellebigen Zeit werden Traditionen rasch als eine altmodische und rückwärtsgewandte Erscheinung betrachtet. Du kannst sie jedoch auch als eine Orientierung im Leben betrachten; wie ein Kilometerpfosten, an dem du immer wieder vorbeikommst. Das sich Wiederholende wirkt beruhigend und schafft Vertrauen.

Beginne deshalb mit einer Tradition. Du kannst z. B. deiner Familie und deinen Freunden am 21. Juni eine Karte schicken, um ihnen einen sonnigen Sommer zu wünschen. Du kannst jeden dritten Mittwoch im Mai freinehmen, um den Frühling zu feiern. Oder du gehst mit deinem Partner bei jedem zweiten Vollmond zum Essen aus. Du wirst sicher eine Tradition finden, die zu dir paßt. In einer Tradition zu leben bedeutet auch, dem eigenen Dasein einen Rhythmus zu geben.

Einige weitere Beispiele: Pflanze bei der Geburt eines jeden Familienmitglieds einen Baum. Kaufe bei jedem Ausverkauf ein paar neue Schuhe und einen Pullover. Gedenke eines Toten, indem du an seinem Todestag fünf Minuten in aller

Stille für ihn betest, oder schreibe jedes Jahr an diesem Tag eine gute Eigenschaft des Geschätzten auf, in einem eigens dafür angelegten Gedenkbuch. Das sind nur Beispiele. Eine solche Tradition gewinnt im Laufe der Jahre an Bedeutung und Tiefe. Es wird dir gefallen.

Dieses Kapitel ist ein »Tu«-Kapitel im weitesten Sinne. In den folgenden Kapiteln werde ich mich spezielleren Themen zuwenden. Ich werde allerhand Vorschläge für Unternehmungen machen, durch die du in Bewegung kommst. Mach dich auf positive Änderungen in deinem Leben gefaßt. Du wirst nach der Lektüre des Buches anders und schärfer beobachten können – und eine Dynamik in deinem Leben entwickeln, die du vorher nicht für möglich gehalten hättest.

Ich habe die Vorstellung, daß du jeden meiner Vorschläge auch tatsächlich durchführen wirst. Du wirst dich darüber wundern, wozu du trotz deiner vielseitigen Tätigkeiten in der Lage bist. Solange das Vorhaben nur in deinem Kopf bleibt, wird es dort Staub ansetzen, austrocknen und schließlich zerbröseln. Jammerschade, denn du wirst niemals erfahren, was dir entgangen ist.

Du kannst die Wirkung dieses Buches testen, indem du einen Monat lang überprüfst, was du alles gemacht hast und was dir das gebracht hat. Inspiriert dich mein Buch darüber hinaus, eigene, von mir nicht angeführte Wege zu gehen und dadurch Positives zu erfahren – TSJAKKAA!, um so besser. Darüber freue ich mich natürlich auch.

»Aktion« muß nicht grundsätzlich ungestüm sein. Sie kann sich auch nach innen wenden und dort eine tiefe Wirkung haben. Das »Tun« ist nicht dazu gedacht, dich vom Wesentlichen abzulenken. Du wirst erfahren, wodurch du ein besseres Verständnis deinerselbst und deiner Umgebung bekommst.

Daß ich dich zu keinen außergewöhnlichen Aktionen auffordere, werden die letzten acht Vorschläge dieses »Tun«-Kapitels zeigen. Sie setzen nichts Unmögliches voraus, die Schwelle ist niedrig, jeder kann sie überschreiten. Ob du dich also aufraffst und etwas unternimmst, hängt einzig und allein von deinem Willen ab.

Ich kicke die Entschuldigungen, die Vorschläge seien bizarr, extrem oder kaum zu realisieren, zusammen mit dem bequemen Sessel unter deinem Hintern weg, einfach so.

Und jetzt geht's los.

Male ein Bild. Du sagst, du könntest nicht malen. (Wenn du schon mit deinem »Nicht-existiert-nicht-Tag« angefangen hast, kannst du auch sagen: »Diese Fähigkeit ist mir fremd.« Das klingt obendrein noch recht vornehm.) Gut! Aber gerade dann solltest du zum Pinsel und den Farben greifen und dir beweisen, daß du es kannst. Die gleiche Strategie wende ich bei Menschen mit Phobien an. Innerhalb kürzester Zeit helfe ich ihnen so über ihre größten Ängste hinweg: Du meinst, es nicht tun zu können? – Also tu es!

Hast du Angst vor Spinnen? – Hier hast du eine! Ich lasse eine Tarantel – was sage ich? –, fünf Taranteln mit ihren großen, behaarten Spinnenbeinen über deine nackte Brust laufen. Erst wirst du steif, dann zitterst du, schließlich kannst du dich entspannen – und in dem Moment ist deine Angst vor Spinnen überwunden. Konfrontation ist eine äußerst zwingende und deshalb wirksame Art, um Ängste

aller Art oder Unwillen zu überwinden.

Du behauptest, nicht malen zu können, also male ein Bild. Du hast sicher schon deine Kindergartenzeit vergessen. Erinnere dich, jeden Tag hast du damals gemalt! Du darfst wählen: Wasser- oder Ölfarbe?

Auf jeden Fall gehst du in ein Geschäft, in dem diese Sachen verkauft werden, und legst dir Farben, Pinsel und Papier oder Leinwand zu. Dann laß dich von einem Thema inspirieren, oder mache es wie Karel Appel und schleuder, spritze oder wirf die Farben auf die Leinwand. Wie auch immer deine Technik aussehen wird, du wirst deinen Spaß daran haben, also öfter malen und deine Mitmenschen mit deinen Kunstwerken erfreuen wollen. So hat die Frau von Elco Brinkman auch angefangen.

Du richtest einen dringenden Appell an deine schlummernden, kreativen Fähigkeiten und drückst dich auf eine völlig andere Art und Weise aus. Denke noch einmal an die Augenblicke, in denen du mit der Zungenspitze zwischen den Lippen und mit roten Backen dasaßt und gemalt hast. Wie lange ist das her? Auf dieses Weise legst du einen Teil deines Inneren frei.

Kein Geld? Du hattest auch das Geld für dieses Buch, und wenn du es geschenkt bekommen hast, hast du Geld gespart, mit dem du jetzt das Material kaufen kannst. Das Ergebnis deiner Malerei wird dich überraschen und nicht nur dich. **Biete es mir zum Kauf an!**

Der zweite Vorschlag. **Gehe schwimmen.** Hole deine Badehose oder deinen Badeanzug aus dem Schrank, wickel sie/ihn in ein großes Handtuch, und gehe ins Schwimmbad. Springe vom Sprungbrett oder vom Beckenrand aus ins Wasser. Schwimme auf dem Rücken, lege ein paar Bahnen zurück, gehe zwei Minuten Wassertreten und genieße die Bewegung, deinen Körper und die Frische des Wassers. Die körperliche Anspannung entspannt dich.

Wenn du sagst: »Ich kann nicht vom Dreimeterbrett springen«, dann springe; »Ich konnte Schwimmen in der Schule schon nicht ausstehen«, dann wirst du erfahren, wie angenehm es ist zu schwimmen; »Ich habe Angst vorm Wasser«, dann nimmst du Schwimmunterricht.

»Ein gesunder Geist wohnt in einem gesunden Körper.« Seit über zweitausend Jahren hat sich an dieser Weisheit nichts geändert.

Nummer drei. **Laß einen Drachen steigen.** Die Vorfreude ist schon ein kleines Fest für sich, wenn du dir die Mühe machst, Papier, Holz und Schnur zu kaufen, um den Drachen selbst zusammenzubasteln. Wenn du nicht weißt, wie das geht, dann hat die Bibliothek bestimmt ein Buch über das Drachenbauen. Außerdem gibt es heutzutage in jeder großen Stadt Spezialgeschäfte, in denen Drachen in allen Formen und Größen verkauft werden.

Hast du nun einen Drachen, dann nimm ihn mit auf eine Wiese oder an den Strand und laß ihn steigen. Es ist ein tolles Gefühl, wenn der Wind das Ergebnis deiner Kreativität packt und es zum Himmel hochsteigen läßt. Ganz so einfach wird es am Anfang vielleicht nicht sein. Hin und wieder stürzt das Miststück einfach ab und bohrt sich ins Gras oder in den Sand. Dann kommt es drauf an: Sind dir die Elemente überlegen, oder gelingt es dir trotzdem, das bunte Ungetüm in große Höhen zu treiben? Natürlich, plötzlich hast du den Trick raus. Dann bist du an der Reihe und zwingst dem Flieger deinen Willen auf: Soll er beharrlich im Wind stehen oder verspielte Manöver ausführen? Du entscheidest! Es sind deine Befehle, die über die Schnur nach oben weitergeleitet werden. Deine Begeisterung wird kein Ende nehmen!

Dann ein vierter praktischer Anstoß. **Fahre Rad.** Ich habe jedoch keine Ausflüge oder Erholungstouren im Sinn. Ich denke vielmehr an die alltäglichen Kurzstrecken, die du sonst mit dem Auto zurückgelegt hättest: Einkaufen, die Kinder wegbringen und wieder abholen, Freunde besuchen. Das geschieht oft mit dem PKW, weil es zur Gewohnheit, zu einem Automatismus geworden ist.

Selbst wenn es Bindfäden regnet oder ein halber Meter Schnee liegt, nimmst du deinen Drahtesel und läßt das Auto stehen. Im Stadtverkehr bist du mit dem Fahrrad sogar schneller. Und abgesehen von den genannten Vorteilen ist das Radfahren auch eine Methode, eingefahrene Muster zu durchbrechen. Das nenne ich Charakter. Deine Mutter hat es nicht anders gemacht.

Wo wir schon einmal dabei sind: **Bilde Fahrgemeinschaften.** Es ist natürlich wahnsinnig, daß jeden Montag morgen fast

40 Staus mit einer Gesamtlänge von 160 Kilometern entstehen. Wir wissen, daß in Zukunft die Staubildung immer weiter zunehmen wird. Wenn nur jedes fünfte Auto mit einer Fahrgemeinschaft führe, wäre von Stau keine Rede mehr.

Fahrgemeinschaften zu bilden bedeutet, den Mut zu haben, aus dem Kokon der Trägheit auszubrechen und bei einem Kollegen ins Auto zu steigen. Du lernst deine Kollegen von einer anderen Seite kennen. Du sitzt neben ihnen und nicht ihnen gegenüber. Dein Chef steht nicht über, sondern sitzt hinter dir. Auch siehst du andere Stadtteile, wenn du mit dem Fahren an der Reihe bist und die Kollegen abholst. Du sitzt mal wieder in einem anderen Auto und hast drei Wochen lang einen privaten Chauffeur.

Bleibst du sitzen, wo du bist, und rührst dich nicht? Oder hast du noch genug Mumm in den Knochen, um den Berufsverkehr – und dich selbst – ein wenig zu entlasten, indem du Fahrgemeinschaften bildest? Habe ruhig ein schlechtes Gewissen, wenn du dich weigerst. Wenn du es nicht tust – warum sollten es dann andere machen? Das Problem wird so nur noch größer.

Da wir schon unterwegs sind: **Fahre einmal mit einem LKW mit**. Das kostet dich einen freien Tag, der dir aber eine unglaubliche Erfahrung einbringen wird! Es gibt bei dir in der Gegend sicherlich eine Spedition. Wie ich die Freundlichkeit der Trucker einschätze, wird es kein Problem sein, einen Tag mitfahren zu dürfen.

Die Welt sieht vom Thron eines Königs der Landstraße ganz anders aus. Genieße die hohe Position, das große Lenkrad und den brummenden Dieselmotor, der das fahrende Ungetüm über die Straßen schiebt. LKW zu fahren bedeutet, hauptsächlich rechts zu fahren; die Brummis haben nun einmal nicht die Geschwindigkeit und Wendigkeit von Personenwagen.

Du wirst dich nicht mehr über die Könige der Landstraßen ärgern, wenn sie wieder einmal vor deiner Nase nach links herüberziehen, um im Schneckentempo ein noch langsameres Fahrzeug zu überholen. Beim nächsten Überholmanöver wirst du geduldig warten.

Du wirst die Berufskraftfahrer respektieren, denn ein Ungetüm von 17 Metern Länge zu steuern ist eine Kunst. Dein neuerworbenes Verständnis ist gut für die Könige der Landstraße, aber auch für dich, denn es kommt deinem eigenen Fahrverhalten zugute. Und vergessen wir nicht, daß du einen besonderen, lehrreichen, angenehmen und völlig anderen Tag als sonst erlebt hast.

Jetzt, wo wir uns dem Ende des Kapitels nähern und ich dich mit »Tu«-Vorschlägen bombardiert habe, ist es Zeit, ein wenig nachzudenken. Nimm dir deshalb jetzt die Zeit und **verarbeite alles in Ruhe**.

Mache zu diesem Zweck z. B. **eine Nachtwanderung durch einen Wald**. Tagsüber bist du beschäftigt, und selbst abends gibt es noch allerhand zu regeln. Also bleibt nur noch die Nacht. Nimm eine Taschenlampe, überprüfe die Batterien und ziehe los. Völlig allein, denn das macht die Wanderung besonders schön und spannend. Nach einiger Zeit schaltest du dann die Taschenlampe aus.

Deine Augen gewöhnen sich an die Dunkelheit. Wenn du nach oben blickst, siehst du unzählige Sterne und leichten Nebel. Der Mond ist dein Begleiter, ruhig und beschützend.

Lausche dem Rauschen der Blätter und den Vögeln, den Insekten und übrigen Tieren. Es raschelt überall. Bedrohlich? Keineswegs, das wäre nur die Bedeutung, die du der Situation zuschreibst. Nein, eine solche Wanderung ist mysteriös. Hier im Wald bist du niemals allein. Tausende von Augen sind auf dich gerichtet.

Gefährlich? Ich glaube, es ist unsicherer, sich in den regen Stadtverkehr zu begeben als nachts alleine durch den Wald zu spazieren. Spannend? Das ist es sicher, denn nachts im Wald spazierenzugehen ist ein einzigartiges Erlebnis.

Sei froh, wenn du vor deiner Wanderung ein wenig Angst verspürst. Denn nach deiner Wanderung wirst du feststellen können, die eigene Angst überwunden zu haben, und das ist immer ein tolles Gefühl. Du bist dann über dich hinausgewachsen, nachts im Wald, vom Mond beschienen und von den Sternen begleitet ...

Im Schutz der Nacht scheinen die täglichen Belastungen von einem anderen Planeten zu stammen. Du weißt plötzlich, daß du anders mit dir umgehen solltest ... Und schon am nächsten Tag setzt du diese Erkenntnis um, stolz, glücklich, hochmotiviert. Was für ein Erlebnis! Stelle dir vor, wie es ist, wenn du all das deinen Arbeitskollegen erzählst.

Zum Schluß möchte ich dich zur Vorbereitung auf das nächste Kapitel um etwas bitten. Ich werde dich nämlich auffordern, ganz ungewöhnliche Dinge zu tun. Zu schwimmen und radzufahren sind Aktivitäten, die recht normal und alltäglich sind. Aber auf den folgenden Seiten stürzen wir uns wahrhaft in unerwartete Abenteuer, um das Leben schön bunt zu machen.

Um dich vorzubereiten, will ich, daß du genau *jetzt* **tust,**

**was du schon wochen-
lang vor dir hergescho-
ben hast:**

Das eine Telefonat zu führen, den Brief zu schreiben, das Kompliment zu machen, den Schrank aufzuräumen … Es gibt immer etwas, das du ständig in der vergeblichen Hoffnung vor dir herschiebst, es möge eines Tages von selbst verschwinden. Aber das wird nicht passieren. Einmal mußt du es erledigen. Du weißt, was das ist.

Höre auf zu lesen.

Tue, was du tun mußt, jetzt!

Tue etwas Unerwartetes!

Unverhofftes Glück ist das Beste, was es gibt.

Springend und klatschend komme ich auf das Podium. Bis zu diesem Augenblick war es im Saal ruhig, man wartete ab. Die Anwesenden sind gekommen, um mehr Möglichkeiten zur Selbstentfaltung kennenzulernen. Am Ende des Seminars wird ein großer Teil von ihnen barfuß über glühende Kohlen von tausend Grad Celsius laufen. Zu Anfang glaubt fast keiner, daß er oder sie den Feuerlauf machen wird.

Jeder ist zunächst ein wenig überrascht, wenn ich energisch im Rhythmus der Musik in meine Hände klatsche. Die Menschen schauen sich bestürzt an. Das ist völlig ungewöhnlich. Nach einigen Minuten werden die ersten für die Begeisterung empfänglich. Sie klatschen mit, und ihre Gesichter hellen sich auf. Menschen, die skeptischer waren und gezögert haben, lassen ebenfalls ihre Bedenken fallen. Schließlich gibt es noch einzelne, die sich fragen, ob sie bei irgendeiner Sekte oder in einer Diskothek gelandet sind. Doch nichts von alledem trifft zu.

In den ersten drei Minuten habe ich erreicht, daß alle wach und für das offen sind, was kommt. Ich nutze nur die Funktionsweise des Gehirns; wie man mit Hilfe der Gehirnfunktionen die Kommunikation steuern und dem eigenen Leben eine bestimmte Richtung geben kann. So springe ich z. B. mitten in den Ausführungen auf und bitte alle Teilnehmer mitzutanzen.

Auf diese Weise nutze ich die visuelle, auditive und kinästhetische Empfänglichkeit meiner Zuhörer. Durch die Abwechslung bleiben sie interessiert dabei und lernen am besten. Spaß und ernster Lernstoff wechseln sich immer wieder ab. Das Unerwartete inspiriert. Es hält dich auf den Beinen. Du bleibst wach und »folgst dem Unterricht«.

Das Unerwartete kann auch einen negativen Beigeschmack haben. Plötzliche Ereignisse können dich aus der Fassung bringen. Deshalb möchten wir Unerwartetes gerne vermeiden, denn dann – so die Erfahrung – wird man seltener mit unangenehmen Überraschungen konfrontiert. Die Folge dieser Angewohnheit ist, daß du im zähen Lehm der sogenannten Sicherheit schwerfällig wirst. Dein Lebensplan: erst die Ausbildung, dann die Heirat, Kinder, der Vorruhestand, die Rente – und dann ist das Leben auch schon wieder vorbei. Ich plädiere für das Unerwartete. Darauf brauchst du nicht zu warten, du forderst es einfach heraus.

Es folgen achtzehn Vorschläge, Dinge zu tun, die du normalerweise niemals tun würdest. Sie dienen dazu, dein Blickfeld zu erweitern und die Wirklichkeit von mehreren Seiten wahrzunehmen. Das bringt dich zum Nachdenken, denn du nimmst nun mehr und intensiver wahr. Und schließlich erweiterst du deine Entscheidungsmöglichkeiten, wodurch du dein Leben mit erfrischender Unruhe und Chaos aufpeppst.

Wir fangen mit dem simplen Entschluß an, **den Tag ohne Radio und Fernsehen zu verbringen.** »Das ist einfach«, denkst du vielleicht. Doch du wirst dich selbst bei dem Wunsch ertappen, den Raum mit Geräuschen zu füllen. Ich bleibe aber dabei: kein Radio im Auto, keine Musik, keine Nachrichten, also auch keine Staumeldungen. Heute abend bleibt auch der Bildschirm schwarz. Dieser Entschluß verschafft neue Möglichkeiten. Du kannst Menschen anrufen, mit denen du schon lange nicht mehr gesprochen hast. Deine Mutter wird sicher überrascht sein, wenn du sie plötzlich anrufst und erzählst: »Ich verzichte auf den Spielfilm, um Zeit für dich zu haben.«

Es gibt unendlich viele Möglichkeiten: mit den Kindern spielen, aus einem spannenden Buch vorlesen, selbst lesen, Karten spielen, unerwartet bei jemandem vorbeischauen oder das Zimmer umräumen. Es ist egal, was du tust – der Abend vergeht dabei im Flug.

Im Auto wirst du feststellen, wie sehr das Radio ein Gespräch verhindert. Zusammen Radio zu hören ist angenehm, ja. Aber sich gegenseitig zuzuhören ist viel interessanter. Höre der Stille zu. Auch das ist ein merkwürdiges Gefühl. Stille kann man auch genießen. Ein Tag ohne Radio oder Fernsehen versetzt dich nicht in eine frühere Zeit. Im Gegenteil, du bist dir jetzt mehr denn je anderer Kommunikationsmöglichkeiten bewußt.

Wenn du dann am nächsten Morgen den Radioknopf drückst, freust du dich darüber. Du empfindest eine gewisse Dankbarkeit für die Möglichkeiten und die Auswahl, die

Äther und Kabel bieten. Es ist sogar vorstellbar, daß du am Abend etwas wählerischer fernsiehst und den Apparat nicht als Tapete mit bewegten Bildern benutzt.

Du kannst sogar überlegen, das Unerwartete noch einmal zu machen. Vor allem die Winterabende mit ihren zugezogenen Vorhängen und der behaglichen Wärme eignen sich ideal, um das Hinausschauen via Fernsehen umzukehren und einmal bei sich selbst nach innen zu schauen. Dann wird deutlich, in welch angenehmer Gesellschaft du dich ständig aufhältst.

Am nächsten Abend folgt ein neuer Ansatz, es einmal komplett anders zu machen. **Schaue dir zehn Minuten lang eine Sendung an, die du** völlig **langweilig findest.** Dadurch sollst du dir abgewöhnen, ständig zu *zappen* und die Sender vom Bildschirm zu schießen. Wer kann heutzutage noch die Geduld aufbringen, zehn Minuten seiner kostbaren Zeit an eine langweilige Talk-Show, eine politische Diskussion oder ein tiefsinniges kulturelles Gespräch zu vergeuden? Du merkst, wie schwierig es ist, dich auf uninteressante Dinge zu konzentrieren. Es ist durchaus möglich, daß du auf die dummen Spielchen, die dich von der ersten Sekunde an irritieren, nicht versessen bist. Bringe trotzdem die Geduld auf, schaue es dir an, und interessiere dich dafür.

Der Zwang, weiter zuzugucken, hält nicht nur deine *Zapp*-Sucht unter Kontrolle. Er wird auch dein Blickfeld erweitern, denn du betrachtest etwas, dessen Verweildauer auf dem Bildschirm normalerweise im Millisekundenbereich liegt. Vielleicht spricht dich das Thema plötzlich an und du schaust interessiert weiter. Du verlierst deine Voreingenommenheit, und dein Bezugsrahmen, auf den du ständig zurückgreifst, wird umfassender. Wenn du das jeden Tag machst, lernst du in diesen zehn Minuten wahrscheinlich mehr als sonst an einem ganzen Abend.

Das gleiche gilt fürs Radio. Ein sprechender Mann zieht schnell den kürzeren gegenüber angenehmer Musik. Aber laß den Herrn einmal ausreden. Nach einigen Wochen weißt du mehr, und du bist im ganzen toleranter geworden. Du kannst jetzt besser zuhören, bist weiser, klüger und intelligenter als zuvor.

Zehn Minuten am Tag etwas anzuschauen, was dich scheinbar nicht interessiert, wird dein Blickfeld erweitern. Bewußt etwas anzuhören, was sonst ins eine Ohr hinein-, zum anderen Ohr wieder hinausgegangen ist, vielleicht noch nicht einmal dein Trommelfell erreicht hat, macht dich sofort zu einem geduldigeren und deshalb weiseren Menschen. Mache dir bewußt, daß Radio und Fernsehen auch dann eine Funktion erfüllen, wenn sie ausgeschaltet sind oder etwas scheinbar Uninteressantes bieten.

Wie der Griff zur Fernbedienung, gibt es noch andere Handlungen, die du ganz automatisch ausführst. Zum Beispiel bindest du dir morgens die Uhr um, wobei du dich keine Sekunde fragst, warum du das tust. Ist doch logisch? Du mußt doch wissen, wie spät es ist. Aber warum eigentlich?

Laß heute deine Armbanduhr zu Hause, und achte darauf, wie oft du auf die leere Stelle an deinem Handgelenk schaust. Erlebe einen zeitlosen Tag, einen Tag ohne Zeit. Erst dann merkst du, wie wir uns durch die Uhr bestimmen und hetzen lassen. Wir glauben, keine Sekunde ohne Uhr funktionieren zu können. Verpaßt du die Verabredung um zehn

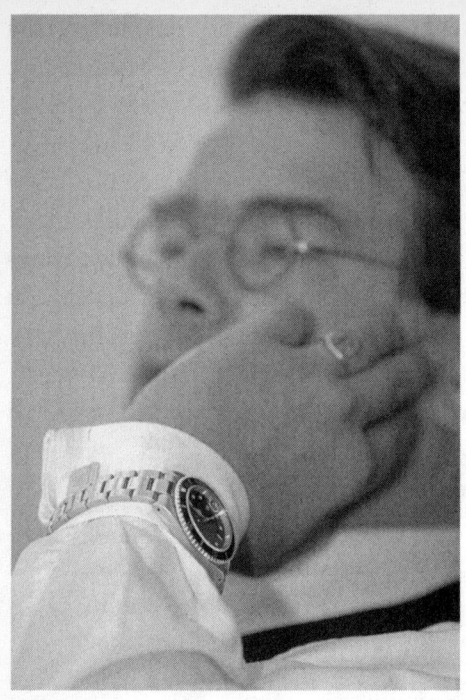

Uhr zu Hause, wenn du keine Uhr trägst? Derjenige, mit dem du verabredet bist, wird sicherlich kommen. Er taucht von allein auf.

Du hörst erst auf zu arbeiten, wenn du keine Lust mehr hast oder müde bist. Warum muß das unbedingt um fünf Uhr sein? Du ißt, weil du Appetit hast, und nicht, weil es zwölf Uhr ist.

Zeit hat von nun an bedeutend weniger Einfluß, weil die Uhr nicht mehr regiert. Du bestimmst selbst, wer, was und wann.

Zuerst wird es ungewohnt sein, ein Gefühl von Hilflosigkeit: »Weiß vielleicht jemand, wie spät es ist?« Aber schon bald stellst du dich darauf ein. Es ist befreiend, das Joch der Zeit abzuwerfen; nicht mehr Sklave des Ziffernblatts zu sein. Zeitlos sein. Es kommt immer wieder der nächste Zug, falls du diesen einen verpaßt hast. Und morgen wird es von allein wieder hell.

Harry fährt einen Golf GTI, er ist ein flotter Junge. Er erzählte mir von seinem Plan, den bequemen Wagen einmal eine Woche lang stehenzulassen und öffentliche Verkehrsmittel zu benutzen. »Ich weiß nicht einmal, wie ein Bus von innen aussieht«, sagte er. Ich hielt das für eine tolle Idee. Harry ist nicht selbstquälerisch veranlagt, er gibt nicht seinen angenehmen Lebensstil aus masochistischen Gründen auf. Er hat einen weiten Blickwinkel und ist ständig damit beschäftigt, Grenzen zu verlegen. Deshalb habe ich ihm vorbehaltlos geglaubt.

»Und?« fragte ich neugierig nach seiner GTI-losen Woche. »Wie lief es mit den Verspätungen bei der Bahn?« »Es ging ganz gut«, erzählte Harry fröhlich. »Ich bin zwar erste Klasse gefahren, aber dafür macht die Bahn ganz interessante Angebote. Ich war wirklich froh, unter Menschen zu sein. Man hört sie an der Bushaltestelle miteinander reden, und wenn man freundlich lacht, lachen sie auch zurück. Ich habe anfangs zwar mit dem Fahrplan gekämpft, weil man dafür wirklich Spezialfähigkeiten entwickeln muß. Aber wenn Sie mich jetzt fragen, wohin die Straßenbahnlinie 2 in Amsterdam fährt, kann ich es Ihnen sagen. Und Linie 8 in Den Haag geht vom Bahnhof bis nach Scheveningen. Gut, nicht?«

Harry hat zwar festgestellt, daß man mit dem öffentlichen Verkehrsmitteln deutlich länger braucht, um von A nach B zu kommen; auf der anderen Seite aber ist es billiger als mit dem Auto, und man kann mit den netten Menschen, denen man begegnet, viel Spaß haben.

»Es war herrlich, in der frischen Luft auf die Straßenbahn zu warten. Keine Staus, Radkrallen oder das Risiko, zu schnell zu fahren«, fügt Harry noch begeistert hinzu. Ein unerwarteter Pinselstrich auf der bereits so farbigen Leinwand seines Lebens. Es kann auch dein Leben sein.

Laß das Auto einmal eine Woche stehen, und nimm den

Bus, die Straßenbahn oder den Zug. »Da habe ich doch in der Linie 5 vom Hauptbahnhof Amsterdam nach Amstelveen einen Junkie Kokain rauchen sehen. Das ist wohlgemerkt eine ordentliche Straßenbahn, weil sie durch eine teure Wohngegend führt. Ich wollte noch sagen: ›Sie dürfen hier nicht rauchen‹, aber irgendwie tat mir der arme Kerl auch leid.«

Harry ist durch die Erfahrung ein anderer Mensch geworden. Seine Verbindung zur Gesellschaft wurde wiederhergestellt. »Ich werde es sicher häufiger machen«, kündigte er an. »Es ist phantastisch, unter Menschen zu sein. Dafür sind sie doch da!«

Was hältst du davon? **Denke doch einmal darüber nach.**

Wenn du öffentliche Verkehrsmittel benutzt, ist die Zeit, die du gewinnst und dann fürs Lesen zur Verfügung hast, einer der größten Vorteile. Das bringt mich auf folgende Idee: Wenn du beim Kiosk bist, **kaufe eine andere Zeitung als die übliche.** Liest du normalerweise die *Frankfurter Allgemeine,* dann lies jetzt die lokale Tageszeitung oder umgekehrt. Die *Süddeutsche* ist auch eine gute Zeitung. Vielleicht nimmst du auch einmal die *taz,* wenn du an die populäre Presse gewöhnt bist.

Du wirst auf jeden Fall etwas Gutes kennenlernen, denn schlechte Zeitungen werden nicht gemacht. Die populistische Vorgehensweise der *Bild-Zeitung* wird nicht jeden ansprechen, und der etwas kritische Ton der *taz* liegt auch nicht jedem. Es lohnt sich auf jeden Fall, die zwei Mark in eine Begegnung mit einer dir unbekannten Zeitung zu investieren. Du wirst erfahren, daß dieselbe Wirklichkeit unterschiedlich beurteilt, räumlich anders eingeteilt und in anderem Stil beschrieben wird. Deine Wirklichkeit ist von der Darstellung des Autors abhängig. Sie ist immer ein zweites Bild der Wirklichkeit. Du selbst entwirfst im Alltag auch ein zweites Bild der Wirklichkeit durch deine Optik, die durch deine Stimmung oder Voreingenommenheit gefärbt ist. Bieten die Medien also schon ein zweites Bild der Wirklichkeit, dann ist deine Wahrnehmung des in den Medien aufbereiteten Weltgeschehens das dritte. Die Wirklichkeit erscheint also immer verzerrt, auch wenn sie als Zeitungsnachricht mit dem Etikett »objektiv« verkauft wird. Du wirst all das selbst erfahren, wenn du mit einer anderen Zeitung fremdgehst. Der Atmosphäre und Mentalität des Blattes begegnest du bereits auf der Titelseite. Schau genau hin.

Es gibt keinen einzigen Grund dafür, sich auf deutsche Zeitungen zu beschränken. Hast du schon einmal in die *USA Today* geschaut? Eine einfallsreich gemachte Zeitung. Fische dir auch die *Financial Times* mit dem schönen rosa Papier aus dem Zeitungsständer heraus. Sie ermöglicht dir einen aufregenden Einblick in die Finanzwelt. Eine andere Zeitung oder Zeitschrift wirkt vielleicht noch inspirierender und innovativer auf dich.

Und dann sind da noch die englischen Sonntagszeitungen mit ihren bunten Beilagen. Was gibt es Schöneres, als zwei oder drei von ihnen zu kaufen und dann in Nachrichten, Hintergrundberichten und Kommentaren zu schmökern. Du wähnst dich in England. Die Welt wird noch kleiner und verständlicher, wenn du Zeitungen aus aller Herren Länder liest.

Lies mal eine ausländische Zeitung. Englische, französische und italienische Zeitungen zu bekommen ist kein Problem. Habe den Mut, einmal *The Guardian* oder *Le Figaro* mitzunehmen, und beiß dir daran die Zähne aus. Vielleicht macht dir die Sprache Schwierigkeiten, vielleicht interessiert dich der Inhalt auch nicht. Nach und nach aber wird sie dich faszinieren. Und du bist wirklich kein Snob, wenn dich jemand fragt: »Woher wissen Sie das?« und du antwortest: »Das stand in der *Washington Post.*«

Nein, du bist ein Weltbürger.

Die Woche in Zug und Straßenbahn hat Harry auf das Gleis der Veränderung gebracht. »Man macht so viel aus Gewohnheit, daß man erschrickt, wenn man darüber nachdenkt«, erzählte er mir. »Deshalb habe ich nach einer Woche in öffentlichen Verkehrsmitteln mit meinem Auto etwas anderes gemacht. Es war langweilig, immer nur auf großen breiten Autobahnen zu fahren. Das macht keinen Spaß mehr. Des-

halb habe ich dem Automobilclub einen Besuch abgestattet und ein paar Karten gekauft. Wenn ich jetzt von Wassenaar nach Den Bosch muß, **nehme ich einen anderen Weg**. Ich fahre durch Dörfer und an Weiden entlang. Ich fahre an wogenden Kornfeldern und spielenden Kindern in Holzschuhen vorbei. Seitdem ich das tue, fällt mir überhaupt erst auf, wie schön die Niederlande sind. Von der Autobahn aus sieht es ziemlich langweilig aus. Man fährt auch zu schnell, um es genießen zu können. Meine Fahrten sind jetzt viel spannender.«

Er räumt ein, daß es ihn mehr Zeit kostet. »Ja, und? Was macht schon eine Viertelstunde aus, wenn ich für die gesamte Strecke über zwei Stunden brauche? Die Fahrt macht doch Spaß. Manchmal halte ich an einer Dorfkneipe an und trinke einen Kaffee. Als Stadtmensch habe ich dann die Vorstellung, daß ich mich im Ausland befinde. Auf diese Weise entspanne ich mich während der Reise. Mir kommen neue Ideen, und gleichzeitig genieße ich.«

Harry stellt bewußt ein anderes Denkschema auf. Er bricht mit Mustern und schaut weiter. Das macht ihm viel Spaß, und er erlebt sein Leben als Fest. Um das Leben etwas mehr zum Sprudeln zu bringen, sind keine komplizierten Manöver nötig. Wer diesen Wunsch aus Angst vor Veränderung bereits wegdiskutiert hat, kann trotzdem vorsichtig mit den genannten Beispielen beginnen. Das ist sicher, und es bietet dir gleichzeitig ein Erlebnis, daß du genießen wirst.

Mutig finde ich es auch von meinem Freund Karel, einen Abend bummeln zu gehen. Er ist ein erfolgreicher Schallplattenproduzent und äußerst heterosexuell, wenn man seine Erfolge bei Damen betrachtet. Er ist charmant, hochgebildet und kleidet sich immer geschmackvoll. Karel hatte einen Koller bekommen. »Plötzlich beschlich mich der Gedanke, wie es wohl wäre, **einen Abend als Transvestit bummeln zu gehen**.« – Ich verschluckte mich an meinem Mineralwasser.

»Als was?« fragte ich.

»Als Transvestit«, wiederholte Karel laut und deutlich und betrachtete mich amüsiert. »Dazu braucht man überhaupt nicht homophil zu sein. Es ist ein unglaublicher *Kick*.«

Ich setzte mich hin, denn ich konnte in seinen Augen lesen, daß er eine prächtige Geschichte zu erzählen hatte.

»Auf die Idee kam ich, als ich in einer Bar mit einer netten Dame flirtete. Eigentlich wollte ich nur wissen, wie so etwas bei mir ankommen würde. Ich würde mich also als Frau verkleiden müssen, war meine Schlußfolgerung. Mein Herz klopfte bis zum Hals. Ich sah es schon vor mir. Wer macht schon so was?

Von Freundinnen hatte ich eine Perücke und Kleider geliehen. Sie guckten alle etwas mitleidig, als ich ihnen erzählte, was ich damit vorhatte. Aber ich war wild entschlossen. Das Schminken dauerte zwar eine Stunde, denn Eyeliner, Mascara und Lippenstift hatte ich noch nie benutzt. Ich wählte ein etwas süßlicheres Eau de toilette und stieg mit meiner Schuhgröße 42 in die viel zu engen Pumps, auf denen ich schwankte, als hätte ich Höhenangst. Minutenlang habe ich mich im Spiegel angestarrt. Es war ein atemberaubender Anblick.

Auf ins IT in Amsterdam. Diese Diskothek kennst du ja. Die ganze Schwulenszene war mir fremd, aber ich habe meine Augen aufgemacht. Die meisten Homos haben sofort kapiert, daß ich mich als Transvestit verkleidet hatte.

Am Anfang verspürte ich noch eine gewisse Scham, aber die verschwand von allein. Irgendwann bekam ich sogar Spaß daran und ging widerstrebend in Richtung *dark room*. Ich sah meine Hand nicht vor Augen, hörte aber geile Geräusche und Gestöhne. Aber da hineinzugehen, dazu fehlte mir doch der Mumm, deshalb trippelte ich wieder weiter.«

»Noch geflirtet?«

»Es ist unvorstellbar, wie scharf manche Männer sind auf alles, was einen Rock trägt«, sagte Karel überrascht. »In manchen Kneipen hätte ich bestimmt dreimal einen *one night stand* ausmachen können. Jetzt weiß ich, was es für eine Frau bedeuten muß, wenn sie so bedrängt wird.«

»Aber ist das nicht auch ein Kompliment?«

»Hör bloß auf, scheußlich ist das. Aber es gibt auch sehr nette Männer. Mit einem Mal fällt einem auch auf, wie verlegen manche Männer sind. Sie betrachten einen aus den Augenwinkeln heraus, trauen sich aber nicht, die Initiative zu ergreifen.«

Karel ist auch seinem Friseur begegnet, der sich die Augen rieb. »Bist du auch schwul?« keuchte der Coiffeur erwartungsvoll, aber Karel mußte ihn enttäuschen.

»Das nicht. Ich bin definitiv Mann und Frau«, war seine Schlußfolgerung. »Ich habe jetzt keine Angst mehr vor meinen weiblichen Seiten. An einem solchen Abend als Transvestit kann man das lernen. Jetzt weiß ich, daß die weiblichen Anteile in mir mich vollständiger machen. Ich kann sie nun besser nutzen, und sie machen mich etwas menschlicher.«

Karel wird daraus keine Gewohnheit machen, aber er wird sich sicher noch einmal in eine Strumpfhose zwängen und mit dem BH-Verschluß auf seinem Rücken kämpfen. (Ein kleiner Tip: erst vorne schließen und dann das ganze drehen. Und vergiß vor allem die Taschentücher nicht!)

Verrückt? Albern? Ja, vielleicht, aber das weiß man erst, wenn man es selbst gemacht hat. Frauen möchte ich gerne auffordern, Männerschuhe anzuziehen, kein Make-up aufzulegen und die Haare mit Gel glatt nach hinten zu kämmen; keine Juwelen, sondern eine Herrenarmbanduhr, keinen Nagellack, sondern ein Päckchen schweren Shag. Aufrecht gehen und ernst gucken.

Sie springen über die Geschlechterbarriere in eine andere Welt, eine neue Wahrnehmung. Jeder ist zugleich Mann und Frau, aber durch die Gene sind wir geschlechtlich festgelegt. Die machen den Unterschied aus. Aber vor allem bist du Mensch. Es nützt dem gegenseitigen Verständnis, wenn wir uns einmal trauen, die Seiten zu wechseln. Traust du dich? Natürlich ... *mach es!* TSJAKKAA!

Es macht mir keine Mühe, **einem Impuls oder einer Anwandlung** spontan zu **folgen**. Es strengt mich eher an, sie zu unterdrücken. Ich habe vor kurzem in einem Restaurant gegessen, wo in einem angrenzenden Raum eine Hochzeit gefeiert wurde. Ich kannte das Brautpaar nicht, bin aber trotzdem kurz hineingegangen, um zu gratulieren. Sie schauten sich fragend an, als wollten sie sagen: »Weißt du, wer das ist?« Aber sie freuten sich, als ich erklärte, daß ich ihnen nur Glück wünschen wollte. In der gleichen Woche stand ich neben dem ersten Wagen eines Hochzeitskonvois. Ich kurbelte mein Fenster herunter und wünschte dem Paar alles Glück der Welt. Das Brautpaar strahlte und fühlte sich in seinem gegenseitigen Bedürfnis bestätigt, einander Treue zu geloben. Wenn ich noch einmal einer Braut und einem Bräutigam begegne, werde ich es wieder tun. Es ist ein angenehmes Gefühl, Glück zu erfahren, indem man es anderen wünscht, vor allem, wenn es einem unerwartet über den Weg läuft.

In den Schaufenstern der Fotografen siehst du auf den Hochzeitsfotos die Paare vor Glück strahlen. In denselben Schaufenstern siehst du auch herrliche Porträts von Menschen, die du nicht kennst. Verspürst du dann nicht selbst das Verlangen, **ein Porträt von dir aufnehmen zu lassen?** Überkommt dich dann nicht die Versuchung, hineinzugehen, dich zu kämmen, schön ausleuchten zu lassen und zu warten, bis der Fotograf sagt: »Und stillhalten. Sehr schön. Ja, das ist gut.«

»Onanie« hat die Freundin meines Freundes Miel aus Stein die Tatsache genannt, daß er ein Porträt von sich hat anfertigen lassen. Er machte sich nichts daraus, weil er mit der Wiedergabe seines Äußeren sehr glücklich war.

Es gibt Porträtmaler, die dich wie einen Fürsten darstellen, und Karikaturisten, die aus deiner Visage eine köstliche Karikatur machen.

Jeder ist diese Art Eitelkeit wert. Es gibt Grund genug, es zu tun. Du siehst dich dadurch selbst ganz anders. Es bestätigt dich in deinem Eigenwert. Und so kriechst du über das Äußere wieder nach innen. Denke einmal über diese Idee nach. **Rufe Gunther Sachs oder Peter Lindbergh an**, die beiden bedeutenden Modefotografen.

Was kann unerwarteter sein, als sich **eine Zigarette anzuzünden, wenn man nicht raucht**; unerwartet für dich und auch für deine Umgebung. »Verdammt«, flucht der Nicht-raucher. Und wer es sich gerade abgewöhnt hat, seufzt: »Verschone mich, bitte! Sonst fange ich auch bald wieder damit an.« Rauchen ist eine Gefahr für die Gesundheit. Mil-lionen von Menschen finden es unangenehm und ärgern sich darüber, daß andere sich an dem blauen Qualm ergöt-zen. Das Rauchen einer einzigen Zigarette wird dich sicher nicht sofort süchtig machen. Es ist zu Anfang ja auch nicht das Nikotin, das dich in die Hölle der Raucher zerrt. Die Ab-hängigkeit sitzt vielmehr zwischen den Ohren.

Es ist ungefährlich, es einmal auszuprobieren und zu er-leben, was anderen daran eigentlich gefällt. Rauchen bleibt widerlich und ungesund, aber nach dieser Erfahrung weißt du, worüber du sprichst.

Ich selbst habe es auch mal ausprobiert. Auf einem Fest im Kurhaus von Scheveningen sah ich den bekannten Kaviar-importeur Jacobus Toet. Er rauchte genüßlich eine große Havanna. Er sog vorsichtig, betrachtete zufrieden die glühen-de Spitze und ließ langsam den Rauch ausströmen. Ich fragte mich, wie jemand so etwas Widerliches wie Rauch genießen konnte. Aber ich genoß sein Genießen. Ich machte mir be-wußt, daß die Ursache für die Irritation über das Verhalten eines anderen auch in mir selbst sitzt. Es ist immer eine Re-flexion auf dem Spiegel deiner eigenen Persönlichkeit.

»Zünden Sie sich eine an, Emile«, sagte der immer joviale Jacobus, und ich dachte: Warum eigentlich nicht? Er kniff eine Ecke aus der Spitze der Havanna und forderte mich auf, das eine Ende mit meinen Lippen ein bißchen anzufeuchten. Bedächtig zauberte er ein Stück dünnes Holz zum Vor-schein, hielt es in die Flamme einer Kerze, so daß ich die Zigarre mit dem Hölzchen anstecken konnte. Die Zigarre hatte ein duftendes Aroma und einen sanften Geschmack, aber ich habe Dreiviertel der teuren Monte Christo im Aschenbecher liegengelassen.

Jetzt begreife ich, warum Jacobus Toet schöne Zigarren raucht, auch wenn ich seine Großzügigkeit nie mehr würdigen werde, indem ich mir so ein Ding anstecke. Wie ist mir schlecht gewesen! Meinetwegen darf er rauchen, aber ich brauche das nicht. Das weiß ich jetzt, nachdem ich es einmal ausprobiert habe. Er kann, ich muß nicht – das macht die Welt für Raucher und Nichtraucher ein bißchen erträglicher.

Es waren viele bekannte Niederländer auf dem Kaviarfest, und an meinem Tisch jagte eine tolle Geschichte die andere. Ein bekannter Autoimporteur erzählte, daß er eine Wette um den Spielausgang von Ajax gegen Feyenoord verloren hatte. Wer verliere, solle mit dem Auto zu einem abgelegenen Gebiet gefahren und dort ausgesetzt werden – mitten in der Nacht. Mein Freund, der Importeur, setzte auf Feyenoord und verlor.

»Steig ein«, sagte der Gewinner triumphierend. Mit großem Widerwillen, einer warmen Jacke und einem Regenschirm begab sich der Importeur auf sein nächtliches Abenteuer. Nach anderthalbstündiger Fahrt stand er um zwei Uhr nachts in einem verlassenen Polder. Es war abgemacht, daß er ein Fünfundzwanzig-Cent-Stück dabei haben durfte, aber keine Kreditkarten, Geldscheine oder weitere Münzen.

»Erst war ich stinksauer«, erzählte er. »Ich verfluchte meinen Freund und unsere erbärmliche Wette. Dann stand ich irgendwann vor der Wahl: entweder trübsinnig durch die Nacht zu spazieren oder die geistigen Kräfte zu bündeln, erfinderisch zu werden und eine Lösung zu finden. Macht man letzteres, kann man sein Glück zwingen. Nach einer Viertelstunde fuhr ein Lastwagen vorbei. Ich winkte, und er hielt an. Dieser Henk Wijngaard von der Schnellstraße schaute etwas verwundert, als ich ihm die Geschichte erzählte, aber er nahm mich trotzdem mit. In einer Brummifahrerkneipe spendierte er mir ein Bier und eine Frikadelle und brachte mich dann zum Bahnhof. Dort habe ich einem *junkie* meinen Regenschirm verkauft und von dem Geld eine Fahrkarte für den ersten Zug gekauft. Mir fehlten zwei Gulden fünfzig, deshalb bin ich das letzte Stück schwarz gefahren. Es tut mir leid für die Bahn, aber ich hatte keine Wahl«, sagte mein Freund.

Wäre Wijngaard nicht vorbeigedonnert, dann wäre er bis zu der Gaststätte am Wegesrand weitergelaufen und hätte sich dort mit Abwaschen ein paar Gulden fürs Frühstück verdient.

Er fuhr fort: »Um öffentliche Verkehrsmittel benutzen zu können, braucht man eine Punktekarte. Also fragt man jemanden an der Haltestelle, was man tun könnte, um zwei Punkte von seiner Karte zu bekommen. Das würde dir sonst nie in den Sinn kommen, aber man macht es einfach, weil man völlig blank ist.«

Die anderen am Tisch hörten atemlos zu. »Das müssen Sie auch einmal machen. **Lassen Sie sich irgendwo absetzen**«, sagte der Importeur. Ich gebe es hiermit gerne weiter. Dazu braucht man keine Wette. Es ist wirklich eine Toperfahrung.

Man kann auf unterschiedliche Weisen ausbrechen. Diese Absetzmethode ist drastisch, holt aber das Beste aus dir heraus. Du bist auf deinen Instinkt angewiesen, um zu überleben. Dieses Gespür ist heutzutage nur ziemlich rudimentär ausgebildet, denn die Bildung hat uns die Notwendigkeit, es besser zu entwickeln, zu einem großen Teil genommen. Eine andere Art, das Unsichere zu suchen, ist wegzulaufen. »Heute **laufe ich weg**«, sagst du zu dir und gehst zur Tür hinaus. Weglaufen hat einen negativen Beigeschmack. Es wird mit der Flucht aus unangenehmen oder aussichtslosen Situationen assoziiert. Aber du brauchst keine Unannehmlichkeiten, um weglaufen zu wollen.

Du brauchst nur an einem Morgen den Wunsch auszusprechen, und schon bist du weg. Niemand weiß, wohin, weil du es selbst noch nicht weißt. Ich meine übrigens tatsächlich »weglaufen«, also darfst du kein Fahrrad und kein Auto benutzen. Du gehst um die Ecke, und dann wirst du sehen, was passiert. Dein Tag wird unvorhersehbar schön, sei es auch nur durch die Menschen, die du sonst nie getroffen hättest. Du kannst z. B. das Stadtgebiet verlassen und schauen, wo du hinkommst. Halte die Augen offen, ruhe dich unter einem Baum aus und gehe dann weiter, immer der Nase nach. Es ist ein herrliches Gefühl, so frei loszuziehen. Nirgendwohin und doch unterwegs. *Quo vadis?* Du wirst es schon merken. Das ist der Gipfel der Freiheit. Schaue dich um – all das wäre dir entgangen. Du hast die

Zeit, darüber nachzudenken. Ein sorgloser Weglauftag. Und wie herrlich es ist, anschließend wieder nach Hause zu kommen. Du fühlst dich wie neugeboren.

Wie geht es dir übrigens? Verläuft alles nach Wunsch, oder gibt es da auch etwas, worüber du dich ärgerst. Wenn es nichts gibt, was dich irritiert, darfst du auf der nächsten Seite weiterlesen. Das scheint mir aber unwahrscheinlich. Es gibt so viele Unebenheiten auf unserem alltäglichen Weg. Du brauchst nur auszuwählen: das aufreizende Lachen deines Nachbarn, die Katzen in deinem Garten, Hundescheiße auf der Straße, auf der du ausrutschst, laut knisternde und raschelnde Chipstüten im Kino, die unerträgliche Lärmbelästigung durch die Nachbarn, die Blähungen deines Ehepartners, die angebrannten Kartoffeln deiner Frau oder die langen Schlangen an den Supermarktkassen.

Nimm dir heute **einen Tag lang** vor, **über alles zu lachen**. Du spürst, wie der Groll wächst, und in dem Moment lachst du auch schon darüber. Das geht, wenn du nur willst. Du hörst deinen Nachbarn aufreizend lachen, und du lachst mit ihm. Was, Katzen im Garten? Das ist zum Lachen. Laß es dir gutgehen mit der Freßsucht deines Nachbarn, der laut mit der Chipstüte raschelt. Lächle die Kassiererin an, wenn du endlich an der Reihe bist. Lache, denn wenn du lachst, bist du in einer anderen, besseren und tatkräftigeren Stimmung. Deine Ziele zu erreichen wird dir dann leichter fallen.

Eine Stimmung ist nichts anderes als ein chemischer Sturm in deinem Kopf. Du kannst entscheiden, welchen Sturm du zuläßt. Wenn du Ärger hast und es dir schlecht damit geht, dann lache. Mache es, du wirst die Wirkung spüren. Lache den ganzen Tag über alles, was dich stört. Lache es weg, die

Störung besteht dann nicht mehr. An die Stelle des Ärgers tritt nach einiger Zeit ein angenehmes Gefühl von Selbstsicherheit.

Deine Stimmung positiv zu beeinflussen ist einfach. Du mußt es natürlich auch wollen, denn es gibt genügend Menschen, die mißmutig sein wollen. Wenn du jedoch eine angenehme Stimmung vorziehst, dann geht das auch. Dann bist du den ganzen Tag gut gelaunt. Zieh nur mal deine Mundwinkel hoch, und schon lachst du von selbst. Wenn du lachst, verändert sich deine Welt. Die Luft ist sauber. Du schaust durch eine rosa Brille. Und das ist ein unerwartetes Vergnügen.

Irritation = lachen!

Du glaubst wahrscheinlich, daß ich wenig Gutes mit dir im Sinn habe nach allem, was du bis jetzt gelesen hast, aber das Gegenteil ist richtig. Ich liebe dich.

Indem du dich in extreme Situationen begibst, erlebst du dich und deine Umgebung in einem anderen Zusammenhang. Es macht dich vollständiger, und du wirst dir darüber klar, daß du lebst. Du schätzt, was du hast und wer du bist.

Der nachfolgende Text macht das sehr deutlich. **Lebe einen Tag lang ohne Elektrizität.** Kein Strom bedeutet, morgens von einem altmodisch klingelnden Wecker geweckt zu werden, denn der sanft summende Radiowecker ist natürlich ausgeschaltet. Das einfachste ist, die Hauptsicherung auszuschalten, denn dann kommst du nicht in Versuchung, das Licht anzumachen und deinen Rasierapparat oder deinen Fön zu benutzen. Kaffeekochen kannst du nur, wenn du heißes Wasser aufs Pulver gießt. Freunde dich also jetzt mit kaltem Kaffee an. Leider ist es ausgeschlossen, daß du mit dem Auto zur Arbeit fährst, denn dann müßtest du den elektrischen Starter benutzen. Bei der Arbeit kann dein Computer sehr gut einen Tag ohne dich auskommen. Der Lift ist verboten, das bedeutet also Treppensteigen. Schikane? Keineswegs!

Du kratzt dich kurz hinter dem Ohr, weil du keine Milch aus dem Kühlschrank nehmen darfst. Was hat das jetzt zu bedeuten? Dir wird plötzlich bewußt, wie sehr Elektrizität unser Leben bestimmt. Du betrachtest mit Verwunderung und Bewunderung die Steckdose, aus der auf wundersame Weise Energie strömt.

Abends ist es beim Schein der Kerzen ruhig. So lebt niemand mehr, aber du erkennst einen Tag lang die Segnungen des Fortschritts. Und du hast dich in eine frühere Zeit zurückversetzt. Du hast gefühlt und verstanden, wie man vor hundert Jahren gelebt hat. Ein Tag ohne Strom ist ein Tag voller kleiner Hindernisse und Improvisationen.

Ob du es nun an diesem elektrizitätsfreien Tag tun willst oder ob du dafür einen zusätzlichen Tag festlegst, ist gleichgültig: **Laß einmal einen Tag lang das Telefon klingeln.** Du schaltest den Anrufbeantworter nicht ein und nimmst den Hörer nicht ab. Ich kann mir vorstellen, daß dich der klingende Apparat zu einem bestimmten Zeitpunkt nervös macht. Ziehe einfach den Stecker heraus. Und du bist unerreichbar.

So besiegst du den Terror dieses Dings, denn eigentlich kann mit Hilfe von Telefon, Fax oder Modem zu jeder Zeit jeder in dein Haus eindringen. Du kannst nicht mehr bestimmen, ob du jemandem Rede und Antwort stehen willst oder nicht. Deine Neugier gewinnt immer, heute nicht. Du schaffst einen Tag lang das Telefon ab. Die Ruhe, die dir das gibt, kannst du für etwas Sinnvolles verwenden.

Im vorigen Kapitel habe ich dich dazu aufgefordert, einen Tag lang eine Strichliste zu führen, um festzustellen, wie oft du das Wort *nicht* benutzt. Du wirst über die hohe Anzahl entsetzt gewesen sein. Du hast zweifellos gemerkt, daß deine Kommunikation sich verbessert hat, nachdem du *nicht* aus deinem Wortschatz gestrichen hattest.

Jetzt habe ich eine vergleichbare Bitte. **Vergiß einen Tag das Wort *aber*, und ersetze es durch *und*.** Es wird dich erneut erschüttern, wie oft du *aber* gebrauchst. Du wirst dir dessen bewußt werden, daß *aber* oft eine Verneinung ist oder eine Entkräftung dessen, was du zuvor gesagt hast.

> »Es ist jetzt zwar schönes Wetter, aber ich glaube, daß es heute abend anfängt zu regnen.«
> »Du siehst wirklich gut aus!«
> »Finde ich auch, aber es kommt alles aus der Tube.«
> »Du hast recht, aber ich denke ...«

Aber ist eigentlich ein höfliches *Nein*. Es wird benutzt, um Distanz herzustellen, und das hilft dir nicht weiter. »Ja, aber ...« heißt jemanden abzufertigen. *Ja* ist überhaupt kein *ja*. »Ja, aber ...« bedeutet eigentlich *nein*. Mit deinem Ja gibst du einem Gespräch oder einer Diskussion eine positive Wendung, die durch *aber* unmittelbar entkräftet wird. Das schafft Distanz, während *und* etwas hinzufügt und die positive Ladung verstärkt. Mit »Ja, und ...« lieferst du einen eigenen konstruktiven Beitrag zur Meinung eines anderen.

Stelle deinen Standpunkt neben einen anderen, nicht ihm gegenüber.

Probiere es einen Tag lang, und schaue, ob es dir zusagt. Falls ja, mache eine Gewohnheit daraus. Dann kommt es zu folgender Kommunikation:

>»Du hast recht, und ich möchte dem etwas hinzufügen.«
>»Ich bin zu spät, und ich werde dir sagen, warum.«
>»Wir haben heute abend eine Verabredung, und ehrlich gesagt, sind wir total müde und bleiben lieber zu Hause.«

Im allgemeinen sind Menschen gerne bereit, dir ihre Meinung mitzuteilen. Wenn du damit positiv umgehst, wirst du dich sicherlich nett unterhalten können. Ein solches Gespräch ist schnell auf den Weg gebracht. Das einzige, was du tun mußt, ist, **jemand anderen um seine Meinung zu bitten**. Du kannst alles fragen. Die Dame oder den Herrn direkt ansprechen. »Was hältst du eigentlich von mir?« Das Gespräch kann sich um die Sparpolitik der Regierung drehen, um die Asylsuchenden, deine neuen Schuhe oder die Farbe deiner Haare. Bitte doch andere häufiger um ihre Meinung. Das ist immer der Anfang eines Gesprächs und zeigt obendrein noch Interesse an dem anderen. Das ist immer ein Kompliment. Denn der andere weiß, daß du ihn nur um seine Meinung fragst, weil du ihn achtest.

Das Überraschendste habe ich mir für den Schluß aufgehoben. **Arbeite einmal drei Monate in einem anderen Beruf.** Klingt das absurd? Ich kenne einen Anwalt, der das getan hat, um seinen Horizont zu erweitern. »Ich habe in einer Sozietät gearbeitet, und das wurde mir auf die Dauer zu langweilig«, erzählte er mir. »Ich habe meinen Urlaub und zusätzlich unbezahlten Urlaub genommen, um in einer anderen Firma im Lager zu arbeiten. Jeder hat mich für verrückt erklärt, aber es war eine Erleichterung. Ich hatte mit anderen Kollegen zu tun, netten Menschen, ich hatte mehr Bewegung und mußte mit meinen Händen arbeiten. Ich fühlte mich wie neugeboren, als ich nach drei Monaten wieder ins Büro kam.«

Es hat keinen Sinn, eine Arbeit verrichten zu wollen, für die man nicht qualifiziert ist. Steige einfach auf der Leiter ein bißchen hinab. Fülle Regale auf bei Aldi, sammle in einem Park Papier ein, hilf dem Bäcker morgens um fünf beim Brotbacken, mache beim Großmarkt die Einkäufe für einen Koch oder wasche Autos. Was du auch tust, es ist eine Zeit der Entdeckungen. Du wirst sehr zufrieden damit sein. Es wird eine der vielen Entdeckungsreisen zu deinem Glück. Du kannst es danach schneller finden, es steckt nämlich schon in dir.

Wer schreibt,
der bleibt

Zu schreiben kann bedeuten, mit den Möglichkeiten der Sprache zu spielen. Manchmal gelingt das Spiel nicht so gut, dann helfen z. B. Glückwunschkarten weiter, auf denen in allen denkbaren Ausführungen die besten Wünsche vorgekaut sind. Du brauchst dann nur noch eine Karte auszusuchen und deinen Namen unter den Einfall eines anderen zu setzen. Da ist bequem und gleichzeitig eine Form geistiger Armut.

Die Fähigkeit zu schreiben, mit Sprache zu spielen, ist eine Sache deines Gehirns, und das arbeitet auf Befehl. Deshalb gibt es keinen einzigen Grund, nicht zu schreiben. Als Kind hast du spontan einen Brief geschrieben. Der fing immer an mit: »Wie geht es dir? Mir geht es gut« Kein Punkt. Du hast es einfach gemacht, und das ist es, worauf ich in diesem Buch hinaus will: einfach machen, also auch einfach schreiben.

Schreiben kannst du auf unterschiedlichste Weise. Die folgenden Beispiele sollen dich dabei inspirieren. Es ist vielleicht deine Auffassung, daß es nur einzelnen gegeben ist, aus dem Schreiben eine Kunst zu machen. Dann heißt es plötzlich Literatur. Der Rest der Menschheit wird sich normal ausdrücken, und das nennt man »sich schriftlich äußern«. Aber egal, es ist nur wichtig, daß dein Vorsatz deutlich wird. Schreibe direkt aus deinem Herzen heraus. Die

Angst vor dem weißen Bogen Papier oder dem leeren Bildschirm ist auch einem richtigen Schriftsteller bekannt. Das nennt er dann *Schreibblockade*. Er erledigt dann lieber langweilige Arbeiten im Haushalt, als sich ans Werk zu machen. Wenn du dieses Kapitel gelesen und die Schreibvorschläge umgesetzt hast, wirst du keinen *writers block* mehr haben. Du schreibst. Punkt. Aus.

Schreiben ist eine perfekte Art und Weise, das zu erreichen, was man will. Merke dir: *outflow = inflow*. Schicke etwas Schriftliches weg, und du bekommst eine Reaktion. So bringst du Aktion und Reaktion in Gang, eine neue Kette von Ursache und Wirkung. Es ist egal, ob du ein Tagebuch schreibst, Phantasien erzählst oder Korrespondenz erledigst, ob du eine Briefmarke aufklebst oder ob du es faxt, es via Modem verschickst oder in der Schublade aufbewahrst. Solange du schreibst, geschieht etwas. Schreiben ist eine Bestätigung deiner selbst: Wer schreibt, der bleibt. Wer schreibt, steckt seine Energie in Buchstaben, die sich zu Wörtern formen, woraus wiederum Sätze entstehen, die schließlich eine Geschichte bilden. Die Geschichte führt automatisch zu mehr Verständnis. Die Energie, die du hineinsteckst, wird bei demjenigen, der es liest, wieder freigesetzt. Er begreift, er fühlt.

Schreiben ist Emotion. Du brauchst nichts zu tun, um sie hinzuzufügen. Das geht von selbst. Jeder kann es. Du kannst deine Gedanken auf Papier setzen. Niemand kann das besser als du. Indem du schreibst, gibst du anderen etwas von dir, immer. Selbst in einem förmlichen Schreiben liest du noch etwas über den Schreiber oder die Umgebung, aus der der Brief kommt.

Schreiben kann auch eine therapeutische Wirkung haben. Manche Menschen ringen mit psychischen Problemen und machen sich kaum bewußt, daß etwas nicht in Ordnung ist. Andere nehmen ein bestimmtes Verhalten wahr, bekommen es aber nicht in den Griff. Zu schreiben schafft Klarheit. Und bist du dir deiner inneren Probleme bewußt, dann kannst du sie äußern. Nur für dich. Du vertraust es dir selbst auf Papier an. Dann verbrennst du den Brief: weg mit der Frustration. Oder du hebst den Brief in einer Schublade auf und liest sechs Monate später noch einmal von deinen damaligen Frustrationen. Was zeigt sich? Sie sind verschwunden. TSJAKKAA!

Tatsächlich ist das die gesellschaftliche Funktion der Beichte in der römisch-katholischen Kirche. Man spricht im Beichtstuhl über seine Probleme und Sünden, und der Priester erteilt die Absolution. Das Beichtkind geht dann mit einem reinen Gewissen von dannen. Im Grunde hat es sich selbst bereits vergeben, aber es lebte noch in der Annahme, daß es die Absolution des Priesters brauchte. Die strengen katholischen Gesetze mit Erb- und Todsünden machen eine derartige Reinigung der Seele auch notwendig.

Es wäre eine enorme Belastung, sein Leben lang Sünde auf Sünde zu häufen mit der Gewißheit, daß einen nur eine einfache Fahrt zur Hölle, ohne Rückfahrschein, erwartet.

In unserer Zeit, wo das Sündenbewußtsein verblaßt ist, greift eher ein Normen- und Wertebewußtsein. Dabei sind wir unter anderem auf die Erziehung, die Umgebung und die eigene Einsicht angewiesen. Wir leben in einer komplizierten Gesellschaft mit komplizierten Normen, die sehr schnell psychische Probleme nach sich ziehen können. Wer eine harmonische, stabile und rundherum perfekte Kindheit ohne Probleme erlebt hat, soll die Hand heben. Ich habe jedoch meine Zweifel in Hinsicht auf eine »perfekte Kindheit«, die zum Verdrängen angeblich kaum Anlaß gab.

Ein dominanter Vater und eine hysterische Mutter legen die Grundlage für das komplizierte Leben eines Kindes, das als Erwachsener selbst sehen muß, wie es zurechtkommt. Eltern sind auch nur Menschen mit ihrem jeweiligen psychischen Erbe. So legt das Leid seinen Weg durch die Generationen zurück. Eine dramatische Entwicklung. Früher hieß das »Erbsünde«.

Inzest ist vielleicht der Gipfel elterlicher Kriminalität, aber es gibt noch zahlreiche andere Formen. Alle Eltern haben ihre eigenen Methoden, Kinder zu bestrafen. Der eine wird im Kohlenkeller eingeschlossen, der andere kriegt einen mit dem Gürtel übergezogen. Und der nächste darf einen Monat lang nicht in die Disko. Papa oder Mama üben verbal Gewalt aus, oder es wird verächtlich geschwiegen. Jedes Kind macht eine andere Erfahrung, aber man trägt immer die Interpretation der Vergangenheit mit sich herum. Das Schreiben hilft dir, die wunden Punkte deiner Kindheit aufzuarbeiten.

Es ist befreiend, über sich selbst zu schreiben, was man empfindet, denkt und will. Das verschafft dir ein klareres Bild darüber, wie du lebst. Sei bei allem deutlich. Schreiben ist eine Methode, neue Perspektiven über sich und seine Beziehung zur Umwelt zu entwickeln. Ich habe dich bereits gebeten, dir ein Notizbuch zu kaufen und darin alles zu notieren. Telefonnummern, Dinge, die du nicht vergessen möchtest, plötzliche Einfälle, einen schönen Umstand, ein Zitat, den Namen eines Restaurants und so weiter.

Der Anfang ist gemacht. Jetzt weitest du deine Aktivitäten aus. Ich kenne zwölf geeignete Arten, dich zum Schreiben zu bewegen und damit neue Bezugsrahmen zu schaffen. Du kommst und bleibst im positiven Kreis des Wachsens und Blühens. Denke immer daran: Handle ganz normal, dann folgt daraus ein normales Resultat. Verhältst du dich anomal, dann erhältst du ein ungewöhnliches Resultat. Folgst du den Anweisungen in diesem Buch, dann wirst du Dinge tun, die du höchstwahrscheinlich nicht für möglich gehalten hast. Die Folgen deines Handelns werden also dementsprechend sein: unwahrscheinlich!

Du denkst vielleicht, daß aller Anfang schwer ist. Also wirst du einfach damit beginnen, **aufzuschreiben, was du heute alles getan hast.** Beurteile deinen Tag aber erst, nachdem du alles zu Papier gebracht hast. War der Tag gut? Bist du anderen nicht gerecht geworden? Hast du über etwas nachgedacht oder etwas gelernt? Hattest du einen schönen Tag, und wenn ja, warum? Falls nicht, warum nicht? So begibst du dich auf den Weg zu deiner eigenen Autorenschaft. Spicke deine Geschichte mit Fakten. Um wieviel Uhr hast du Kaffee getrunken? Hast du dazu auch etwas gegessen? Wem bist du begegnet, und worüber hast du geredet?

Bevor du es merkst, schreibst du bereits an einem Tagebuch. Aber wichtiger ist, daß du damit Fingerübungen für die Schreibaktivitäten machst, die ich dir jetzt vorschlagen werde. Morgen wirst du deine Freude daran haben, wenn du deine Notizen von heute noch einmal liest. Was du aufschreibst, ist für dich in diesem Moment Realität, aber es bleibt immer ein zweites Bild der Wirklichkeit, dein Bild der Wirklichkeit. Für einen weiteren Leser wird es die *dritte* Repräsentation der ursprünglichen Realität sein – auch für dich selbst, wenn du es noch einmal liest. Auf diese Weise kannst du Distanz zu deiner (aufgeschriebenen) Realität einnehmen, denn du betrachtest sie nun auf eine andere Weise. Du befindest dich in einer anderen Stimmung, an einem anderen Ort. Du weißt wieder mehr als gestern, du bist anders als gestern, als du diese Zeilen aufgeschrieben hast, du veränderst dich jeden Tag, Schritt für Schritt, so schreibst du dich von dir weg und bewegst dich gleichzeitig auf dich zu.

Deine neue Schreiberkarriere beginnt mit dem Aufzeichnen der täglichen Besonderheiten. **Führe einen Tag lang** präzise **Tagebuch**, schreibe dabei im Präsens. Das könnte ungefähr so aussehen:

07.00 Uhr: Wecker klingelt. Bleibe noch kurz liegen. Denke an alles, was ich heute tun werde.

07.05 Uhr: Aufgestanden. Sage mir selbst: Ich bin bereit!

07.06 Uhr: Morgendlicher Klogang. Nicht vergessen: neue Klobrille kaufen.

07.07 Uhr: Duschen. Nivea-Probe getestet. Genieße in vollen Zügen. Stelle mir vor, daß es kein warmes Wasser gäbe.

07.12 Uhr: Nach unten. Beinahe über den Plunder gestolpert, den ich gestern auf der Treppe liegengelassen habe.

07.13 Uhr: Morgenzeitung aus dem Kasten geholt. Überlege mir, daß der Zeitungszusteller doch eine Kanone ist.

07.15 Uhr: Tee aufgesetzt. Obst geputzt.

07.18 Uhr: Täubchen Tee ans Bett gebracht. Nehme den Krimskrams von der Treppe mit nach oben und sage: »Ich werde dich heute vermissen.«

07.20 Uhr: Frühstück mit dem Hund. Ganz ruhig, keine Quengelei um mich herum.

Und so machst du weiter.

Der Nutzen eines derartig detaillierten Tagesberichts liegt darin, genau verfolgen zu können, was geschehen ist. Beim Aufschreiben machst du dir plötzlich klar, was du im einzelnen getan und gedacht hast. Hatte es einen Sinn? Ja, natürlich! Du wirst dir deiner Art zu leben bewußt, wenn du alles aufschreibst, es noch einmal durchliest und analysierst. Das ist eine Aufgabe vor dem Schlafengehen: Laß kurz Revue passieren, was du getan hast und was dir das gebracht hat.

Ziehe daraus deine Schlüsse. War es ein schöner Tag? Hättest du etwas besser machen können? Ziehe einen Strich darunter, nimm dir vor, es am nächsten Tag besser zu machen und pssst … schlaf ein. Schön im Bett …

Am nächsten Morgen fühlst du dich frischer als je zuvor, weil dein Gehirn sich mit allem abgefunden hat und sich in der vergangenen Nacht ausruhen konnte. Du hast es wieder gut hingekriegt. Mit Hilfe eines Logbuchs erhältst du Einsicht in deine Tageseinteilung, deine Aktivitäten und Interaktionen mit anderen. Du realisierst, daß du dein eigener Herr bist. Oder hast du dich verleiten lassen, ohne es zu wollen? Das kannst du morgen anders machen.

Du erfährst auch, wie viele Tassen Kaffee du an einem Tag trinkst und wie viele Zigaretten du dir angezündet hast.

Schon beim Aufschreiben fragst du dich, ob soviel Kaffee wohl gesund ist und ob es nicht ein paar Zigaretten weniger sein können. Das hast du jedenfalls schon erreicht.

Kontaktanzeigen in Zeitungen und Zeitschriften sind ein Spiegel der Gesellschaft. Es gibt viele Menschen, die sich einsam fühlen und einen Partner suchen, mit dem sie zusammensein können. Das **Schreiben** einer **Kontaktanzeige** ist nicht ganz einfach. Du mußt dich selbst beschreiben, wobei du so vorteilhaft wie möglich erscheinen möchtest. Auch faßt du kurz zusammen, was du von dem anderen erwartest. Es zwingt dich, über das Profil eines zukünftigen Partners nachzudenken. Hast du das getan, bevor du deinen heutigen oder vorigen Partner kennenlerntest? Es geht darum, griffig zu formulieren und sich dabei selbst anzubieten. Mache dir klar, daß jeder zwischen den Zeilen liest und es versteht, wenn du etwas vertuschst. »Patentes Mädchen« wird als »dominante Frau« oder »Feministin« gelesen. Vermeide das obligatorische Kaminfeuer mit dem Rotwein. Diese Stimmungsbilder haben ausgedient. **Schreibe einige charakteristische Eigenschaften deiner Persönlichkeit auf**, und bringe sie in die richtige Reihenfolge. Mache dasselbe mit demjenigen, den du gerne treffen möchtest. Forme daraus zu guter Letzt ein originelles Ganzes. Benötigst du derzeit keine neue Liebe, dann hebe den Anzeigentext auf. Man weiß ja nie …

Schreibe einen Leserbrief für die Zeitung: die *vox populi* in der Presse. Die Stimme des Volkes, die Hinweise gibt, eine eigene Meinung äußert oder auf Mißstände reagiert. Es ist ein *Kick*, seinen eigenen Brief in der Zeitung abgedruckt zu sehen. Ärgert es dich, daß reservierte Behindertenparkplätze wochenlang ungenutzt bleiben, weil die Behinderten von Oktober bis Mai, wie du meinst, im sonnigen Spanien überwintern und niemand anders die Parkplätze benutzen darf? Mache gleich einen Vorschlag (Mülltüte über das Verkehrsschild mit dem Behindertenparkplatz). Überlege dir ein Thema.

Weg mit der Regierung? Lang lebe die Regierung? Möchtest du den Flegeln, die ihre Autoaschenbecher auf Parkplätzen ausleeren, noch einen schriftlichen Tritt vors Schienbein geben? Stehe für deine Meinung ein, und schicke sie an deine Zeitung. Solange die Reporter noch nicht zu dir kommen, um dich zu interviewen, bleibt dir nichts anderes übrig, als mit den Briefen zur Zeitung zu gehen.

Besser schlecht geschrieben als überhaupt nicht. Halte dir das vor Augen, wenn du deine Landsleute zum letzten Mal vor der Umweltverschmutzung, dem Parteifilz und der Vetternwirtschaft warnst! Es ist die Frucht unserer Demokratie und der Beweis deines persönlichen Rechts auf Meinungsäußerung, daß dir die Kolumnen offenstehen. Benutze sie!

Findest du, daß dieses Buch der Reinfall des Jahrhunderts ist? Schreibe es an die Leserbriefredaktion der *Frankfurter Allgemeinen* oder der *Süddeutschen Zeitung*. Schreibe vor allem, weshalb man es nicht zu kaufen braucht. In Kapitel 2 hast du gelesen, warum man das dann gerade machen sollte.

Schreibe jetzt einen Brief an eine Behörde. Erinnere den gesamten Beamtenapparat, vom Ministerpräsidenten bis zum Straßenfeger, daran, daß sie für uns da sind und nicht wir für sie. Die Obrigkeit wird von der Gemeinschaft finanziert und steht uns deshalb zu Diensten. Die Praxis zeigt jedoch, daß einige der Obrigkeitsdiener sich über die Gemeinschaft hinwegsetzen, sie somit also ihre Macht falsch interpretieren. Mache ihnen das deutlich.

Teile den Beamten aller Dienstränge schriftlich mit, daß sie eine verwaltende und vor allem eine dienende Funktion haben. Schreibe so lange, bis du eine Antwort erhältst.

Ein Brief an die Obrigkeit muß kurz und bündig sein. Auf eine klare Frage kommt eine klare Antwort.

Im Laufe der Zeit merkst du, daß das Schreiben etwas leichter fällt. Du findest Gefallen daran. Du wirfst gewissermaßen mit deinem Stift etwas in einen Teich. Die Wellen erreichen das Ufer und bewegen sich wieder zu deinem Stift zurück – je mehr du schreibst, desto eher kommen dir gelungene Formulierungen entgegen.

Wir machen weiter mit dem Schreiben einer Rede. Eine Ansprache kann festlich sein, tiefsinnig, traurig oder funktional. Bevor du den Stift zur Hand nimmst und dich schon ein wenig räusperst, überlege dir zuerst ein Publikum und ein Thema. Sprichst du zu den Vereinten Nationen, weil du einen Vorschlag für den Weltfrieden hast, oder hast du eine großartige Idee, wie man den Hungernden der Erde helfen kann? Fange an. **Schreibe eine feurige Rede.**

Willst du die Rede bei der Hochzeit deines Bruders halten und die Hochzeitsgäste zum Lachen bringen? *Be my guest!* Laß dir einen Witz einfallen, und sieh in Gedanken die Festbesucher lachen. Ist es eine Rede vor den Mitarbeiterinnen des Roten Kreuzes, um sie zu neuen Aktivitäten zu ermuntern? Ausgezeichnet! Schreibe sie auf. Finde heraus, wo deine Stärke liegt. Liebesverdruß? Dann schreibe etwas für den Verein der »Gebrochenen Herzen«. Das Thema ist frei, das Publikum jetzt noch imaginär, aber deine Rede ist Realität. »Hm, sehr geehrter Herr Bürgermeister, meine Damen und Herren …«

Hast du schon eine Vorstellung, wo du die Rede halten wirst? Im Diamantsaal des Amsterdamer Hilton-Hotels? Auf einem Seifenkarton im *Hyde Park*? Ich werde dir aufmerksam zuhören. Du wirst überrascht sein über deine Phantasie und Vorstellungskraft. Fange an. Jetzt. Denn du weißt, daß aus »aufgeschoben« sehr schnell »aufgehoben« werden kann. Mit einer solchen Rede schaffst du dir eine imaginäre Welt. Vielleicht bist du auch für kurze Zeit der Pfarrer, der von der Kanzel herab den Gläubigen Mut machen will. Deine Rede ist dann eine Predigt, die anderen hilft. Doch kommen wir wieder zu dir und deinen Wünschen.

Die nächste Aufgabe: **Schreibe »einen Wunschzettel für dein Leben«.** Schon im zarten Kindesalter hast du deine Wünsche auf einen kleinen Zettel geschrieben und dem heiligen Nikolaus in einen Schuh gesteckt. Du hast angenommen, daß eine elektrische Eisenbahn und das neueste Mickymaus-Heft dich glücklich machen würden. Und so war es ja auch, wenn auch nur für kurze Zeit. Nun bist du älter, und deine Wünsche sind nicht mehr nur materiell – so hoffe ich wenigstens. Mache auf deinem Wunschzettel einen Unterschied zwischen materiellen und ideellen Wünschen.

Du darfst so unbescheiden sein, wie du nur möchtest. Du kannst alles erbitten, solange es sich wirklich um deine persönlichen Wünsche handelt. Das kann ein neues Auto sein. Schreibe dann aber auch dazu, welche Marke, welcher Typ, Farbe und gewünschte Ausstattung. Bist du eine fünfzigjährige Frau, und möchtest du noch ein Kind – schreibe es auf. Träume von einem Jungen oder von einem Mädchen, oder ist »wenn es nur gesund ist« genug? Möchtest du eine Weltreise machen, beschreibe die Strecke, die du zurücklegen möchtest, denn die Welt ist groß. Willst du deinen Charakter verändern? Schreibe es auf.

Es dürfen ruhig 275 Wünsche sein. Wenn du fertig bist, gehe die Liste noch einmal durch und denke dir das deine dabei. Danach erstelle eine Top 10 deiner liebsten Wünsche und bringe sie in die Reihenfolge ihrer Wichtigkeit. Ein Exemplar davon hängst du dir an den Spiegel, ein anderes rahmst du dir ein und stellst es dir dann auf den Schreibtisch. Ein weiteres Exemplar hängst du dir ins Auto.

Die Liste wird dich immer wieder motivieren, deine Träume zu verwirklichen. Stelle dir die Begeisterung vor, wenn der erste Wunsch von der Liste gestrichen wird. Schreibe ruhig einen neuen hinzu, wenn du möchtest. Du darfst auch eine neue Liste machen, wenn die zehn Wünsche erfüllt sind. Das wird dann eine Top 5.

Phantasieren ist herrlich. Tagträume sind so angenehm. Gönne dir deine Phantasie, und laß sie in deinem Kopf ein eigenes Leben führen. In Wirklichkeit programmierst du damit dein Gehirn. Du schreibst das Programm, das dich zu deinem Ziel bringt. Geht der Wunsch nicht in Erfüllung, dann gibt es dafür offenbar einen Grund. Du mußt ihn nicht unbedingt kennen und verstehen. Höchstwahrscheinlich wirst du vor einem Drama bewahrt, das an der Erfüllung deines Wunsches kleben könnte. Dein Gehirn macht die Arbeit für dich. Es wählt aus, was durch deine sinnliche Wahrnehmung nach innen dringt und was gut für dich ist. Dieser Auswahlprozeß richtet sich nach den Zielen, die du selbst vorgibst und mit denen du dein Gehirn fütterst. Du nimmst jetzt die Chancen wahr, die dich deinen Zielen näher bringen. Vorher hattest du sie übersehen. Schreibe auf, was du in deinem Leben wirklich willst, und es wird dir zufallen. Mit anderen Worten: Mache deinem Gehirn deine Ziele so klar, daß sie verwirklicht werden können.

Mit dem Schreiben kannst du unsterblich werden, du würdest dann in die Fußstapfen von Tolstoi und Shakespeare treten. Aber es gibt noch andere Möglichkeiten, dafür zu sorgen, daß dich die anderen nicht so schnell vergessen. Eine Visitenkarte ist z. B. eine hervorragende Gedächtnisstütze. Ich besitze Berge von Karten, bei denen ich genau weiß, wer sie mir überreicht hat. Ich fand die Begegnung wichtig genug, um die Karten auszutauschen und zu behalten, wer mein Gegenüber war. Auf jede Karte schreibe ich das Datum, den Ort, Besonderheiten der Begegnung und etwas über den Betreffenden selbst. Das tue ich, wenn der andere noch dabeisteht.

Du kannst der Erinnerung des anderen auch auf die Sprünge helfen: Wenn du einen netten Witz kennst, **schreibe ihn** hinten **auf deine Visitenkarte**. Wähle aber einen Witz, über den du selbst laut lachen mußtest, denn das ist dann der Humor, der zu dir paßt. Geht dir das zu weit, weil du nicht das Stigma eines Witzboldes haben möchtest, dann ist ein schönes Zitat oder eine Liedzeile eine gute Alternative. Sobald die Empfänger über deinen Witz lachen oder bei dem Zitat zustimmend nicken, werden sie die Karte sofort mit deinem Gesicht in Verbindung bringen. Das ist ein positiver Anker, der ihnen in Erinnerung bleibt.

Ich verteile sogar unterschiedliche Arten von Visitenkarten. Eine Karte hat eine Art Spiegel aufgedruckt. Auf diese Weise sieht der Empfänger, wer der wichtigste Mensch auf der Welt ist. Auf einer anderen steht: »Stellen Sie sich selbst einmal die Frage, was unsere Begegnung in der Zukunft für Sie bedeuten kann.« Auf einer dritten steht: »Diese Karte kostet DM 1,50, und du bist es wert.« Vor sechs Jahren hast du diese Karte bekommen, und du weißt noch genau, wo wir uns getroffen und worüber wir gesprochen haben.

Die Karte, die du in der vorigen Woche mit den Worten »Rufen Sie mich einmal an« bekommen hast, wo fand die Begegnung noch mal statt? Was wollte er von dir? Warum solltest du ihn anrufen? Es hat keinen Eindruck auf dich gemacht (buchstäblich keinen *Ein*druck in deinem Gehirn): also keine Handlung, kein Ergebnis – eine verpaßte Chance.

Die kleine Kritzelei auf der Karte kann zu einem richtigen Brief anwachsen. In dieser dynamischen Zeit, in der es jeder von früh bis spät furchtbar eilig hat mit der Arbeit und der Erholung, scheint die Tradition der handgeschriebenen Briefe weit hinter uns zu liegen. Du greifst zum Telefon, und Kees steht bereit; schnell eine vorformulierte Glückwunschkarte aus dem Haus und abgehakt. Bestenfalls kommt noch eine kleine persönliche Erinnerung übers Faxgerät, auch das wäre schnell geschafft. Denke ich an Briefe, sehe ich Stahlfedern über handgeschöpftes Papier kratzen, sehe ich einen edlen Briefumschlag, der mit einem Siegel versehen wird: eine vornehme Art und Weise zu kommunizieren. Deutlich wird, wie weit wir in der heutigen Zeit von einem persönlichen Brief entfernt sind. Ein warmes, herzliches Schreiben ist in dieser Zeit der Handys, Faxe und E-Mails um so wertvoller: Was du aussendest, empfängst du.

Es wird eine schöne Überraschung für jemanden sein, den du lange Zeit nicht gesehen hast, von dir einen handgeschriebenen Brief zu bekommen. Erfreulich ist es aber auch für jemanden, mit dem du täglich sprichst, weil du auf diese einzigartige Weise zum Ausdruck bringst, was du fühlst und denkst. Ein Brief ist Magie. Ein Brief macht deutlich, daß du dir für jemanden Zeit genommen und Mühe gegeben hast. Deine Gedanken waren bei ihm oder ihr. Das ist immer schmeichelhaft.

Nicht jeder wird dir gleich zurückschreiben. Aber eine Reaktion wird immer kommen. Es geht allein schon um das Gefühl von Wärme, das du dem anderen verschafft hast. **Schreibe** deshalb **einen Brief**.

Überlege, wer von deiner Familie, deinen Freunden und Bekannten einen Brief verdient und ob es einen Anlaß gibt, weshalb du ihm oder ihr schreiben könntest. Dazu braucht man keinen konkreten oder offiziellen Grund. Gefühle oder der Gedanke: »He, ich mußte plötzlich an Dich denken und fragte mich, wie es Dir wohl geht« sind ausreichend. Notiere dir die Namen, und schreibe die Briefe. Wieder eine Frage des Tuns. Eine typische Aktivität, die wir gerne aufschieben, um sie dann aufzuheben. Du kannst dich selbst verwöhnen, indem du dir einen schönen Füllfederhalter zulegst. Er wird dir helfen. Wie sehr die elektronische Autobahn unser Leben in der nächsten Zukunft auch bestimmen wird, der Brief bleibt. Der ist nicht zu ersetzen.

Für das, was in den letzten fünfzig Jahren geschehen ist, waren vorher Jahrhunderte nötig. Und die Zeitläufte werden immer schneller. Du kannst das auch in deinem eigenen Leben beobachten. Was ist in den letzten Jahren passiert? In welchem Jahr fiel die Mauer in Berlin? In welchem Jahr war der Golfkrieg? In welchem Jahr stand Armstrong auf dem Mond? In welchem Jahr wurde der Aufstand auf dem Platz des Himmlischen Friedens in Peking niedergeschlagen?

Es waren einschneidende Ereignisse, aber weißt du noch, wann genau sie stattgefunden haben?

Der Kabarettist Toon Hermans hat es bereits gesagt: »Wir leben im Zeitalter von Frau Holle.« Sich auszuklinken und stillzustehen ist nicht mehr möglich. Du würdest nur gnadenlos von allen anderen überholt werden.

Genauso kannst du dir auch die Jahreszahlen deiner persönlichen Geschichte vor Augen führen. Wann hast du Schwimmen gelernt? Wann hast du deinen Erste-Hilfe-Kurs absolviert? Wann hast du deinen Führerschein bestanden? Wann war der Urlaub auf Ibiza? Wann hast du das erste Mal mit jemandem geschlafen? In irgendeinem Schuhkarton oder in einem alten Umzugskarton auf dem Dachboden oder im Keller liegen sicher noch einige alte Fotos zusammen mit Erinnerungsstücken aus vergangenen Zeiten.

Gehe dorthin, wo du deine Erinnerungen aufbewahrt hast, und krame sie alle hervor. Finde beim Durchsehen der Fotos und der anderen Fundstücke die Jahreszahlen heraus, und bringe alles in die richtige Reihenfolge. Und jetzt **schreibst du auf, was du noch davon weißt**. Es wird ein Trip über eine *memory lane*, der dich mit Rührung erfüllen wird. Wenn du alles in ein Album klebst und für einen Kommentar Platz läßt, wirst du in einigen Jahren noch mehr Freude daran haben. Die Erinnerungen werden lebendiger, wenn du sie aufschreibst.

Für jedes Jahr legst du ein Buch an. Es macht nichts, wenn es nur bis zur Hälfte beschrieben ist. Auf den Rücken dieses Albums schreibst du die Jahreszahl, und dann stellst du die Bücher nebeneinander in den Schrank. Dein Leben im Bild, mit deinem eigenen Kommentar. Dein Leben ist es wert, auf diese Weise geordnet und erinnert zu werden.

»Hätte ich nur ein Tagebuch geführt«, denkst du manchmal, wenn dein Gedächtnis dich im Stich läßt. Du kratzt dich ständig hinter den Ohren, weil du vergessen hast, was wann geschehen ist. Es ist nie zu spät, **ein Tagebuch** zu **führen**. Weiter vorne in diesem Kapitel habe ich dir einen Anfang vorgegeben. Wenn du notierst, was so alles an einem Tag geschieht, hast du, bevor du es richtig bemerkst, mit deinem Tagebuch begonnen. Male das Bild des Tages mit Sonnenstrahlen oder Regengüssen farbig aus, teile unumwunden deine Meinung mit, und schreibe auf, wie deine Stimmung war. Später kannst du dann nachlesen, wie du damals gedacht und reagiert hast, und stellst fest, daß du gewachsen bist.

In deinem Tagebuch kannst du dich vollkommen frei bewegen. Wenn du keinen Wert darauf legst, daß andere deine Intimitäten genießen, sorge für Schloß und Riegel und befestige den Schlüssel an deinem Schlüsselbund. Keine Idee und keine Meinung sind so bizarr oder extrem, daß du sie nicht aufschreiben könntest, denn Papier ist geduldig.

Aber was gibt es Herrlicheres, als sich der eigenen Phantasie zuzuwenden: **Schreibe ein Märchen!** Anfang und Ende hast du schon: »Es war einmal ...« und »und wenn sie nicht gestorben sind ...« Das ist leicht. Jetzt nur noch der Mittelteil. Stelle dir einmal vor, wie dein Enkel später atemlos deinen Märchen lauscht.

Jeder träumt nachts, aber nur wenige können sich am nächsten Tag noch genau daran erinnern, was sie in ihrem Unterbewußtsein erlebt haben. Wenn du sofort anfängst, die vagen Anknüpfungspunkte, die dir noch einfallen, **aufzuschreiben**, dann wirst du **den Traum** noch einmal erleben. So erhält der Traum, den du sonst vergessen würdest, eine Bedeutung. Man träumt die verrücktesten Dinge, aber wenn du sie irgendwann den Ereignissen deines Lebens zuordnen kannst, werden sie plötzlich für dich außerordentlich sinnvoll.

Und dann noch der Traum vieler: **ein eigenes Buch zu schreiben**. Das klingt zunächst erschreckend anspruchsvoll. Aber ich kann es, also kannst du es auch. Zuerst bestimmst du das Thema deines Buches. Es sollte auf jeden Fall ein Thema sein, das dich betrifft und zu dem du etwas zu erzählen hast.

Das kann deine Arbeit sein, dein Hobby, dein Liebesleben, Reisen, Autos oder die Umwelt.

Erst wenn du dein Debüt hinter dir hast, weißt du, ob dein Erzählvermögen ausreicht, um von den Verlegern hofiert zu werden. Du kannst das Buch auch selbst vertreiben – wie das Schreiben ist es eine Tätigkeit, die riesig Spaß macht!

Beginne mit dem ersten Kapitel.

Schreibe es. Tue es. Jetzt. TSJAKKAA!

Wärst du
gerne unnormal?

Glück ist eine Hand, die ohne Worte sagt:
»Ich bin jetzt zu dieser Stunde für dich da.«
Glück ist die Erinnerung an das Kind,
das einst spielte,
und die Hand deines Kindes,
das dich am Ärmel zieht.
Geeske Visser

»Ich habe drei Söhne, drei Töchter und eine ganze Reihe Enkelkinder, aber ich sehe sie so gut wie nie«, sagt eine sehr betagte Dame.

Sie ist senil und wohnt in einem Pflegeheim. Die Leitung dieses Heims hat die glückliche Idee gehabt, Kleinkinder einer Kindertagesstätte mit den Alten zusammenzubringen und gemeinsam spielen zu lassen. Es war ein solcher Erfolg, daß andere Kinderkrippen und Altenheime die Initiative übernommen haben.

Das Resultat ist ergreifend. Die Alten kommen aus ihrer Apathie heraus und spielen die Spiele der Kleinen mit, unbefangen und liebevoll. Einige der Kleinkinder haben keine Oma und keinen Opa – und jetzt besuchen sie gleich mehrere, einfach schön.

Die erwachsenen Söhne und Töchter haben die kindliche Spontaneität verloren und meiden die senilen Eltern. Es scheint, als sprächen nur die ganz Alten und die ganz Kleinen die gleiche Sprache. Die sogenannten »vernünftigen« Erwachsenen haben in dieser Hinsicht einen »Sprachverlust«. Dem Kind in sich erlegen sie Schweigen auf.

Glückliche Augenblicke entstehen im allgemeinen durch das Bewußtwerden tief empfundener Gefühle, nicht durch den Besitz materieller Güter. Kleine Kinder z. B. verbinden ihr Glücksempfinden kaum mit dem Bewußtsein, etwas kaufen zu können. Sie spielen phantasievoll und leben im Augenblick. Sie fragen sich noch nicht, wie sie glücklich leben können – weil sie es bereits tun. Später, wenn sie groß sind, werden sie ihrem Glück selbst im Weg stehen, indem sie allerlei Pläne schmieden, um über den Umweg des materiellen Vermögens das Glück zu erreichen.

Die Phantasie sowie ideelle Werte scheinen der erwachsenen, erwerbstätigen Welt nicht anzugehören – wohl aber der Welt der Kinder und Senioren. Ältere Menschen z. B. können sich aufregen über kleine, anscheinend unbedeutende Dinge – weil sie gegen ihre Wertvorstellungen verstoßen. Sie ärgern sich, und dann zuckt der Erwachsene mit seinen Schultern. »Oma hat wieder was zu meckern.«

Auf der anderen Seite aber können Oma und Opa auch mit ganz Unbedeutendem äußerst zufrieden sein. Diese Freude wird ebenso wie der Ärger von den jüngeren Erwachsenen nicht verstanden. Kleine Kinder hingegen haben dafür ein sicheres Gespür, weil sie, wie alte Menschen, ihre Phantasie genießen. Das Kind sieht Klabautermänner im Wald und hört durch die Blätter der Bäume die Riesen miteinander sprechen. Das Kind macht nichts schlecht und stellt keine Bedingungen. Es spürt und weiß, daß es zwischen Himmel und Erde noch etwas anderes gibt. Ein Kind glaubt an das Gute. Bis es sich des Bösen bewußt wird. Das lernt es von den Erwachsenen. Fängt dann das Leben an?

Wachsen heißt Abstand nehmen können und loslassen, was man als Erwachsener zumeist für so wichtig hält – Wachstum führt zur Weltentsagung. Das kommt mit den Jahren, nachdem sich die Illusionen, denen man nachgejagt ist, als Seifenblasen erwiesen haben. Das klingt nach schmerzvollen Erfahrungen, muß es aber nicht. Schließlich sind Seifenblasen schön anzuschauen, sie erfreuen uns, und es macht Spaß, mit ihnen zu spielen. Man muß sich nur bewußtmachen, daß man sie nicht für die Ewigkeit produziert, daß man immer wieder den Strohhalm ansetzen und pusten kann.

Das ist der Wert des Handelns.

»Etwas zu tun« heißt, Seifenblasen herzustellen, um sie zu genießen, bis sie zerplatzen. Der Genuß der Farben vermittelt Befriedigung und Motivation, es noch einmal zu machen.

Alt zu sein ist relativ. Lebst du nur noch in Erinnerungen, dann bist du äußerst betagt. Dann siehst du nur noch die schwach schillernden Seifenblasen von früher, machst aber keine neuen mehr. Wenn du Ziele hast, weiterbläst und die Farbenpracht und Größe deiner Seifenblasen bewundern kannst, dann bist du jung – egal, wie alt du bist.

Jacob, der Vater von Frank, hat mit 75 Jahren beschlossen, Kunstgeschichte zu studieren. Er wollte verstehen, worin der Wert der Kunst für den Fortschritt der Menschheit besteht. Toll, denn das hat ihn jung gehalten. Der Schwiegervater meines Freundes Frank Rodenburg, Besitzer eines Restaurants in Harmelen, beschloß mit 48 Jahren, seinen Betrieb zu verkaufen, und wurde Pfarrer. Fünf Jahre studieren und … Tsjakkaa!, er durfte die Ehe seiner Tochter Bertien segnen. Das sind Augenblicke!

Ich kenne einen alten Kerl, von dem andere sagen, er sei total verrückt; aber er lacht darüber. Er tanzt durchs Leben. Er hat das Kind in sich wiederentdeckt. Oder ist es die ganze Zeit bei ihm gewesen? In uns allen steckt noch das Kind, aber was machen wir mit ihm? Viele glauben, daß es ungehörig ist, sich jenseits des 14. Lebensjahres kindlich zu verhalten. Ein Kind lebt im Jetzt und denkt nicht an das, was gestern schiefgelaufen ist, oder an die Probleme, die morgen anstehen. Das ist kein kindlicher Lebensstil, denn ein Kleinkind ist glücklich im Jetzt. Und du?

Glück ist, zu leben und zu denken wie ein Kind.

Wie oft gibst du deiner kindlichen Begeisterung und Spontaneität noch nach und kannst mit dir selbst und deiner Umgebung spielen?

Ein Kind ist im Regen fröhlich. Es geht nach draußen und ist von den »Bindfäden« begeistert. Es planscht in den Pfützen und genießt es, wenn Wasser in die Gummistiefel läuft. Das macht ein so schönes Geräusch. Große Menschen, die kompliziert und tiefsinnig denken, schauen besorgt nach draußen und verfolgen mit gerunzelter Stirn, was Jörg Kachelmann beim Wetterbericht verkündet. Das Tiefdruckgebiet von morgen drückt auf das Gemüt von heute.

Auch Verliebte spüren nichts von dem Regen. Sie gehen Hand in Hand und merken nicht einmal, daß sie völlig durchnäßt sind. Sie leben im Jetzt und kümmern sich um nichts anderes als um den Gegenstand ihrer Liebe. Und das ist der andere. Auch bei ihnen ist das Kind noch wach.

Erwachsene reagieren auf Regen völlig anders. Sie ärgern sich, daß ihr frisch gewaschenes Auto im Regen steht. Außerdem ist nasses Wetter schlecht für den Umsatz.

Wie unerfreulich das ist.

Der Vorteil des Älterwerdens liegt darin, daß man mehr Wahlmöglichkeiten hat. Du kannst dich für den Verstand entscheiden, dann verbindest du Regen mit einem schlechten Umsatz und einem schmutzigen Auto. Oder du entscheidest dich für das Kind, das plötzlich sieht, wie grün alles wird. Es gibt sauren Regen und süßen Regen. Ein Kind entscheidet sich für den süßen. Und du? Verfolge die Fährte zurück bis in die Zeit, als du von deinem inneren Kind Abschied genommen hast. Erinnerst du dich an das erste bewußte Trauma, das deine Augen für die Häßlichkeit der Welt öffnete, woraufhin du immer mehr davon gesehen und erlebt hast, bis es schließlich zu deiner Realität wurde?

Gehe in deiner Vorstellung auch zurück zu dem Moment, in dem du mit roten Backen gezeichnet und Papier gefaltet hast. Erinnere dich: deine Puppe, dein Kuscheltier, dein Feuerwehrauto, dein Ball, deine Murmeln. Das ist vielleicht schon lange her. Viel zu oft sehe ich den noch jungen Schülern von heute an, daß sie Erwachsene sind.

Ich halte Seminare an Universitäten und staune immer wieder über die vernünftigen Argumente, die angeführt werden, um nicht über das Feuer zu laufen. Sie sind zu vernünftig, um Spaß zu haben, zu lachen oder ohne Grund zu tanzen und zu hüpfen. Sie wollen es begründen können, anstatt es bedingungslos zu erleben.

Fordere ein Kind dazu auf, und es wird mit Freude tanzen und hüpfen. Wieder ein schöner Augenblick im Leben. **Finde dein inneres Kind wieder.**

Viele Studenten sind so ernsthaft mit dem Erreichen ihrer Ziele beschäftigt, daß sie damit das innere Kind begraben.

Auf einem Studentenfest können sie nur noch über die Stränge schlagen, wenn das Bier literweise in sie hineingegossen wird. Sie finden ein teuflisches Vergnügen daran, andere bei der Aufnahme in eine Studentenvereinigung zu erniedrigen und bis auf die Knochen zu blamieren. Sie selbst hingegen spielen den hoffnungsvollen Intellektuellen. Das ist das einzige Spiel, das sie beherrschen. Wie ein Kind zu spielen ist nicht mehr drin.

In dem Film »Soldat von Oranje« gießt Jeroen Krabbé Rutger Hauer einen Topf mit Suppe über den Kopf. Lachen, haha! Ein Studentenwitz mit einer schweren negativen Ladung; spielen, um weh zu tun. Das »Spiel« einer studentischen Verbindung ist nicht mit dem Spiel in einer Kindertagesstätte zu vergleichen. In der Zeit dazwischen muß etwas Furchtbares passiert sein. Sie haben das Kind weggeschlossen und glauben, sich wie große Menschen zu verhalten. Sehr schade.

Sein inneres Kind zu verlieren ist somit das Schlimmste, was einem passieren kann. Wenn man den Medien glauben darf, geschieht dies immer früher: Kinderbanden, elfjähriger Junge vergewaltigt eine 72jährige Frau, zehnjährige Jungen ermorden in England James Bulger, und in unserem Land ertränkt ein vierzehnjähriger Junge ein Kind, das ihn geärgert hat, im Schwimmbad. Diese Entwicklung wird für unsere Gesellschaft zweifellos eine tiefere Bedeutung haben.

In Interviews werde ich oft gefragt, was das Geheimnis meines Erfolges ist. Ich habe kein Geheimrezept. Ich bin immer noch der Lausebengel von früher. Ich betrachte Probleme unbefangen und löse sie. Ich höre mit dem Ohr eines Kindes zu und schaue mit der Neugierde eines Kindes in die

Welt. Wenn ich etwas nicht weiß, frage ich jemanden, der die Antwort kennt.

Bin ich naseweis? Naseweis ist auch weise!

Kinder fragen einen Löcher in den Bauch, aber Erwachsene etikettieren Unwissenheit mit Unvermögen und Dummheit. Kinder geben dir von selbst die Hand, wenn sie mit dir über die Straße gehen. Das macht man zusammen. Traust du dich, einem alten Mann oder einer alten Frau vor dem Zebrastreifen die Hand zu geben, um dann zusammen hinüberzugehen? Wir mögen einen anderen kaum berühren, denn sofort schwingt eine sexuelle Bedeutung mit.

Kinder sagen die Wahrheit, denn sie wissen nicht, was es heißt zu lügen. Wie oft wachsen bei uns kleine Notlügen zu wahren Monstern heran, so daß wir schließlich in einem Labyrinth von Lügen leben. Wie oft hörst du noch auf dein inneres Kind und lebst unkompliziert? Was machst du mit der Aggression, die du plötzlich aufgestaut hast? Ein Kind schreit das sofort heraus, bei ihm kann sich also nichts aufstauen. Wenn du jetzt zufällig Wut in dir spürst, dann wirf dieses Buch doch sofort in die Ecke. Weg damit. Morgen nimmst du es wieder in die Hand. Wichtig ist, daß dein inneres Kind seinen Willen bekommt.

Wenn du nicht so weit gehen willst, dann **nimm einen Bleistift, und mache Anmerkungen in diesem Buch**. Mache Ausrufezeichen, oder schreibe Kommentare. Schreibe an den Rand, was dir gerade einfällt. Das hast du dir sicherlich abgewöhnt, weil du so nicht mit deinen Sachen umgehst. Glaubst du, daß sich ein Kind darum kümmert? In einem Buch zu kritzeln ist nicht gesetzlich verboten, aber es wurde dir ausgetrieben. Sei impulsiv, denn das sind die Augenblicke, die dich inspirieren, dazu bringen, aktiv zu werden, und Ergebnisse zeigen. Weißt du noch, wie spontan du als Kind reagiert hast? Doch dann hast du gelernt, was sich gehört bzw. was sich nicht gehört. Bleibe spontan, dann wirst du etwas lernen, dann bleibst du jugendlich und frisch.

In was für einer Welt bist du gelandet? Es ist normal, daß man einen Graffiti-Sprayer gewähren läßt. Es ist normal, daß man im Zug schweigt. Es ist normal, daß ein Radfahrer einen beschimpft, wenn er bei Rot über die Ampel fährt, oder daß ein Ladendieb bei C&A ein Kleidungsstück von der Stange nimmt und ohne zu bezahlen davongeht. Wer ruft noch: »Haltet den Dieb« oder »Haltet den Mann fest«? Aus Angst vor Unannehmlichkeiten schauen sich die Umstehenden plötzlich ganz interessiert die Auslage bei Karstadt an. Ertrinkende oder Menschen, die im Treibsand feststecken, werden auf einem Amateurvideo festgehalten, während Hunderte zuschauen. Das ist heute normal.

Wärst du gerne normal? Heutezutage braucht man Mut dazu, unnormal zu sein. Höre aufmerksam zu, was dein inneres Kind dir mitteilt, und setze um, was es dir sagt. Und wirf deine erwachsene Voreingenommenheit über Bord.

Wir werden uns jetzt Aktivitäten zuwenden, die es uns leichtmachen, unser inneres Kind wiederzuentdecken. Ich empfehle dir, nicht darüber nachzudenken oder diese Vorschläge aus deiner erwachsenen Denkart heraus zu bewerten. Ich fordere dich auf, es zu tun. Erfolgreiche Menschen sind aktiv. Die Essenz des Glücks ist, beharrlich sein Ziel zu verfolgen, also einfach zu »tun«.

Betrachte die Welt einen Tag lang **mit den Augen eines Kindes**. Das wird dich lehren, aktiv zu werden! Es zwingt dich, Kontakt zu deiner Naivität herzustellen, weil du dadurch genötigt wirst, dein Erwachsenenverhalten zur Seite zu schieben. Naiv zu sein heißt, unschuldig zu sein. Als Erwachsene nennen wir es lieber »dumm«. Du kannst dich in diesem Kapitel für die belebende Denkweise der Kinder und ihre Sicht auf die Dinge entscheiden. Hast du ein Problem damit, dann klebe ein anderes Etikett auf dieses »kindische« Verhalten. Sei kreativ, denk dir eins aus!

Also, fangen wir an, und betrachten wir die Welt mit den Augen eines Kindes: Morgens beim Aufstehen gibt es keine Sorgen und Störungen durch den Alltag, das Leben ist ein Fest. Du bist leichter, du bist kleiner (du brauchst dich einen Tag lang nicht vor den Kollegen aufzupumpen), und du denkst einfacher, so daß du öfter erstaunt bist.

Alles ist anders, weil du anders bist. Alles ist größer, denn du betrachtest es von unten her, nicht von oben nach unten, nein, von unten nach oben. Für dich als kleinen Menschen ist der Tisch riesig. Achte bei all dem vor allem auf das Gefühl der Unbefangenheit. Du lebst im Jetzt und denkst nicht daran, was hinter oder vor dir liegt. Es gibt nur Staunen. Was gestern war, ist unwichtig. Dadurch entsteht Raum für kindliche Freude.

Sorgen gehören nicht zu Kindern, also finden sie keine Beachtung. Jedesmal, wenn ein Problem auftaucht, gehst du in die Kinderseele zurück. Oder du löst es mit Hilfe deiner kindlichen, emotionalen oder unkonventionellen Art. Und siehe da, es verschwindet.

Du handelst ganz sanft, schön einfach und mit großem Eifer, denn das gehört zu Kindern.

Es wird dir auffallen, wieviel Mühe du damit hast, nicht immer in die Rolle des Erwachsenen zu fallen. Vor allem während der Besprechung, in der du dein ganzes Gewicht in die Waagschale werfen mußt, wirst du angestrengt denken. Aber das ist überhaupt nicht nötig. Du wiegst nur wenige Kilo, du hast bunte Schuhe an und ein Band im Haar. Mit verschmitztem Blick betrachtest du die Gesichter am Verhandlungstisch. Für die kompliziertesten Probleme hast du eine kindlich einfache Lösung parat.

»Albern«, sagt jemand. Na und? »Kinderleicht«, sagt ein anderer. Er hat es begriffen. Am Ende des Tages bist du wieder todmüde, genau wie früher. Du schläfst wie ein Murmeltier. Gibt es jemanden, der dich noch zudecken will? Mmmmm!

Kinder haben immer eine Antwort. Kinder sehen Möglichkeiten, keine Schwierigkeiten. Sie kennen keine Probleme, sondern nur Herausforderungen. Hast du ein **Problem? Lege es einmal einem Kind vor.** »Ich werde mich hüten«, sagt der große Mensch. »Was weiß ein Kind schon davon.« Aber das ist es ja gerade. Das Kind weiß nichts davon und läßt sich deshalb nicht durch Schwierigkeiten beeinflussen.

Sprich mit einem Kind ruhig über Rentenausfall, Beziehungsprobleme, Geldsorgen oder Umsatzrückgang. Solange du dich selbst mit diesem Problem beschäftigst, läßt du den Verstand auf Hochtouren arbeiten. Es ist eine Frage reiflicher Überlegung. Du analysierst dich zu Tode. Suchst du dann auch noch in der Vergangenheit nach Ursachen, hast du nur ein Problem mehr.

Kinder verfügen über ein unbegrenztes Reservoir an Kreativität und Phantasie. Kinder wissen: Man bekommt,

worum man bittet. Bittest du um Probleme, dann kriegst du
sie auch. Bittest du um Lösungen, dann werden sie sich einstellen. Lösungen liegen oft unerwartet nahe, aber weil wir
so groß sind, übersehen wir sie oft. Ein kleines Kind guckt
direkt darauf und ergreift sie spontan.

Fred hatte eine gute Stelle bei einer Computerfirma, bekam
aber den Laufpaß. Mit schlotternden Knien ging er nach
Hause. »Ich traute mich überhaupt nicht nach Hause«, erzählte er mir. »Am liebsten hätte ich mich einfach in Luft
aufgelöst – verschwinden. Ich erwog, in die Kneipe zu gehen und mich einfach vollaufen zu lassen, aber das wäre zu
einfach gewesen. Meine Frau war nicht zu Hause, und deshalb konnte ich es nur meinem kleinen Sohn Michael erzählen. Ich nahm ihn auf den Schoß und erzählte ihm spontan, daß ich ein Problem hätte. Er guckte mich neugierig an.
Konnte er es vielleicht für mich lösen? ›Papa ist entlassen.‹

Drei Wörter, die wie drei Hammerschläge auf mich ein-schlugen. Michael guckte mich überrascht und erfreut an. ›Juchhe! Dann können wir morgen angeln gehen!‹ Und ich machte mir plötzlich bewußt, wie oft ich Überstunden ge-macht und wie oft ich gesagt hatte: Jetzt nicht, Michael. Jetzt konnte ich mit meinem Sohn angeln gehen, und am Wasser würde ich vielleicht auch auf eine Idee kommen. Noch bes-ser: Ich werde beim Angeln einfach Michael fragen. Er hat ganz sicher eine gute Idee.«

Kinder zu betrachten ist lehrreich. Genau hinzugucken be-deutet, zurückzugucken in deine Kindheit. Die Zeiten sind vielleicht nicht dieselben, aber die Intention der Kinder ist die gleiche geblieben.

Fernsehen und zahlreiche andere Beschäftigungen haben die Aufmerksamkeit der Kinder verschoben. Zeichentrick-filme auf dem Bildschirm sind ein bequemer Ersatz für wirkliche Aufmerksamkeit. Und wenn große Menschen Kin-der betrachten, tun sie es mit der Ratio. »Nun werd' mal wieder normal«, sagen sie, wenn das Kind außer sich ist vor Begeisterung, Spontaneität und Fröhlichkeit.

Nimm deine Kinder und/oder die deiner Nachbarn, Ge-schwister oder Bekannten **mit ins Wellenbad.** Das wirkt viel-leicht ziemlich gewöhnlich, aber es ist nicht beabsichtigt, daß du das attraktive Äußere der anderen Badegäste stu-dierst. Die Kinder bekommen jetzt deine ganze Aufmerk-samkeit, und du vertiefst dich in ihr Vergnügen. Laß dich in-spirieren, anstecken und lebe dich in die kindliche Freude ein. Mache selbst mit, springe, tauche, spritze, pruste und lache.

Du wirst eins mit ihnen, und die Kinder sehen in dir nicht länger den autoritären Erwachsenen, sondern das Kind. Auf diese Weise greifst du ungebremst und begeistert zurück auf das Gefühl von Freude, das du früher als Kind kanntest und das damals normal genannt wurde. Ein solcher Besuch im Wellenbad hat sehr positive Auswirkungen. Für die Kinder ist es ein herrlicher Ausflug. Und du erlebst etwas, von dem du dachtest, es sei längst verloren.

Du wirst das Kind in dir nie gänzlich verlieren. Du kannst es vernachlässigen und die Erinnerung an es löschen, aber verlieren wirst du es nicht – es bleibt von sich aus bei dir. Es dauert dann nur etwas länger, Kontakt aufzunehmen.

Das Gefühl, ein Kind zu sein, blitzt dann in dir auf. Du weißt plötzlich wieder, wie es war als Kind. Du hörst im Zimmer die Stimme deiner Mutter, als du in deinem Bett lagst und deine Mutter dachte, du würdest schon schlafen; siehst die Zeichnungen an der Wand, die Eisblumen am Fenster, den Kohleneimer vor dem Ofen. Und das alles dank eines Nachmittags im Wellenbad.

So »kinderleicht« ist es, Kontakt zu deiner Vergangenheit herzustellen, als das Leben noch vor dir lag. Es funktioniert – aber nur, wenn du dich mit einem Erlebnis aus deiner Kindheit konfrontierst, denn dieses Erlebnis ist ein Anker (Stimulus-Response-Reaktion).

»Es war noch stockfinster«, erzählte mir Peter. »Ich hatte den Wecker auf Viertel vor fünf gestellt und zögerte noch. So früh? Das Bett war so schön warm. Aber ich hatte es mir vorgenommen. Das Boot war schon gemietet. Ich stand also auf. Ich ging zu meinem sechsjährigen Sohn Mark ins Zimmer und weckte ihn. Schlaftrunken setzte er sich auf und schaute mich fragend an. ›Mark, wir gehen angeln!‹ sagte ich leise. ›Aber Papa, ich muß doch zur Schule?‹ ›**Dann schwänzst du heute mal**.‹ Er überlegte keinen Augenblick und sprang aus dem Bett. Wir schmierten uns Butterbrote, machten eine Thermoskanne mit Kaffee, eine mit warmem Kakao, nahmen die Angeln und fuhren zu dem Teich. Es war ein einfaches Ruderboot, das da bereitlag. Wir ruderten auf den See hinaus und warfen die Angeln aus. Es war fünf vor sechs. Die Sonne ging auf, und der Nebel verschwand.

Mark quasselte vorher unentwegt, aber jetzt war er mucksmäuschenstill und starrte auf den Schwimmer. Die Ruhe war wohltuend. Das Kind genoß es und war der Natur nahe – und ich ihm. Seine kindliche Konzentration und Ruhe waren rührend. So lebt man also, wenn man sechs ist, dachte ich und sehnte mich nach der Zeit zurück, in der Plackerei und Karriere der unbeeinträchtigten Lebensfreude noch nicht im Weg standen. Ich vereinbarte mit mir selbst, mir ein Vorbild an meinem Sohn zu nehmen. Ich versprach mir, von ihm lernen zu wollen. Und wenn ich Hilfe bräuchte, würde ich ihn fragen oder einfach beobachten, wie er seine Probleme managt. Wir hatten einen herrlichen Tag zusammen.«

Ich bitte dich um nichts Verrücktes. Auch spreche ich dich nicht unbedingt als Vater oder Mutter an. Wenn du selbst keine Kinder hast, dann gibt es sicher welche in deiner Verwandtschaft oder Bekanntschaft. Die Eltern werden über den Freiraum, den du ihnen so verschaffst, froh sein.

Wenn du das Haus voller Kinder hast, dann lade ich dich ein, einmal **ein Märchen** zu **erzählen**. Das ist nicht so schwierig.

Drei einfache Wörter, und du hast sofort die Aufmerksamkeit der Kinder. »Es war einmal …« Jedes Märchen enthält eine Wahrheit, die nicht an der Oberfläche liegt, aber von den Kindern unbewußt aufgenommen wird. Ein Märchen ist eine Metapher, eine Analogie, ein Gleichnis, das Bilder in deinem Kopf erzeugt. Deshalb ist es so leicht, ein Märchen nachzuerleben und die Botschaft intuitiv zu verstehen. Der normale, alltägliche und vor allem der gesunde Menschenverstand wird eher an der Nase herumgeführt, für ihn ist die Geschichte »nur« märchenhaft. Das Unterbewußtsein aber hört mit, erkennt sich in der Botschaft wieder und träumt davon.

Märchen schließen nahtlos an die grenzenlose Phantasiewelt von Kindern an, das Märchen vom häßlichen Entlein z. B.: Zwar bist du anders, aber du bist nicht schlechter als die anderen. Du bist sogar ein Schwan! Das macht Hoffnung. Unnormal zu sein ist ein Segen. Eine weitere, herzerfrischende Geschichte ist das Märchen von des Kaisers neuen Kleidern: Gehe nicht mit der Masse, sondern sei unabhängig. Für unabhängige Menschen gibt es genügend Platz auf diesem Planeten.

Das Märchen von Dornröschen vermittelt mir, daß Träume immer wahr werden. Es sagt: Mach aus deinem Leben ein Traumleben!

Märchen kommunizieren auf mehreren Ebenen und haben meistens ein Happy-End. Wenn du Kindern etwas Schwieriges oder Unangenehmes erzählen mußt, dann erzähle es als Märchen. Es paßt zur Erfahrungswelt von Kindern, und es ist eine Freude, sie so intensiv zuhörend bei sich zu haben.

Du bist eins mit dem Volk der Kleinen und deinem inneren Kind näher. Gib diesem Kind Raum.

Die Väter und Mütter von heute haben oft noch die Hippie-Zeit mitgemacht, in der die Zwangsjacke abgestreift wurde, die Kirche und Staat einträchtig und mit bester Absicht für den Bürger angefertigt hatten. Es waren die sechziger Jahre, in denen die Beatles, die Stones und Elvis Presley mit Rock and Roll und Beatmusik die ganze verstaubte Gesellschaft durcheinanderwirbelten – ein frischer Wind, der so manchen Haarschopf strubbelig gemacht hat.

Es war ein Kulturschock, der in der Literatur von Jan Cremer durch seinen rücksichtslosen Bestseller »Ich, Jan Cremer« ausgelöst wurde. Heilige Kühe wurden geschlachtet. Die Eltern von damals befürchteten das Schlimmste und hielten nur noch krampfhafter an den Annehmlichkeiten fest, die der neue Wohlstand ihnen verschafft hatte. Jetzt sind wir an die wirtschaftliche Hochkonjunktur gewöhnt, sind uns inzwischen aber auch bewußt geworden, daß sie nicht die Lösung all unserer Probleme sein kann, selbst wenn dies ewig so weiterginge. Die Jugendlichen von damals sind mittlerweile selbst Eltern, und sie betrachten den Zeitvertreib ihres Nachwuchses mit offenen Mündern: wilde House-Parties, bei denen Pillen wie Smarties geschluckt werden, Teenies, die auf dem Tanzboden »genommen werden«, »einfach, weil es schön ist«, und dann dieser monotone, ohrenbetäubende Lärm, die House-Musik.

House-Musik ist nicht gerade angenehm, wenn man sie als Hintergrundmusik hört. Dieser Musik muß man sich hingeben. Es muß so donnern, daß man es mit allen Fasern des Körpers hört. Das schafft natürlich Probleme, wenn du in einem Mehrfamilienhaus wohnst oder in einem dichtbesiedelten Viertel lebst. Es ist ja sogar dann schon störend, wenn man das Gedröhne durch die Türen der Autos hört.

Hier befindet sich ein Nährboden für ernste Konflikte zwischen jung und alt – und in dir selbst. Denn wenn du **das Kind in dir ansprichst**, wird es sich sofort mit deinem Sohn solidarisieren und verstehen, was ihn beschäftigt. Aber willst du *als Erwachsener* deinen Sohn verstehen? Kannst du es überhaupt?

Laß dir darum von deinem Sprößling einmal alles über House-Musik erzählen, z. B. den Unterschied zwischen *gabber-* und *mellowhouse*. Er kann dir genau darlegen, wie die Platte gesamplet und was für ein Mix es ist. Er ist verrückt nach dieser Musik und wird dein Interesse als das eines Freundes betrachten. Er spürt, daß du ihn so respektierst, wie er ist, denn seine Musikwahl ist ein Teil von ihm. Wenn du dann mit ihm ausmachst, daß ihr zusammen House-Musik so laut abspielt, wie es unter den Umständen möglich ist, dann wirst du fortan keine Schwierigkeiten mehr mit ihm haben.

Er fühlt sich erwachsener, während du gleichzeitig seine Teenagerzeit miterlebst. Du verstehst jetzt, was so toll daran ist, und schließlich wirst du es auch genießen können.

Generationsunterschiede sind durch das Große-Menschen-Denken einerseits und den Sturm und Drang der Jugend andererseits gekennzeichnet. Das geht nicht immer gut. Eltern haben unheimliche Angst, daß ihre Kinder falsche Entscheidungen treffen – so wie sie selbst falsche Entscheidungen in ihrem Leben getroffen haben. Sie haben Angst, die Kinder könnten aus der Bahn geraten.

Sie betrachten die Freundinnen und Freunde mit Argusaugen und versuchen herauszufinden, aus welchem Milieu sie kommen. Schutz und Fürsorge dieser Art sind rührend, haben aber oft die entgegengesetzte Wirkung. Verbotene Früchte sind ja so süß. Kinder müssen selbst Entscheidungen treffen können und dabei unterstützt werden. Das betrifft auch den Umgang mit ihren Freunden.

Gib ihnen die Freiheit, selbst zu bestimmen, wen sie mit nach Hause bringen möchten. Laß sie mitbringen, wen sie wollen: das kleine Ekel von gegenüber, das freche Mädchen, das vor nichts zurückschreckt, den Jungen, von dem du weißt, daß er Hasch raucht, und das Mädchen, das ständig mit der teuren Garderobe seiner Mutter angibt. Du kannst sie nicht ausstehen, aber öffne ein einziges Mal die Tür gastfreundlich für dieses junge Volk vom für dich ganz anderen Schlag. Was du krampfhaft festhältst, wirst du verlieren. Was du losläßt, bekommst du zurück.

Wo wir gerade dabei sind: **Lege einen Tag fest, der nur für die Kinder bestimmt ist**. Wir haben einen Vater-, Mutterund einen Valentinstag, einen Tag des Baumes, aber einen Kindertag gibt es nicht – ist natürlich auch nicht nötig, denn eigentlich ist jeder ein Tag Kindertag.

Frage abends deine Kinder, was sie am nächsten Tag gerne machen möchten. Halte den Stift bereit, damit du alles aufschreiben kannst. Die Kinder wollen natürlich sofort wissen, warum du alles aufschreibst, aber – ich weiß, daß es schwierig ist – du hältst den Mund. Anschließend, wenn die Kids im Bett liegen, legst du die Reihenfolge der erfüllbaren Wünsche fest. Stelle die Liste zusammen, vergleiche die Wünsche untereinander und laß noch ein wenig deine Phantasie spielen. Der Rest ist nur noch eine Frage der Planung und letztlich des Budgets. Glaube mir: Es wird ein vollgepackter, aufregender Tag.

Am nächsten Morgen überraschst du deine Kinder mit einem Tag, der absolut unnormal ist – denn die meisten der am Vorabend geäußerten Wünsche sollen heute in Erfüllung gehen. Zum Beispiel: Früh am Morgen in den Safari-Park in Arnheim, um 11 Uhr nach Ruurlo zur höchsten Rutsche Europas, um 12.30 Uhr durch das Labyrinth in Vorden, um 14 Uhr zum Autotron in Rosmalen, um 15.30 Uhr zum Märchenpark Efteling, um 20 Uhr mit Stäbchen japanisch essen, um 21.45 Uhr ins Kino und anschließend um 24 Uhr ein Feuerwerk abbrennen.

Dein Kindertag wird eine Sensation und bietet dir eine Chance, dich auch wieder als Kind unter Kindern zu fühlen. Spiele, iß, tanze und drehe dich mit ihnen mit. Die überschäumende Freude kannst du mit Hilfe von Fotos, Video- oder Kassettenaufnahmen ankern. So hast du später zu jedem gewünschten Zeitpunkt einen Zugang zu dieser phantastischen Zeit.

Du kannst aus diesem Tag auch eine Tradition machen, erinnere dich an das Kapitel »Tue etwas Unerwartetes«: Für jedes Kind richtest du einmal im Jahr ein solches Spektakel aus.

Bestehende Traditionen stehen unter Druck. Soll die »Königin« dem Palastpersonal noch heiße Schokolade zu Weihnachten ausschenken?

Fest steht, daß Nikolaus stark leidet. Anfang Dezember wird der Gute vom Einzelhandel kaum wahrgenommen, weil die

Schaufenster schon in Weihnachtsstimmung sind. Damit droht die in den Niederlanden früher übliche Bescherung am Nikolausabend zur Ehre des heiligen Nikolaus verlorenzugehen.

Jetzt folgt ein Vorschlag, den du nur zu einer bestimmten Jahreszeit umsetzen kannst. Aber er bezeichnet doch ein gutes Vorhaben: **Feiere wieder ein altmodisches Nikolausfest und »wichtel«** zu Hause und bei der Arbeit. Tue die Lose in einen Hut, und die Vorfreude wird für einen guten Start sorgen. Erlebe die Qual, ein Gedicht zu verfassen, und den Druck, dir eine Überraschung auszudenken – »Druck«, »Qual«? – Du kannst auch das Etikett »Vergnügen« und »Vorfreude« draufkleben. Nimm dir Zeit dafür, und mache etwas Schönes daraus. Du wirst deine Freude daran haben.

Dein Vorschlag, den Nikolaustag altmodisch mit einem Pfeffernüsse streuenden Knecht Ruprecht und einem richtigen Nikolaus zu feiern, wird vielleicht in deiner Verwandtschaft mit Skepsis aufgenommen. »Das stammt noch aus der Vorkriegszeit«, wird manch einer sagen. Sie werden dich ansehen, als kämst du von einem anderen Stern.

Aber mache es, setze es durch, und genieße die Freude und den Spaß bei der Bescherung. In einer kühlen Computerzeit wird das zu einem Abend, an dem dein Herz voller Erwartungen schlagen wird. Und ganz plötzlich machst du dir bewußt, daß ein solcher Nikolausabend ein wunderbarer Luxus ist, ein Geschenk aus der Vergangenheit. Es wird ein herrlicher Abend, für deine liebe Verwandtschaft, für deine Lieben daheim – und für das Kind in dir.

Der Unterschied zwischen Umgebung und Eingebung

Spiele mit! Schaue von deinem Buch auf, und nimm deine Umgebung mal bewußt wahr. Du siehst und hörst, was um dich herum geschieht. Du fühlst die Temperatur im Raum, und du spürst – wenn du dich darauf kurz konzentrierst – die Kleidung auf deiner Haut. Du kannst noch schmecken, was du zuletzt gegessen hast, und du bist dir plötzlich darüber bewußt, daß du das Parfüm der Frau oder des Mannes neben dir riechst.

Über deine Sinnesorgane wird dein Geist also andauernd mit Eindrücken bombardiert. Anschließend wird diese Wirklichkeit interpretiert. Mache dir bewußt: Es ist *deine* Interpretation. Du siehst rot, aber du haßt Rot, also siehst du etwas Häßliches. Du hörst Vivaldi, du genießst es und beruhigst dich. Die Reistafel schmeckt hervorragend, aber das alles übertönende Parfüm deines Tischnachbarn und der Zigarrenrauch vom Nachbartisch verderben dir dein Geschmackserlebnis.

So geht es den ganzen Tag, von früh bis spät. Deine Sinnesorgane lassen die Außenwelt so herein, wie sie wirklich ist. Sofort gibst du dem Input ein Etikett, wodurch dieser zu einer Erfahrung wird: gut oder böse, angenehm oder unangenehm, schön oder häßlich, naß oder trocken, kalt oder warm, weich oder hart, bitter oder süß und so weiter.

Unsere Sinnesorgane registrieren. Das ist ihre Aufgabe.

Also machen sie das so gut wie möglich. Und dann kommst du ins Spiel. Du bestimmst das Etikett, also die Erfahrung (das Gefühl). Die bestimmt wiederum dein weiteres Verhalten, und so kommst du in einen Teufelskreis. Zum Beispiel: Du bist verliebt (Etikett) und findest alles, was der andere tut, toll. Du holst die Haare deiner Partnerin aus dem Abfluß in der Dusche, du schraubst den Deckel auf ihre Zahnpastatube und bewunderst ihr Sackkleid. Alles ist positiv und damit eine Bestätigung deiner Verliebtheit.

Du kommst nach einem Scheißtag nach Hause und erwartest einen warmen Empfang, Aufmerksamkeit, Verständnis und eine Umarmung. Du bist noch nicht ganz drinnen und hörst schon ihre schrille Stimme: »Warum hast du heute morgen **den Mülleimer** nicht **nach draußen gestellt**? Ich habe es dir schon so oft gesagt. Das ist deine Aufgabe!« Plötzlich bist du dir der Schrillheit ihrer Stimme bewußt, und plötzlich siehst du die Härchen, die ihr aus der Nase wachsen, ihre abgenagten Fingernägel und ihren zu weit fallenden Rock. Das Essen schmeckt an diesem Abend anders, und es kommt zu einem Streit darüber, wer mit dem Hund hinausgeht. An diesem Abend schlaft ihr nicht miteinander, und am nächsten Morgen stört es dich, daß sie vergißt, **den Deckel auf die Zahnpastatube zu schrauben**, und daß sie von dir erwartet, daß du ihre Haare aus dem Abfluß holst. Und das alles nur, weil sie deine Erwartungen am Vorabend nicht erfüllt hat.

Du fährst in Urlaub und rechnest mit schönem Wetter. Du genießt die Vorfreude, die Reise verläuft reibungslos, und alle fühlen sich wohl. Das ist eine positive Spirale. Du steigst aus dem Flugzeug, und es regnet. Deine Erwartungen in

Hinblick auf das schöne Wetter werden enttäuscht. Jetzt läuft nichts mehr, und unablässig verteilst du negative Etiketten. Das Essen an Bord war nicht so berauschend, die Passagiere haben sich unflätig benommen, der Transferbus ist eine Klapperkiste, und das Hotelzimmer sieht nach nichts aus. Was machst du jetzt damit? Läßt du dir deinen Urlaub verderben, oder genießt du ihn trotzdem? Dein Erleben der Realität nennen wir deshalb die zweite Repräsentation der Wirklichkeit. In deiner Vergangenheit hast du gelernt zu etikettieren. Angenehm, schön, interessant, eklig, erotisch, religiös … Es gibt Tausende von Etiketten für alles, was von außen an uns herankommt. Bei zwanghaftem Verhalten z. B. sind in der Psychotherapie Dutzende von Sitzungen nötig, um ein allzu festsitzendes Etikett abzulösen und durch ein neues zu ersetzen. Jemand, der wegen seiner dominanten Mutter Frauen haßt, wird mit dem Begriff »Mutter« etwas anderes verbinden als du oder ich. Aufgrund dessen erfährt er Frauen dann auch anders.

Du lebst in ständiger Interaktion mit deiner Umgebung. Viele von uns denken, daß die Außenwelt unsere Lebensqualität bestimmt. Status und äußeres Erscheinungsbild, Komfort und Luxus haben deshalb einen hohen Stellenwert für jemanden, der so denkt. Möchtest du all die Dinge aus der Werbung haben, dann erfordert das ständig mehr Geld.

Damit ist die Tragik der heutigen Menschheit kurz umrissen. Wir sind so verwöhnt und an Äußerlichkeiten gewöhnt, daß wir kaum noch etwas in unserem Inneren erleben können. In dieser lärmenden Welt gibt es genug, das der inneren Quelle Schweigen auferlegt. Wir sind mit unserer Arbeit, unseren Hobbies, den drei Urlaubsreisen pro Jahr,

Sport und Fernsehen, Video, Kino und CD-ROM sehr beschäftigt. Wenn dann ein inneres Bild auftaucht, eine Stimme in deinem Kopf oder ein unbestimmtes Gefühl, kurz, wenn in deinem Inneren Unruhe und Unfrieden entstehen, dann gibt es immer noch Alkohol und Drogen, um das Gewissen, die innere Stimme oder ein Gefühl zu betäuben. Wir haben verlernt zu beten, und das ist schade, weil ein Gespräch mit dem Höheren immer auch ein Gespräch mit dem Höheren in dir selbst ist. An die Stelle des Betens ist die Meditation getreten. Meditation ist jedoch eher eine Bewußtseinstechnik als ein inneres Gespräch.

Körper und Geist sind untrennbar miteinander verbunden, sie stehen in permanenter Wechselwirkung zueinander. Der Körper ist unbestreitbar das Zentrum der sinnlichen Wahrnehmung. Der Geist ist zwar nicht sichtbar, trotzdem existiert er. Das wissen wir aufgrund des Einflusses, den er auf die Gehirnfunktionen hat.

Dann gibt es noch die Seele, von vielen »der göttliche Funke« genannt, eine Abspaltung vom zentralen Kern, lebensbringende Energie und Blaupause deines Wesens, unsichtbar, unergründlich, die große Stille – der Funke, der dem Geist und dem Körper ihre Funktionen gibt. Die Seele durchzieht den Klumpen Atome, aus dem unser Körper besteht. Dank der Seele wissen wir, daß wir wissen.

Unter all den vielfältigen Lebensformen auf Erden sind wir die einzige, die den Funken in sich trägt.

Der vierte Faktor ist die Umgebung: die Umwelt, die Natur, die Menschen um uns herum, das Wohnzimmer, das Büro oder die Fabrik, das Wageninnere oder der Bahnhof. Alltäglich oder exotisch, normal oder abenteuerlich – alles und jeder befindet sich außerhalb von dir. Die ganze externe Präsenz beeinflußt deine Person.

Meistens bist du dir nicht oder kaum bewußt, daß die Umgebung einen stimulierenden oder beruhigenden Einfluß auf dich hat. Dabei spielen die positiven und negativen Anker aus der Vergangenheit eine bedeutende Rolle. Alle früheren Erfahrungen und Gefühle sind in unserem Körper gespeichert. Man kann sehr gut am Schritt eines Menschen erkennen, was er mit sich herumträgt. Wer den Ballast von früher schleppt, läuft gebeugt oder steif. Wer die Welt durch eine rosa Brille sieht, schwebt beinahe über dem Boden. Schwungvolle Menschen gehen mit den Schultern nach hinten und mit gehobenem Kopf über die Straße.

Deine Umgebung bestimmt deine Stimmung, und deine Stimmung steuert dein Verhalten. Wir selbst bestimmen das Etikett, das wir auf unsere Umgebung kleben möchten. In der Vergangenheit haben wir zahlreiche Verbindungen und Assoziationen zwischen Umgebung und Gefühl hergestellt. So haben wir eine Verbindung zwischen dem weißen Kittel des Zahnarztes oder der runden Brille des Hausarztes mit den Schmerzen der ärztlichen Behandlung hergestellt.

Siehst du jemandem in einem weißen Kittel oder mit einer kleinen runden Brille, erzeugt das instinktiv einen »Au«-Reflex. Das ist eine Stimulus-Response-Reaktion, die von einem negativen Anker hervorgerufen wird, der die Stimmung drückt und damit das Verhalten steuert. Das äußert sich unmittelbar in der Körperhaltung, dem Augenaufschlag und dem Klang der Stimme.

Viele Ärzte tragen keinen weißen Kittel mehr, um einer negativen Assoziation vorzubeugen oder sie zu durchbrechen. Ein Arzt in »Zivil« hat allerdings einen anderen Nebeneffekt, der Patienten ebenfalls abschrecken kann. Schließlich besteht auch die Assoziation zwischen »weißer Kittel« und »Kompetenz«, »Vertrauen«. »Der weiße Kittel« bringt mir Gesundheit, was wiederum ein positiver Anker ist. Ein Placebo (Scheinmedikament), das von einem Arzt in einem weißen Kittel verschrieben wird, hat ja bekanntlich große Wirkung.

Welche der vier untrennbar miteinander verknüpften Phänomene (Körper, Geist, Seele, Umgebung) wir auch verändern, jedes von ihnen wird eine Auswirkung auf die drei anderen haben. Verändern wir unsere Umgebung, dann beeinflußt das wiederum die Seele, Geist und Körper. Es besteht eine ständige Wechselwirkung.

Schließt du die Augen, dann unterbrichst du den visuellen Kontakt mit deiner Umgebung, aktivierst deinen Geist und deine Seele und verschaffst deinem Körper auf diese Weise Ruhe. Verfügst du über eine positive Einstellung, dann wird dein Geist deine Körperfunktionen günstig beeinflussen. Aufgeweckte, fröhliche Menschen sind weniger krankheitsanfällig. Ein starker Geist kann die Körperfunktionen enorm beeinflussen. Das zeigt sich bei der Hypnose, wird aber auch deutlich bei Fakiren, die sich auf Nagelbetten legen können.

Sportler appellieren an ihre Moral, wenn sie etwas leisten wollen. Sie können dadurch noch etwas mehr aus ihrem Körper herausholen, wodurch sie wiederum ihre Gewinnchancen erhöhen. Positives Denken (das Wort ist völlig abgenutzt, aber ich kann leider nicht umhin) verursacht einen anderen chemischen Sturm als schwermütige, negative Gedanken. Neurotransmitter sind die Botschafterstoffe, die chemischen Äquivalente deines Denkens, durch die die positiven oder negativen Gedanken bis in die Zellen deines Körpers gelangen. Mit allen Folgen davon.

Verdrießlichkeit ist ein ganz anderer chemischer Sturm in deinem Kopf als Aufgewecktheit. Du bist dein eigener Wetterfrosch und bestimmst, ob ein Hoch- oder Tiefdruckgebiet naht. Äußere Umstände können diese Gebiete verursachen, aber du entscheidest, welchen Sturm du in deinem Kopf zuläßt. Und es weht heftig in deinem Oberstübchen! Wenn du fröhlich bist, interpretierst du deine Umgebung anders als mit einer Sturmböe von Traurigkeit in deinem Kopf.

Das Ausmaß, mit dem dein Geist – sei es positiv, sei es negativ – deiner Seele Signale gibt, wird schließlich deinen »Seinszustand« bedingen.

Du nimmst wahr, was du wahrnehmen möchtest, und legst deine Interpretation fest. Das Denken und Lenken des Geistes und wie du dein Gehirn dadurch aktivierst, ist also ziemlich bestimmend für dein gesamtes Wohlbefinden. Nach draußen schauen und dunkle, graue Wolken sehen kann verschiedene Interpretationen nach sich ziehen. »Nach Regen kommt Sonnenschein« ist eine, »Verdammter Mist« ist eine andere.

Du stehst im Stau. Ist es ein Moment der Besinnung, oder ist es ein Ärgernis? Wie du darauf reagierst, ist allein deine persönliche Entscheidung. Wie betrachtet der alte Mann seine gleichaltrige Frau? Sieht er ein zerknittertes Hutzelweib oder die Frau, mit der er mehr als ein halbes Jahrhundert Liebe und Leid teilte? Es ist immer die eigene Interpretation der Wirklichkeit, von der alles Glück auf Erden abhängt.

Die Tendenz dieses Kapitels ist klar. Wenn du in der Lage bist, deine Umgebung positiv und erfreulich zu verändern, veränderst du damit auch dein mentales Make-up und fühlst dich dementsprechend gut. Du besitzt dann eine Ausstrahlung, die die guten Seiten deiner Persönlichkeit reflektiert. Du hast schneller Kontakt zu anderen und wirst erreichen, was du willst.

Du kannst deine Umgebung ändern, indem du deine Wahrnehmung änderst. Du bleibst zwar in derselben Umgebung, aber sie wird von deiner Art, etwas wahrzunehmen und zu erfahren, eingefärbt. **Betrachte etwas mit anderen Augen**, durch eine andere Brille. Wähle einfach aus deiner mentalen Kollektion. Sie ist äußerst vielfältig.

Du kannst dich auch räumlich, körperlich verändern und dadurch die Umgebung beeinflussen. Ob du zu etwas aufschaust oder aber auf etwas herabsiehst, ist ein Unterschied wie Tag und Nacht. Wenn du dich ständig auf die Vollkommenheiten und die Dinge, die dir gefallen, konzentrierst, wirst du deinen Körper, deinen Geist und deine Seele positiv verändern. Und deine Umgebung wird dich sofort anders erleben.

Truus hat von dem erbärmlichen Wetter die Nase gestrichen voll, hat die Nase voll von ihrer Arbeit, ihrem Freund und der täglichen Routine in ihrem Haushalt. Sie will Urlaub machen; kurz raus, um dann aufgeladen und frisch wieder ans Werk gehen zu können.

Mit einer Freundin bucht sie einen Urlaub auf Mallorca, legt sich dort in die Sonne und ist genervt: zu heiß, zu viele hitzige Männer, die nur das eine wollen, und ihre Freundin erweist sich auch noch als Zicke. Truus veränderte zwar ihre räumliche Umgebung, betrachtete sie aber auf dieselbe mißmutige Art.

Wieder zu Hause fügt sich Truus erneut in die Tretmühle ihres Daseins und beklagt sich, daß die Bräune dieses Jahres wieder sehr schnell verschwunden ist. Ihre Absicht, nach dem Urlaub besser zu funktionieren, hat sich nicht erfüllt – sie hat mit der Veränderung ihrer Außenwelt angefangen und nicht mit ihrer Wahrnehmung.

Die Signale, die wir auffangen, werden ausgewählt. Wir nehmen selektiv wahr. Die Art und Weise, wie das geschieht, ist das Privileg des Geistes, der unser Gehirn lenkt. Die Technik, die Umgebung in einen anderen Rahmen zu stellen und zu entscheiden, was und wie ich wahrnehme, heißt Neubewerten. Das ist eine bewußte Fertigkeit, die zu einem Automatismus wird, wenn man sie oft genug anwendet.

Menschen, die sich betäuben, indem sie zu Alkohol, Drogen, Essen oder Süßigkeiten greifen oder sich in Aktivitäten stürzen, weigern sich, die Umgebung auf diese Weise neu zu interpretieren und sie in einen neuen Rahmen zu stellen. Wenn sie das nicht lernen und einfach so weitermachen, wird ihnen schließlich die Rechnung in Form von seelischen Schmerzen, Angst, Eifersucht oder negativem Streß präsentiert. Das kann wiederum zu körperlichen Schmerzen führen, die mit unbestimmten Beschwerden beginnen und schließlich in die sogenannten modernen Krankheiten wie Herzprobleme oder Krebs münden.

Diese Menschen berücksichtigen ihre Umgebung nicht, weil sie kaum mehr positive Signale empfangen. Man bekommt für seine Ideen, Gedanken und Auffassungen normalerweise immer ein bestätigendes Signal von außen, was automatisch dazu führt, sich zu öffnen. Diese Menschen aber vernachlässigen ihre Umgebung, indem sie abstumpfen. Sie machen dicht – vielleicht aus Angst, auch mal Kritik annehmen zu müssen.

In dieser Abschottung liegt unter anderem eine Ursache für die Umweltproblematik verborgen. Das fängt schon bei denen an, die ihre Pommes-frites-Schale auf die Straße und die leere Coladose aus dem Autofenster werfen. Sie haben keine Vorstellung mehr davon, daß sie ein Teil des Organismus sind, den ihre Umgebung darstellt. Sie sind sehend blind und hörend taub.

Dieses Verhalten ist eine Einbahnstraße, denn es vernachlässigt unsere Umgebung. Das wiederum wirkt sich auch auf die drei anderen Phänomene nachhaltig aus, und so entsteht eine negative Spirale, die zum Untergang führt.

Sobald wir in der Lage sind, unsere Aufmerksamkeit auf positive Aspekte zu lenken, werden wir ganz von selbst für unsere Umgebung sorgen – und dann führt die Spirale nach oben. Das nenne ich *Lebenskunst*, aber auch *Lebenskunde*. Sie bringt uns die Funktion nahe, die die Umgebung für uns hat. Auch wenn wir den Nutzen dessen, was uns widerfährt, nicht sehen oder verstehen, glauben wir dennoch, daß es aus dem einen oder anderen Grund sinnvoll ist.

Wir verstehen auf einmal, daß alles, was uns überkommt, gut, wenigstens bedeutungsvoll ist. Denn das einzige, was wir wollen, ist die Bestätigung unseres positiven Weltbildes.

Alles ist phantastisch und in jedem Fall ein Erfolg. Wir lernen aus allem etwas, auch aus sogenannten Mißerfolgen, und verbessern uns zusehends. Wir wachsen fortwährend.

So zu denken bedeutet, daß alles, was negativ aussieht, ein positives Etikett bekommt, ohne daß du darüber tiefschürfend grübeln mußt. Es wird zu einem Lebensstil. Es wird Praxis. Es ist egal, was dir widerfährt, es kommt allein darauf an, was du daraus machst, welche Etiketten du auf die Dinge und Situationen klebst.

Läuft das Geschäft schlecht? Das ist eine Herausforderung, um einen neuen Markt zu erschließen, andere Produkte zu entwickeln oder auf andere Art zu werben. Die Beziehung ist kurz vor ihrem Ende? Du kannst wählen: Entweder du paßt dich der Situation an und lernst etwas daraus oder du setzt entschieden einen Schlußpunkt.

Läßt die Gesundheit zu wünschen übrig? Dann überprüfe ich, ob mein Ernährungsverhalten in Ordnung ist, ob ich genügend Bewegung bekomme und ob ich auch gesund genug denke.

Du bist arbeitslos und erhältst eine Unterstützung? Dann hast du Zeit, über deine Karriere nachzudenken und deine neue Freizeit zu genießen. Außerdem bekommst du Gelegenheit, einmal etwas für andere zu tun. Bist du von deinem Partner verlassen worden? Dann ist es deine Aufgabe, die verlorene Freiheit wiederzufinden und eine neue Runde mit neuen Chancen einzuläuten.

Wenn wir auf diese Weise das Etikett verändern, hat das die größte Wirkung auf Seele, Geist, Körper und Umgebung – und äußerst angenehme Folgen.

Auch werden wir mit dieser Art zu etikettieren immer aktiv bleiben. Verweigern wir die Aktivität, bekommen wir Negativismus, Konflikte oder Kritik als Lohn. Und das wollen wir gerade nicht. Wir sähen dann nur noch Bestätigungen für das Negative und schwelgten in Vorurteilen (Asylsuchende sind Nassauer, Züge sind nie pünktlich, der Bürgersteig ist ständig voller Hundescheiße, das Ende der wirtschaftlichen Belebung ist abzusehen, die Politik taugt nichts usw.). Eine so ungerechte Betrachtung hat unsere Welt schlicht nicht verdient – und wir auch nicht!

Je mehr negative Bestätigungen du wahrnimmst, desto stärker bist du darin verfangen, wodurch es immer schwieriger wird, das Licht zu sehen. Für solche Menschen ist all das bisher Gesagte lächerlich, wertlos. Wer macht schon all diese Sachen? Bin ich denn verrückt? Laß mich nur in Ruhe. Ich bin »glücklich« verheiratet. Meine Frau macht genau, was ich sage. Alles in Ordnung.

Viele Menschen sonnen sich im äußeren Schein und der Sicherheit einer gut bezahlten Arbeitsstelle, einem abbezahlten Haus und den drei Urlaubsreisen im Jahr. Schaust du aber hinter diese Fassade, dann siehst du, daß diese Menschen eigentlich die Hoffnung schon aufgegeben haben und sich an der Dachrinne ihres Wohlstands festkrallen. Das Wohlgefühl kommt aus der Flasche, der Arbeit und dem Fremdgehen.

Wenn du in der Lage bist, deine Umgebung zu verändern, dann kommst du von selbst dorthin, wo du wirklich sein möchtest. Du lebst das Leben deiner Träume, glücklich von innen heraus, zufrieden mit dem, was du bist und hast. Ein eventuell freistehendes Haus und ein Guthaben auf der Bank markieren auf diesem Weg noch die kleinsten Etappen.

Jetzt kommt die entscheidende Frage: Wie machst du das? Ganz einfach, indem du dich selbst dazu bringst, das zu denken, womit du dich gut fühlst. Du weißt selbst, was dir guttut und was nicht. Höre dabei auch auf dein inneres Kind.

Dein Gehirn registriert keinen Unterschied zwischen Illusion und Realität. Regen kann also angenehm sein, aber auch deprimierend. Im ersten Fall gehst du im Regen auf und kannst ihn genießen. Im anderen Fall gehst du auf Distanz dazu und betrachtest ihn mit Abscheu. Was willst du? Entscheide dich!

Zweite Kernfrage: Wie setzt du das um? Ganz einfach, indem du dich fragst: »Will ich mich überhaupt gut fühlen?« Wenn ja, beende die interne Diskussion, denn es gibt fortwährend Stimmen in deinem Kopf, die mit dir plaudern wollen, um dich in die negative Spirale hineinzureden.

Du bekommst von dir Kommentare wie: »Das macht ein Kerl wie du doch nicht! Stell dich nicht so an. Was sollen die anderen von dir denken?« Oder: »Eine Frau meines Alters hat etwas anderes zu tun. Ich werde mich hüten. Was für eine alberne Idee. Das hast du nicht nötig. Das machen nur Verlierer, und ich dachte, du bist ein Gewinnertyp.«

Erlaube und gönne dir, dich gut zu fühlen und über deinen eigenen Schatten zu springen. Wenn du das intensiv tust, erhältst du intern Signale wie: schön, klasse, spannend, angenehm, es ist gut, es fühlt sich gut an. Dein Gehirn macht keinen Unterschied. Das machst du. Du steuerst deine Gedanken. Wenn du dich durch die interne Diskussion aus dem Takt bringen läßt, dann folgt die negative Spirale von selbst. Du bleibst im Gewohnten hängen, dann hast du keine Wahl. Legst du in deinem Kopf aber den Hebel um und folgst du deinem Wunsch, wirst du also aktiv, dann führt die positive Spirale dich zum Glückserleben.

Führe alles aus, was dir in diesem Buch vorgeschlagen wird. Dann wird sich herausstellen, daß sich deine Umgebung allmählich verändert. Der Spiegel der Realität wird sich permanent verändern, und du bleibst in einer aktiven Stimmung. Das inspiriert dich, wieder mehr zu tun. Dein Wahrnehmungsfilter verändert sich, und damit verändert sich deine Wirklichkeit.

Und noch einmal: Deine Wirklichkeit ist eine zweite Repräsentation der Wirklichkeit. Ist sie dauerhaft mit Negativem belastet, wird sie dich daran hindern, aktiv zu werden. Aber auch die interne Diskussion wird dich vom *Tun* abhalten, indem Bedenken und Entschuldigungen vorgebracht werden. Wenn du dich auf keine Diskussion mit diesen Stimmen einläßt, erhältst du die Tatkraft, etwas zu tun. Du erntest dann nur angenehme Erfahrungen und Gefühle. Das Wesentliche dieses Buches ist, mit dir den Glauben zu teilen, daß es anders und besser geht. Durch das Kaufen und Lesen dieses Buches zeigst du bereits deine Bereitschaft, etwas dafür zu tun.

Hat dir jemand dieses Buch geschenkt, gönnt er dir von ganzem Herzen ein noch besseres und noch schöneres Leben. Enttäusche ihn nicht. Du weißt jetzt, daß nicht deine Umgebung bestimmt, wer du bist (Haus, Auto, Anstellung). Das Gegenteil ist der Fall: **Du bestimmst deine Umgebung**, du bestimmst, wovor du Angst hast, was du eigenartig findest, was dir zuwider ist: einfach tun, einfach bestimmen.

TSJAKKAA!

Du kannst dir nicht vorstellen, was dann geschieht! Selbstüberwindung bringt die größte Genugtuung.

TSJAKKAA!

Jedesmal, wenn du über dich selbst hinauswächst, kommst du auf eine höhere Ebene.

TSJAKKAA!

Es ist eine Kette von Überwindungen, die zum persönlichen Sieg deines Lebens führt. Es ist das Leben deiner Träume.

TSJAKKAA!

Nimm die Herausforderung an. **Verändere deine Umgebung.** Du kannst es.

Der Schlagersänger René Froger ist der größte Star unseres Landes mit allem Glamour, aber auch mit all den Schwierigkeiten, die seine Bekanntheit mit sich bringt. Seine Umgebung wird zu einem großen Teil für ihn bestimmt. Er weiß wie kein anderer, wie schwer es ist, tagein, tagaus den

Erwartungen zu entsprechen, die sein Status als Star mit sich bringt.

Unser René ist ein erstklassiger Profi, der mit beiden Beinen auf dem Boden steht und gleichzeitig Höhenflüge erleben kann. Wo er geht und steht, gibt es endlose »Ahs« und »Ohs«, aber seine jordanischen Wurzeln halten ihn fest am Boden. Was könnte ein Mann wie Froger tun, um im Gleichgewicht zu bleiben? Das wollte ich wissen und fragte deshalb seine Frau Natascha.

»Vor kurzem kam er nachmittags völlig begeistert nach Hause«, erzählte sie. »Ich habe ihn gefragt, warum er so aufgedreht sei, und die Antwort hat mich überrascht: Er war stundenlang durch die Stadt gefahren, an den Grachten entlang und durch das jordanische Viertel. Er hat die Fahrt seines Lebens gemacht, sagte er.«

Natascha war anfangs überrascht über die Antwort. Später aber verstand sie, daß René seine alte vertraute Umgebung verändert hat, indem er einmal richtig Notiz von ihr genommen hat. Was er zuvor nicht mehr beachtete und kaum bemerkte, hat nun seine besondere Aufmerksamkeit bekommen. Er sah, was er vorher nie gesehen hatte, und genoß es. Trotz oder vielleicht gerade wegen seines vollen Terminkalenders und seiner Verpflichtungen war er für ein paar Stunden ausgebrochen, um seine Stadt und sein Viertel einmal mit anderen Augen zu sehen. Er machte zahllose Entdeckungen, und das gab ihm ein so gutes Gefühl, daß er sich wieder gut ins Zeug legen konnte.

Mache es wie Froger: **Betrachte einmal deine Stadt mit offenen Augen**. Die Stadt fängt an, neu zu leben und zu pulsieren. Mir erzählte mal jemand, daß die Geländer der Amsterdamer Brücken schöne Tierfiguren hätten. Hätte man in einer Stadt wie New York auch derartige künstlerische Details, putzte man sie jeden Tag. In Amsterdam achtet niemand darauf.

Ich fragte die Einwohner mal nach diesen Figuren – sie kannten sie nicht. Brücken? Man überquert sie mit dem Fahrrad oder zu Fuß, mehr nicht. Ich habe mir die Geländer selbst angeschaut, und tatsächlich: Es gibt eine richtige Geländerkultur in Amsterdam. Von den Tausenden von Menschen, die die Brücke an diesem Tag überquerten, hat es nur einer bemerkt, und der war ich.

So wird es dir ergehen, wenn du deine Stadt eingehender betrachtest. Schaue nach oben, und entdecke die Darstellung in einem Giebel. Du wirst phantastische Entdeckungen machen, die Stadt erscheint dir dann wie neu. Während dieser Entdeckungstour wirst du dich fragen, was du eigentlich im Fernen Osten gesucht hast, warum du in die Staaten wolltest oder ausgerechnet die Reise nach Afrika gemacht hast, wo es doch auf deinen eigenen Quadratkilometern so viel zu erleben und zu sehen gibt.

Das Hemd ist einem eben doch näher als der Rock. Du mußt nur genau hinsehen, dann erweist sich die Heimat als schöner und fesselnder, als du gedacht hast. Mit einem Mal verstehst du die vielen Touristen in deiner Stadt. In den ihnen unbekannten Umgebungen sehen die Touristen durch **bewußtes Hinschauen** viel mehr als die heimischen Einwohner mit ihrem abgestumpften Blick.

Gut hinschauen heißt herausholen, was drin ist. Das erfordert aber auch den Willen, *genau* hinzuschauen. Wie viele Knöpfe hat dein Oberhemd? Du weißt es nicht einmal, obwohl du es dir jeden Morgen zuknöpfst. Wie viele Zähne hat dein Partner? Wie viele Fenster hat dein Haus? Welche Bäume stehen in deinem Garten, und wie heißt die Kassiererin vom Supermarkt (sie trägt immer ein Namensschildchen)? Wie viele Schränke hast du in deiner Küche?

Dasselbe gilt auch für dein Wohnviertel. Nimm dir morgen früh einmal die Zeit, **in deinem Viertel spazierenzugehen**. Ich wette mit dir, daß du Dinge sehen wirst, die dir vorher nie aufgefallen sind. Betrachte eingehend die Bäume, die Blumenbeete, die Namensschilder, die Zäune, die sauberen Hauseingänge – oder die schmuddeligen. Betrachte die Hausfassaden, die Auslagen in den Geschäften, das Design der Laternenpfähle.

Wie ist es sonst? Du gehst aus dem Haus und springst aufs Rad, rennst zur Bushaltestelle oder gibst Gas in deinem Auto. Du hast den Kopf voller Sorgen und Gedanken. Dein automatischer Pilot achtet auf den Verkehr, und du bremst, lenkst und hältst vor der roten Ampel.

Jetzt kannst du schauen um des Schauens willen, und plötzlich siehst du all die Dinge, die schon seit Jahren existieren, die du aber nie wahrgenommen hast. Reichtum steckt manchmal in diesen kleinen Entdeckungen. Die Sonne ist gratis, der Sauerstoff, den du einatmest, kostet nichts, der Vogel, der in der Baumkrone landet, ist gratis, alles, was uns glücklich machen kann, ist gratis.

Eine andere eindrucksvolle Erfahrung ist die **Rückkehr in die Umgebung, in der du aufgewachsen bist**. Dein Geburtsort, dessen Namen du immer in deinem Paß mit dir herumträgst, hat sich im Laufe der Zeit verändert. Das Geschäft, in dem du früher deine Bonbons gekauft hast, ist jetzt ein

One-Hour-Fotoshop. Wie sieht es aus mit der Kirche, in die du früher gegangen bist? In deiner Vorstellung war sie viel größer und höher. Es ist eine ganz eigenartige Erfahrung, die Umgebung von damals mit den Augen von heute zu betrachten.

Du erlebst die Momente noch einmal, die dich geformt haben. Es ist die Konfrontation mit einer Vergangenheit, die du jetzt mit anderen Augen siehst. Laß sie auf dich wirken und dich berühren. Erkenne, daß die Zeit auch hier weiterlief, und versuche, dich zu erinnern, wie es damals war – als auf der Rasenfläche noch das Schild stand: »Rasenfläche bitte nicht betreten«. Damals gab es Blinklichter am Zebrastreifen, auch lief man noch mit ganz normalen Rollschuhen über die Bürgersteige.

Das Gefühl von damals bekommst du gleich als Geschenk mitgeliefert. Wo du dich früher auf die Zehenspitzen stellen mußtest, um einen Blick zu erhaschen, da betrachtest du jetzt mit Leichtigkeit das Interieur. Du begegnest jemandem mit einem bekannten Gesicht. Wer war das noch mal? Er oder sie ist um einiges älter geworden, das schon, aber mußt du ihn oder sie grüßen? Die Bank in dem Park bei dem kleinen Teich steht noch. Nach all den Jahren setzt du dich dort hin, und im Bruchteil einer Sekunde fällt dir wieder ein, was damals alles geschehen ist. Und die Parkbank hat die ganze Zeit einfach da gestanden. Als ob sie auf deine Rückkehr gewartet hätte …

Wenn du an deinem Geburtshaus vorbeikommst, dann klingle und erzähle den Bewohnern kurz, daß du in diesem Haus auf die Welt gekommen bist. Ob du vielleicht eben reinschauen darfst?

Sofort fällt dir auf, wie klein die Wohnung eigentlich ist,

obgleich du früher gedacht hast, in einem Palast zu wohnen. Deine Perspektive hat sich verändert. Das ist eine besondere Bewußtwerdung. Mit einem Mal siehst du wieder Bilder von den Spielen, die du gespielt hast, und dir schießen Namen von Kindern durch den Kopf, die damals deine Freundinnen und Freunde waren. Das wird dich mit einem Glücksgefühl durchströmen. Und wie lange du schon lebst …

Und noch eine Idee: **Halte deine Straße sauber**. Das Bild der fleißigen Hausfrauen mit Kopftuch, die einen Eimer Wasser über die Eingangsstufen des Haus ausgegossen und heftig geschrubbt haben, gehört der Vergangenheit an. Die Gemeinde schickt Straßenfeger oder einen Wagen mit rotierenden Besen. Die Mentalität hat sich enorm verändert. Jetzt denkt man: »Das wird schon jemand anders machen.« Wir bezahlen dafür: Gebühren für die Müllabfuhr, Grundsteuer, Abwassergebühren. Zum Glück, denn sonst würden wir in unserem eigenen Dreck ersticken.

Nimm einmal die gute alte Gewohnheit wieder auf, fülle einen Eimer mit Seifenwasser und schrubbe den Bürgersteig vor deinem Haus. Da wird das ganze Viertel staunen. Du machst es selbst. Und räume auch gleich den Müll weg, der auf dem Bürgersteig liegt. Du weißt, daß man mit gutem Beispiel vorangehen muß. Schneller, als du denkst, macht es dir das ganze Viertel nach. Wir sprechen über Trendsetting … Das nenne ich »alten Wein in neue Schläuche gießen«.

Wo immer du auch ißt, **räume deinen Krempel selbst weg**. Wenn wir es immer anderen überlassen, haben wir kein Gefühl mehr dafür, was die Reinigungskräfte eigentlich für uns leisten. Wir können ihnen dann also auch nicht mehr dankbar sein. Wir finden es mittlerweile ganz normal, daß jemand anders für uns aufräumt und putzt. Aber nach diesem Vorschlag wird uns bewußt, wie schön es ist, daß es Menschen gibt, die unseren Krempel wegräumen. Danke!

Deine Umgebung ist eines der vier Phänomene, die deine Persönlichkeit und dein Leben bestimmen. Halte deine Umgebung sauber, dann bleiben Körper, Geist und Seele auch schön frisch.

Du bist,
was du ißt

»Tun« erfordert Energie, und die bekommst du durch das Zusammenspiel von Sauerstoff und Nahrung in deinem Körper. Das unglaubliche Angebot in den Supermärkten weist darauf hin, daß wir ein Volk von Fressern sind. Chipsfabrikanten zerbrechen sich den Kopf darüber, welche Variationen sie im nächsten Jahr den Konsumenten präsentieren können. Das Volk soll ständig konsumieren – damit es der Wirtschaft gutgeht. Die *Fast-food*-Kultur ist aus unseren Breiten nicht mehr wegzudenken, seitdem McDonald's das große gelbe M wie Pilze aus dem Boden schießen läßt.

Es ist leider eine Tatsache, daß Fett der Geschmacksentfalter schlechthin ist. Manch ein Schleckermaul beklagt sich über die Tatsache, daß man von allem, was gut schmeckt, gleichzeitig auch dick wird – vom Fett also oder von den Stoffen, wie z. B. Zucker oder Alkohol, die im Körper zu Fett verarbeitet werden.

Nahrungsmittel werden heute nicht mehr als »Brennstoff« betrachtet, der das Funktionieren des Körpers und des Geistes gewährleistet, sondern eher als Genußmittel.

Das Essen kann auch Frustration abbauen. Es betäubt ebenso wie Alkohol und Drogen und verschafft körperliche Befriedigung. Vor dem Krieg war das heutige Nahrungsmittelangebot kaum vorstellbar, heute aber leben wir in einem Land, in dem Milch und Honig fließen. Vor diesem

Hintergrund sollte uns eigentlich bewußt werden, daß wir ein auserwähltes Volk sind. Schaue dir nur die überquellenden Einkaufswagen vor den Kassen an ...

Sheherazade, Kolumnistin der Frauenzeitschrift Libelle, hat einmal geschrieben: »Ich kam aus Uganda zurück, stand beim Metzger und hatte die Bilder der vielen ausgemergelten Kinder noch vor meinen Augen. Steht da eine dicke vollgefressene Frau neben mir und klagt: ›Was soll ich nur essen. Ich weiß es einfach nicht mehr. Beefsteak, Kalbsroulade, Gehacktes, ich hatte schon alles.‹ Ich habe nur gedacht: ›Ich könnte dich erschlagen.‹«

Wir leben in einer Überflußgesellschaft, die – wie dieses Beispiel zeigt – ganz andere Probleme kennt, Probleme, über die man eigentlich nur den Kopf schütteln kann. Mir stellt sich die Frage, ob uns dieses Überangebot wirklich glücklicher macht. Eßstörungen wie Bulimie und Anorexia nervosa lassen mich doch arg zweifeln. Im einen Fall handelt es sich um eine Eßsucht, bei der man sich regelrecht vollfrißt. Im anderen Fall ißt man ziemlich normal, steckt anschließend den Finger in den Hals und kotzt alles wieder aus, weil man der Ansicht ist, daß bestimmte Körperpartien zu dick sind. Wenn man das lange genug durchhält, stirbt man daran, weil der Körper nicht mehr an die Aufnahme von Nahrungsmitteln gewöhnt ist. Beides sind psychische Störungen, auf die ich hier nicht näher eingehen will. Sie weisen aber auf jeden Fall darauf hin, daß unser Nahrungsmittelangebot allein einen geistigen und materiellen Wohlstand nicht sichern kann.

Ob wir also von Essen glücklich werden, ist fraglich. Zumindest gibt es ein Gefühl der Genugtuung und Sättigung: Gürtel auf, Bäuerchen machen, in sich zusammensacken – und alle Energie ist dahin.

»Mein Sparschwein«, sagt der Bauer und reibt sich vergnügt über seinen *embonpoint* bzw. seinen fetten, kugelrunden Bauch.

Man ist, was man ißt, denn Art, Qualität und Menge der Nahrung sind mitbestimmend für die Gesundheit und die körperliche Verfassung.

Die Krankheiten, die durch falsches Eßverhalten entstehen, kommen meistens schleichend daher. Der Körper wird als Mülleimer benutzt, und er protestiert leider zuwenig. Meldet er sich mal, z. B. durch Magenschmerzen, Aufstoßen, Magensäure, Gase und Krämpfe, dann nehmen wir schnell ein Mittel. Unser Körper nimmt geduldig das ganze Fett, den Alkohol, Teer und alle anderen schädlichen Stoffe auf, die wir in ihn hineinstopfen – bis das Faß überläuft. Bis dahin können Dutzende von Jahre vergangen sein, aber wenn es soweit ist, ist Holland in Not. Verkalkte Herzkranzgefäße, kaputte Lebern und Lungen wie Kohlenminen sind die Folgen. Vom allzu frühen Tod einmal abgesehen.

Für viele ist die Verführung auch einfach zu groß: Die sofortige Befriedigung durch das Essen stellt die angenehme Seite des Lebens dar, die möglichen Gefahren werden hintangestellt. Jeden Tag heißt es aufs neue: »Nur dieses eine Mal noch.«

Manch einer betrachtet den Körper als eine unvermeidliche, untrennbare Repräsentation des Ichs, und auf die ist vor allem das elfte Gebot anzuwenden: »Du sollst genießen.« Dagegen kann man natürlich nichts machen. Die Medaille der Genußmittel hat jedoch auch eine Kehrseite. Doch die zeigt sich meist erst, wenn es zu spät ist.

Den Gelüsten nach Essen entspricht bei uns im reichen Westen schon lange nicht mehr die Notwendigkeit, den Körper mit gutem Brennstoff zu versorgen. Es ist oft der Appetit auf etwas Leckeres, bei dem sich eine ganze Industrie gierig einklinkt. Niederländer naschen täglich Berge von Lakritz, Weingummis, Schokolade und Karamel. Kaugummi oder Lakritz verschaffen einen kurzen, in der Regel unschuldigen *Kick*. Auf Dauer aber machen diese Leckereien süchtig.

Wir haben uns daran gewöhnt, viel und viel Verschiedenes kaufen zu können – die wachsende Ökonomie macht's möglich. Jeder weiß es, kennt die Gefahren und stopft sich den Bauch trotzdem weiter voll. Geschmackserleben ist eine Lusterfahrung, und man muß stark sein, um Verzicht zu leisten. Aber es geht.

Appetit auf etwas Leckeres ist eine Verschwörung von Körper und Geist. Der Geist hat vielleicht das Gefühl, zu kurz gekommen zu sein, und fordert den Körper zur Wiedergutmachung auf. Das ist über die sinnliche Befriedigung der Geschmackspapillen und einen vollen Magen möglich. Andersherum geht es auch: Der Körper gibt dem Geist Signale, daß er Nahrung benötigt – und prompt wird er bedient, übermäßig, schnell und mit minderwertigen Nährstoffen, nach guter, alter Eßgewohnheit eben.

Darüber hinaus gibt es noch die geheimen Verführer der Werbung – alles Anker –, die das Gefühl von Appetit plötzlich und geschickt entstehen lassen. So geht es immer weiter, tagein, tagaus. Wir naschen, essen, fressen und trinken, daß es eine wahre Lust ist.

Es ist aber möglich, seine Gedanken neu zu programmieren. Nur weil wir es lecker finden, lassen wir uns schnell dazu verführen, ein Stück Gebäck, und was es sonst noch so gibt zu knabbern. Wir folgen blindlings den Reizen dieses Programms in unserem Kopf und betrachten dann sorgenvoll die Waage oder betasten mit leichtem Entsetzen den Schwimmring auf unseren Hüften. Appetit auf etwas Leckeres ist Luxus, und das Verlangen danach wird ausschließlich im Kopf gesteuert. Lust auf Naschen oder (falsches) Essen ist dadurch zu verändern, daß man die interne Repräsentation ändert und seine Aufmerksamkeit verschiebt.

Du hast ein leeres Gefühl im Magen und greifst automatisch zur Keksdose oder bestellst dir eine Portion Pommes frites. Machst du jedoch in deinem Kopf aus dem leeren ein volles Gefühl – indem du die Submodalitäten veränderst –, dann schreibst du das Appetit-auf-Leckeres-Programm in deinem Kopf um. Konkret gesagt: Du verspürst ein Hungergefühl, und dein Magen fühlt sich leer an. Also bildest du dir so realistisch wie möglich ein, dein Magen sei voll. Du atmest dreimal tief ein, und dein Magen gibt Ruhe. Das Hungergefühl ist verschwunden. Das ist nicht langweilig, ärgerlich oder eine Form von Selbstquälerei. Du hast dir nur eine andere Realität geschaffen. Die ersten Male geschieht dies noch bewußt. Je öfter du es aber tust, desto leichter wird das Programm in deinem Kopf die für deinen Körper gesündeste Entscheidung treffen können.

Die schamlose Menge an Nahrungsmitteln, die manche Menschen in sich hineinschaufeln, hat nichts mehr mit einem körperlichen Bedürfnis zu tun. Das ist Essen um des Essens willen. Wenn du dich richtig programmierst, wirst du eine erstaunliche Entdeckung machen: Die Portion, die du dir jetzt aufgibst, ist gerade mal die Hälfte deiner ehemals »normalen« Portion. Normalerweise fühlst du dich satt, wenn du einen Kloß im Magen verspürst. Aber dieses Gefühl im Magen heißt nur, daß er bereits mit einem Zuviel überlastet ist. Im physiologischen Sinne »satt« bist du schon nach der halben Portion. Es ist nur eine Frage der Technik, dein Gehirn neu zu programmieren. Am einfachsten ist es, den Schalter konsequent umzulegen. »Ich habe es satt, ein solcher Schwächling zu sein.« Es findet keine interne Diskussion über das Warum statt, keine Interaktion zwischen Geist und Körper, die dich dann doch nach dem leckeren Happen schnappen läßt. Der Schalter ist umgelegt. Das Warum steht überhaupt nicht mehr zur Diskussion. Es geht jetzt nur noch um deine Gesundheit. Lege also den Hebel um. Es funktioniert. Garantiert.

Acht Schritte führen zur gesunden Anhebung des Energieniveaus. Ich habe sie in »Der Feuerläufer« ausführlich beschrieben, gebe sie hier aber noch einmal verkürzt wieder, weil man sie nicht oft genug lesen kann.

1. Achte auf deine Atmung. Sie ist enorm wichtig, weil sie das Lymphdrüsensystem und damit den Abtransport abgestorbener Zellen aktiviert. Dieses System ist der Abwasserkanal deines Körpers. (Mehr dazu im 8. Kapitel »Gesundheit«.)

2. Deine Nahrung sollte zu 70 Prozent aus wasserreichen Nahrungsmitteln (Gemüse und Obst) bestehen, weil sie gut verdaulich sind und deren Nährstoffe schnell in den Blutkreislauf gelangen. Du solltest auch mindestens zwei Liter Wasser pro Tag trinken.

3. Iß nicht wild durcheinander. Kohlenhydrate sollten von Eiweißen getrennt werden. Proteine werden mit Hilfe der Magensäure gespalten, Kohlenhydrate mit einer Base im Mund. Wenn Säure und Base zusammenkommen, werden sie neutralisiert, die Nahrung verrottet also in deinem Körper. Daraus resultiert schlechter Atem, Aufstoßen, Gase und übermäßiges Schwitzen.

4. Nimm vernünftige Mengen zu dir, es verlängert dein Leben. So gut wie jeder kommt mit kleineren Portionen aus.

5. Iß viel Obst, aber immer vor den Mahlzeiten. Obst wird sofort verdaut, die Nährstoffe und Vitamine gelangen unverzüglich in die Blutbahn. Wenn du diesen Prozeß durch eine zuvor eingenommene Mahlzeit behinderst, dann

bleibt das Obst obenauf liegen, fängt an zu gären und verursacht Aufstoßen. Die Vitamine zerfallen dabei, und du hast nichts mehr davon. Iß Obst deshalb bevorzugt morgens oder frühestens vier Stunden nach einer Mahlzeit.

6. Iß kein Fleisch. Ist das für dich zu schwierig, schränke deinen Fleischkonsum zumindest ein. Ein Tip: Halte dir das Elend, das deinem Beefsteak oder Hamburger vorausgegangen ist, vor Augen und dann: guten Appetit!

7. Sei sparsam mit Milchprodukten. Zebras trinken auch keine Kuhmilch. Die einzige Milch, die wir wirklich gebraucht haben, war die Muttermilch. Darin war alles enthalten, was wir benötigten. Der unmäßige Konsum von Milchprodukten nutzt nur den Landwirten und den Molkereien.

8. Nimm keine Vitamine oder Nahrungsergänzungsmittel aus der Dose. Es ist eine Illusion, daß sie für uns von Nutzen sein könnten. Wenn du ausreichend frisches Obst, Vollkornbrot, Reis, Kartoffeln und Gemüse in der richtigen Zusammenstellung und Reihenfolge ißt, dann kann von Vitaminmangel keine Rede sein.

Zum Leben gehört auch gutes Essen. **Genießen** kannst du natürlich **alles, was dir schmeckt**. Aber Vorsicht: Die Zusammenstellung und die Mengen können dir ernsthaften Schaden zufügen. Es spricht auch nichts dagegen, einmal zu schummeln, wenn das zu einem Genuß führt. Solange das neuprogrammierte Denken dadurch nicht durcheinandergerät, ist alles in Ordnung.

Ein Wurstbrötchen zu essen braucht keine Schuldgefühle in dir hervorzurufen. Du solltest dir allerdings bewußtmachen, daß du dich soeben mit diesem Brötchen ein wenig verwöhnt hast. So zu denken und zu leben ist nicht asketisch oder enthaltsam. Es führt nur zu einem bewußteren Eßverhalten. Sensibilisiere oder reguliere die Geschmacksempfindungen, indem du den Freßknopf ausschaltest.

Mein erster Handlungsvorschlag schließt nahtlos an diese Überlegungen an.

Faste morgen den ganzen Tag. Mit Fasten meine ich: du ißt überhaupt nichts, nicht einmal eine Erdnuß. Nichts, *nada, nothing*. Das scheint kein verlockender Vorschlag zu sein, wie wirst du den Tag über gelaunt sein? Laß es dir sagen: Du wirst dich phantastisch fühlen.

Blende jeden Gedanken an Essen aus. Weg damit. Soll er sich zum Teufel scheren. Sobald dir ein Gedanke an Essen oder Naschen kommt, wische ihn weg und konzentriere dich auf etwas anderes. Der Gedanke an Essen wird noch ein-, zweimal bei dir auftauchen, aber du gibst nicht nach. Du verscheuchst den Gedanken immer wieder wie eine lästige Fliege, die um deinen Kopf herumsummt.

Du tust deinem Körper damit einen großen Gefallen, denn er bekommt die Gelegenheit zu verdauen, was von Weihnachten noch alles übriggeblieben ist.

Längeres Fasten, über Tage und Wochen hinweg, ist ein Schock für den Körper, der dem Gehirn sofort signalisieren wird: »Alarm! Unser Fettvorrat wird angetastet. Denke daran, sobald Fett hereinkommt: festhalten!«

Was geschieht dann? Nach der schweren Zeit des Fastens und Abnehmens fängt man wieder an zu essen, wenn auch nur mit einer mageren Diät. Unser Körper speichert sofort soviel Fett wie möglich, damit die Katastrophe, die sich an den letzten Tagen ereignet hat, nicht noch einmal eintritt. Es wird sogar mehr Fett gespeichert als vorher. Man kann ja nie wissen, und in kurzer Zeit bist du wieder genauso dick und oft noch dicker.

Schnelle Hauruck-Diäten sind also sinnlos. Das besagt der sogenannte Jo-Jo-Effekt: fünf Kilo runter und sechs wieder rauf, sechs Kilo runter, acht wieder drauf usw. Wir können das Eßverhalten nur dadurch grundlegend verändern, indem wir die Zufuhr verringern und die Nahrung bewußter zusammenstellen.

Einen Tag zu fasten verschafft jedoch einen Kick. Du fühlst dich gut, weil der Körper keine Energie aufwenden muß, um Nahrung zu verdauen. Es wird sogar behauptet, es gäbe Menschen, die über Jahre hinweg nichts essen würden. Sie trinken nur. Es scheint einen selbstregulierenden Faktor in unserem Körper zu geben, der auch ohne Nahrung für die nötige Energie sorgen kann. Sie wird dann lediglich aus Wasser und Sauerstoff gewonnen. Unser Körper hat so viele Potentiale, die wir noch nicht kennen (denke nur an das Feuerlaufen).

Einen Tag nichts zu essen bedeutet auch, keinen Kaffee oder Tee zu trinken. Dein Speiseplan besteht ausschließlich aus Wasser. Das wird dich nicht schwächen, im Gegenteil. Du fühlst sich vitaler, stärker, gesünder und strotzt vor Energie. Unsere Mütter haben uns in bester Absicht immer gesagt, daß man als Kind ordentlich essen muß. Essen, essen, essen und nur nicht »Kohldampf schieben«, sonst wird aus dir nichts.

Es tut mir leid, Mama, aber es zeigt sich, daß du nach dem

heutigen Stand der Wissenschaft vollkommen falsch gelegen hast.

Fasten setzt die Energie frei, die sonst zur Verdauung der Speisen benötigt wird, jetzt aber für andere Aktivitäten zur Verfügung steht. Du wirst erstaunt sein, was du mit dieser zusätzlichen Energie alles zustande bringst. Das ganze Klagen nach dem Motto »viel zu tun« und »keine Zeit« gehört der Vergangenheit an. Durch das Fasten gewinnst du Zeit. Schließlich brauchst du nicht mehr zu kochen, zu essen, abzuwaschen. Und stelle dir mal vor, was du sonst noch alles tun könntest, wenn du pro Tag zwei Stunden weniger schläfst.

Vermeide, dich am Tag zuvor vollzustopfen, denn das wird dir am Fastentag übel aufstoßen. Dein Körper möchte nämlich den Blutzuckergehalt von gestern beibehalten. Das führt zu einem Hungergefühl. Du machst es dir also nur unnötig schwer, wenn du am Vortag übermäßig »reinhaust«. Ich rate dir entschieden davon ab.

Fasse den Entschluß, morgen zu fasten. Es wird dir so gut gefallen, daß du es wiederholen wirst. Einen Tag pro Woche zu fasten wäre das beste, aber einmal pro Monat ist auch in Ordnung, denn jeder Fastentag ist ein Gewinn. Du spürst es sofort an deinem Körper. Ein Vorteil ist auch, daß du anschließend kritischer darauf achtest, was du zu dir nimmst.

Du wirst gesünder sein und dich besser fühlen. Das ist in jedem Falle ein besserer und länger anhaltender Kick als die kurzfristige Freude eines Stückchens Schokolade oder einer Nußecke.

Mache aus dem morgigen Tag einen Fastentag. Am Tag danach wirst du noch bewußter essen. Bei allem, was du dir in den Mund stopfst, hältst du jetzt kurz inne und denkst nach: **Ganz bewußt trinkst du die erste Tasse Kaffee.** Du siehst und schmeckst alles: die Kaffeesahne, den Zucker oder den Süßstoff. Schwarz? Du schmeckst den Kaffee, spürst, wie die warme Flüssigkeit deinen Mund füllt, und merkst, wie du ihn herunterschluckst. Er macht sich über die Speiseröhre auf den Weg in den Magen.

Warum wolltest du Kaffee trinken? Warum nimmst du Käse aufs Brot und keine Marmelade? Wieviel Butter schmierst du dir aufs Brot? Was schmeckst du? Wie lange kaust du an einem Bissen? Wieviel Speichel produzierst du? Warum ißt du? Wieviel ißt du? Was genau ißt du? – Dutzende von Fragen bei jedem Schluck oder Bissen. Damit verfolgst du gleichsam den Weg der Nahrung durch deinen Körper.

Ich war vor kurzem bei Fagel, dem *Chef de cuisine* von *Het Arsenaal* in Naarden, zum Essen eingeladen – ein kulinarisches Walhalla, wo mit Liebe und unvergleichlichem Können gekocht wird. Rechts von mir saßen zwei *Glamour headhunters* an einem Tisch. Sie bestellten allerlei gastronomische Höhepunkte und die besten Weine. Sie legten die Karte beiseite und setzten ihre Konversation fort. Die Meisterwerke auf den großen Tellern erschienen. Die Headhunter griffen nach dem Besteck, stachen, schnitten und setzten ihre Konversation fort. Sie nahmen die Gläser, stießen an, tranken einen Schluck und setzten in großer Eile die Konversation fort, als ob sie sich dafür entschuldigen wollten, daß für kurze Zeit Stille geherrscht hatte.

Meiner Meinung nach haben diese beiden kaum etwas von den Köstlichkeiten, die ihnen aufgetischt worden waren, geschmeckt. Eine verpaßte Chance. Beim Essen in Restaurants wird viel zuviel geredet. Natürlich kann man zwei Dinge gleichzeitig tun; sie aber beide bewußt zu tun, ist eine Fähigkeit, die nur wenige beherrschen.

Ich bitte meinen Partner manchmal, mich kurz in Ruhe zu lassen, weil ich mich auf nur eine Sache konzentrieren will. Wenn ich z. B. gutes Essen schmecken und genießen möchte, dann will ich mich nicht gleichzeitig auf ein Gespräch konzentrieren.

Wenn du ißt, dann konzentriere dich nur darauf, was und wie du ißt. Betrachte die Frikadelle von allen Seiten, bevor du sie in deinem Mund verschwinden läßt. Wie fühlt sie sich in deinem Mund an? Wie läßt sie sich kauen? Wie schmeckt sie? Untersuche eine Kartoffel einmal eingehend beim Schälen. Wie dick ist die Schale, hörst du, wie sie ins Wasser plumpst, nach wieviel Minuten ist sie gar, und wie viele Vitamine sitzen in der Flüssigkeit, die du abgießt? Was für eine Frucht, was für ein Geschmack, wie schön ist unsere Natur. Ein Dank an die Kartoffelbauern!

Du schaust in dein Glas mit Wein, riechst daran und denkst an die Liebe und die Energie, die der Weinbauer hineingesteckt hat. Du denkst an die Trauben, an die Reben und wie sie durch Erntehelfer geerntet werden – *Vive la France.*

Schenke allem, was du ißt und trinkst, mehr als deine normale Aufmerksamkeit, denn dann machst du dir wirklich bewußt, womit du dir den Bauch vollschlägst.

In den Genuß des Überflusses, von dem ich gerade sprach, kommen nicht alle Mitglieder unserer Gesellschaft. Wir können auf den Straßen immer mehr Obdachlose sehen, die in ihrer Not selbst Müllbehälter durchsuchen – in der Hoffnung, auf Brotreste, eine Cola oder einen Milkshake zu stoßen. Wir haben die Tendenz, einen Bogen um diese Menschen zu machen. Sie sind in unseren Augen nur allzu häufig die *outcasts*, Parias und Ausgestoßenen.

Deshalb die folgende Aufforderung: Wenn du das nächste Mal zu McDonald's gehst, dann **nimm einen Obdachlosen mit**. Das ist etwas ganz anderes, als ihm einen Groschen oder eine Mark zu geben. Gib ihm heute kein Geld, sondern frage ihn, ob er mitkommen möchte und auf einen Big Mac, eine Portion Pommes oder eine Cola Appetit hat.

Verstehe mich bitte richtig, ich sage nicht, daß du den Hamburgergiganten häufiger aufsuchen sollst. Aber beim spielerischen Ausprobieren neuer Eßgewohnheiten bietet ein Besuch bei McDonald's durchaus Alternativen.

Wenn du also beschließt, **dir ein Essen** bei McDonald's, Burger King oder **im Wienerwald** zu spendieren, lädst du auch einen »Kumpel von der Straße« ein. Nimm seine Bestellung auf, und serviere ihm das Essen. Er wird es genießen. Du gibst ihm etwas, auf das er vielleicht schon seit Wochen verzichten mußte: ein gutes Gespräch, Wärme und Anteilnahme und einen gefüllten Magen. Nach dem Essen bietest du ihm noch eine Tasse Kaffee an und redest mit ihm über euer jeweiliges Dasein – bis er wieder seiner Wege geht und du in deinen Wagen steigst, um nach Hause, zu deiner Familie oder in eine andere angenehme und sichere Umgebung zu fahren.

Du hast zwei Fliegen mit einer Klappe geschlagen: Beide habt ihr neue Erfahrungen machen können. Du kannst dir nun ein differenzierteres Bild von dem Leben auf der Straße machen, und dein Begleiter hat eine nicht ganz alltägliche Aufmerksamkeit und Anerkennung erfahren.

Du denkst vielleicht auch darüber nach, wie diese Unterschiede zustande kommen. Wie ist es zu erklären, daß dein Leben so viel bequemer und reicher ist? Ist es das überhaupt? Eine Welle der Dankbarkeit wird dich durchströmen. Es war ein Sieg über die Angst vor dem Fremden, Unbekannten und über deine Befangenheit gegenüber einem Menschen, der anders ist als andere. Das verdankst du dem »Tun«. Du denkst nicht darüber nach, wägst nicht ab, läßt alle Für und Wider beiseite – und brüstest dich nachher auch nicht mit deiner »guten Tat«. Gehe einfach auf ihn zu, frage ihn und nimm ihn mit; das ist alles. Es wird eine wichtige halbe Stunde für euch beide.

Der nächste Vorschlag geht in die gleiche Richtung wie der vorherige. Mit ihm bekommst du wieder eine Chance zur Selbstüberwindung, eine Chance, über dich selbst hinauszuwachsen. Denn darum und nur darum geht es in diesem Buch: Du tust etwas, was du immer wieder vor dir hergeschoben hast, weil du keine Lust dazu hattest, dich nicht getraut hast, oder weil du dachtest, es nicht zu können. Immer hattest du allerlei überzeugende Gründe, es nicht zu tun. Dieses Buch aber sagt dir: Tue all diese Dinge, tue sie spontan und sofort bzw. verpflichte dich dazu, es zu tun. Dann wirst du über dich hinauswachsen und jeden Tag Glück erfahren.

Lade deshalb **einen Unbekannten zu einem Essen ein**. Wen lädst du normalerweise ein? Das wird dein Mann oder deine Frau sein, deine Freundin oder dein Freund. Das ist angenehm und bringt Glanz in die Beziehung. Ihr seid für kurze Zeit ganz für einander da. Im vertrauten Rahmen der Beziehung ist das angenehm. Du weißt auch, was er/sie am liebsten ißt. Ist es Chinesisch, Japanisch oder etwas weniger Exotisches?

Jetzt brichst du einmal mit dieser Gewohnheit, einen bekannten und geliebten Menschen zum Essen auszuführen. Dieses Mal wird es ein Unbekannter sein. Auch eine flüchtige Bekanntschaft, die du mit einem Essen für deine Interessen günstig stimmen möchtest, ist ausgeschlossen. Nein, ich meine ein Essen mit einer dir völlig unbekannten Person.

Wie du einen Unbekannten einlädst? Es gibt natürlich verschiedene Möglichkeiten. Eine davon ist, ehrlich zu sagen, daß du dir für heute vorgenommen hast, einen Fremden zum Essen auszuführen – ob er oder sie dir wohl die Freude machen würde? Du wirst mit deiner Bitte immer große Augen und Erstaunen hervorrufen, auch auf Bedenken und Ablehnungen stoßen, weil es angeblich gerade nicht gelegen kommt.

Aber es kommt der Augenblick, da jemand auf deine Einladung mit einem Lächeln reagiert. Frauen werden vielleicht etwas Mühe haben, einen unbekannten Mann einzuladen, denn manche Männer werden mehr dahinter vermuten. Diesbezüglich kannst du jedoch deutlich sein und den Rahmen klar definieren. Eine andere Frau zu fragen, ist zwar weniger schwierig, aber ob es dir soviel Genugtuung gibt?

Christine (34), von Beruf Verlegerin, hat diese Erfahrung schon hinter sich. Sie hatte den Mumm, einen Mann einzuladen, einen Mann, den sie auch noch körperlich unattraktiv fand. »Er arbeitet zwar bei uns in der Firma, aber ich habe noch nie ein Wort mit ihm gewechselt. Ich kannte ihn nur vom Sehen, und da gefiel er mir überhaupt nicht. Er hat einen großen dunklen Bart und dicke Brillengläser – total nicht mein Typ. Trotzdem bin ich auf ihn zugegangen und habe gefragt: ›Gehen Sie gerne gut essen?‹

Sein Unterkiefer klappte herunter, und seine erstaunten Augen starrten durch minus neun Dioptrien.

›Wie meinen Sie das?‹ fragte er.

›Wie ich gesagt habe: Gehen Sie gerne gut essen?‹

›Ja, natürlich, aber warum fragen Sie?‹

›Ich möchte Sie gerne einladen, mit mir eine Kleinigkeit essen zu gehen. Ich verfolge damit keinerlei besonderen Absichten. Es könnte einfach nur schön sein, einmal einen Unbekannten zum Essen einzuladen.‹

Er war einige Sekunden still.

›Das ist sehr freundlich von Ihnen, aber warum ich?‹

›Sie sind ein Unbekannter.‹

Er faßte mit der rechten Hand seinen Bart und ließ sie herabgleiten. Er überlegte.

›Finden Sie es unangenehm, wenn ich mich Ihnen erst vorstelle? Oder wollen Sie dann nicht mehr mit mir essen gehen, weil ich dann kein Unbekannter mehr bin?‹

Darüber mußte er selbst lachen. Ein Mann mit Sinn für Humor. Ich habe völlig falsch gelegen, ihn aufgrund seines Äußeren für einen trockenen nichtssagenden Mann zu halten. Wir hatten einen sehr angenehmen Abend. Er hat mir etwas über Massenpsychologie und sein Leben, seine Familie erzählt. Ich habe gelacht, etwas gelernt und gegessen. Es war großartig!«

Falls du Bedenken hast, kannst du **einem Fremden** zuerst **dieses Buch** mit dem Hinweis auf diese Seite **schenken**. Dann fragst du ihn, ob er es für eine gute Idee hält. Auf diese

Weise kann ein Mann auch die bildhübsche Frau einladen, die anzusprechen er selbst in seinen kühnsten Träumen nicht wagen würde. Die Chancen, daß sie auf diese Einladung eingeht, stehen fünfzig zu fünfzig.

Eine andere Idee: Frage einen Behinderten, ob er dir die Freude macht, mit dir Essen zu gehen. Das eröffnet ganz neue Perspektiven, für dich und für ihn. Es erweitert deinen Horizont, und du machst zwei Menschen eine große Freude damit: deinem Gast und dir. Oder frage einen alten Menschen aus einem Altenheim, einen Asylsuchenden, eine Krankenschwester oder einen Soldaten der Heilsarmee, der an der Straßenecke Geld einsammelt. Nicht aufschieben: *Tun!*

Lade dich selbst zu einem Essen bei jemand anderem ein. Das ist keineswegs unverschämt, und du bist deshalb noch lange kein Schmarotzer. Du wirst merken, daß andere es schätzen, wenn du zum Essen kommst. Sie freuen sich über deinen Besuch und finden es schön, daß du wieder einmal vorbeikommst. Du hast Selbstvertrauen gezeigt, als du zum Telefon gegriffen, deine Bekannten angerufen und gefragt hast, ob du zum Essen kommen darfst.

»Natürlich, prima, wann kommst du?« Das ist die Reaktion, die du bekommen wirst.

Schlägst du während deines Besuches plötzlich vor, zum Essen zu bleiben, und es ist offensichtlich nicht genügend da, dann rufe den Pizza-Service an oder hole etwas beim Chinesen. Oder rufe den Partyservice an, wenn das noch möglich ist. Du wirst erst dann die Gewißheit haben, immer willkommen zu sein, wenn du den Mut hast, dich selbst als Gast vorzuschlagen und dich einzuladen.

Es ist eine herrliche Erfahrung, bei anderen zu Hause mitzuessen. Es ist gemütlich, du kommst aus deiner üblichen Essensrunde heraus und erfährst, wie andere leben, reden und schmausen.

Schließlich kommt der Moment, an dem du deinen Freunden, Bekannten und Verwandten gerne auch einmal etwas wiedergeben möchtest. **Organisiere eine *high tea party!***

Verschicke schöne Einladungen (auf Englisch), in denen du die Gäste bittest, in Sonntagskleidung zu deinem *high tea* zu kommen. Setze einen Preis für die schönste Hutkreation aus. Die Verkehrssprache auf dieser Party ist Englisch, so kommst du *the original experience of a real party* am nächsten. Schenke mindestens vier verschiedene Teesorten aus, darunter auf jeden Fall Earl Grey, und sorge für *Sandwiches*. Belege mit Butter bestrichenes Weißbrot mit Gurken, Lachs und Marmelade. Schneide die Kanten ab und teile das Weißbrot diagonal in Dreiecke. Denke auch an die *Muffins*.

Das wird eine Party, die alle genießen werden. Ein bißchen *snob appeal* kann nicht schaden, weil es zu der *Stiff-upper-lip*-Atmosphäre beiträgt.

Noch eine Idee: **Gehe in die Küche, und backe einen ganzen Tag lang Kuchen.** Du glaubst sicher, daß du mit einem Kuchen die Aufgabe erfüllt haben wirst, aber das ist der Irrtum des Jahrhunderts. Ich bitte dich, den *ganzen* Tag lang Kuchen zu backen. Das bedeutet für dich, ständig in der Nähe des warmen Ofens zu sein. Wenn der eine Kuchen gebacken wird, bist du bereits mit den Vorbereitungen für den nächsten beschäftigt: die Mengen abwiegen, vermischen oder verquirlen, glattrühren, weitere Zutaten hinzufügen, probieren, prüfen, ob der Kuchen gar ist, und ihn aus der Form lösen.

Du produzierst natürlich nicht wie eine Kuchenfabrik, wo die Quarkstrudel und Kranzkuchen vom Fließband rollen. Nein, du nimmst verschiedene Rezepte und wechselnde Formen. Auf diese Weise backst du eine ganze Kollektion. Einen Kuchen behältst du dann, den Rest gibst du weg: Einen für die Schwiegermutter, einen für die Kollegen bei der Arbeit, einen für die Obdachlosen, einen für das Altenheim – überlege dir selbst noch weitere dankbare Empfänger.

Den ganzen Tag Kuchen zu backen ist eine herrliche Arbeit. Du bist dein eigener Konditor, auch wenn du von Feinbäckerei nicht die geringste Ahnung haben solltest: Schürze um, das Mehl sieben, die Eier aufschlagen, und du bist der beste Kumpel des Schneebesens. Diese Ein-Tag-Ausbildung ist deine Referenz für das Haus van Wely oder Harry Mercuur, die besten Konditoren der Niederlande. Heute ist Kuchentag. Wieviel Kuchen, glaubst du, wirst du an einem Tag backen? Und wie werden sie schmecken? Mmmmmm!

In der Zeitung *Het Parool* erscheint wöchentlich eine Rubrik *Was der Bauer nicht kennt ...* Amsterdamer, die aus fremden Ländern stammen, werden darin über ihre Lebensmitteleinkäufe interviewt. Jedes Interview schließt mit einem Rezept. Eine gute Idee, um die »Käseköpfe« oder »Kartoffelesser« unter den Lesern mit der internationalen Küche zu konfrontieren, und eine inspirierende Rubrik, denn das Rezept lädt dazu ein, eine unbekannte Eßkultur kennenzulernen, und das ist immer für eine Überraschung gut.

Ein philippinisches Restaurant zu betreten und sich für das Beste auf der Karte zu entscheiden ist keine Kunst. Viel überraschender und lehrreicher ist es, in ein indonesisches

Geschäft oder einen Asien-Shop zu gehen und dort allerlei Zutaten und Gewürze zu kaufen, von denen du noch nie etwas gehört und die du erst recht noch nie gegessen hast.

Auch die finnische Küche mit Stockfisch, Rentiergerichten, Lebertran und Aquavit ist phantastisch. Probiere sie einmal aus. Es ist herrlich, auf diese Weise in der Küche beschäftigt zu sein, zu experimentieren und etwas Neues auszuprobieren. Es kann dir durchaus passieren, daß es beim ersten Mal nicht schmeckt, aber das ist nicht schlimm. Dann probiere etwas anderes aus. Hauptsache ist, du **erweiterst dein kulinarisches Blickfeld** und lernst etwas Neues kennen – und überraschst deine Gäste mit immer neuen Köstlichkeiten.

Diese Aktivitäten sind dazu gedacht, dich mit einem unbekannten Terrain, auf dem es soviel zu entdecken gibt, bekannt zu machen. Essen ist ein Thema, das sich für Dutzende von Vorschlägen anbietet, Vorschläge, die sich im Spannungsfeld der Extreme, etwas *erst recht* bzw. etwas *nicht* zu tun, bewegen. Als nächstes serviere ich dir einen *kein*-Vorschlag: **Iß einen Tag lang kein Fleisch.**

Früher war das ganz normal. Fleisch war Luxus, so daß es nur sonntags auf den Tisch kam. Heutzutage erscheint uns eine Mahlzeit ohne Kotelett, Putenschnitzel, Sauerbraten, Beefsteak oder die unvermeidliche Frikadelle unvollständig. Aufs Brot kommt Bündnerfleisch, Roastbeef, Schinken- oder Leberwurst. Ein Tag ohne Fleisch ist für einen Fleischesser ein besonderer Tag. Du erweist deinem Körper damit Respekt und Ehrfurcht.

Gleichzeitig zeugt dieser Verzicht von Respekt für das lebende Inventar der Viehzuchtbetriebe. Bitte einmal beim Tierschutzbund um Fotos von Mastkälbern, Hühnerfarmen und Schweinemästereien. Du wirst sofort aufhören, Fleisch zu essen.

Glaube mir, du fühlst dich besser, wenn du kein T-bone-Steak zu dir nimmst. Du entdeckst, daß eine Mahlzeit ohne Fleisch genauso schmackhaft sein kann wie eine mit Fleisch. Und vielleicht kann dich dieser Tag dazu bewegen, Vegetarierer zu werden – du träfest diese Entscheidung nicht, um dir etwas Leckeres vorzuenthalten oder dich selbst zu quälen. Du würdest deiner Gesundheit nur einen Dienst erweisen und deiner Vitalität auf die Sprünge helfen.

Wenn du alles getan hast, was dir in diesem Kapitel vorgeschlagen wurde, dann hast du dir ein Essen verdient. **Ver-**

wöhne dich und die Deinen jetzt **mit einem Abendessen in einem stimmungsvollen Restaurant**. Das kostet ohne Zweifel Geld. Da ich aber deine Haushaltskasse nicht schmälern will mit meinen Vorschlägen, reiche ich noch folgende Idee nach:

Veranstalte einen Flohmarkt in deiner Garage und gehe von den Einnahmen essen. Gleichzeitig wirst du einige überflüssige Sachen los. Hinzu kommt, daß du andere mit deinen ausgedienten Sachen erfreust, denn bei deinen Dumpingpreisen wechseln die Stücke schnell den Eigentümer. Kopiere die Vorankündigung für deinen Garagenverkauf und hänge die Zettel gut sichtbar an Stellen auf, an denen viele Menschen vorbeikommen.

Es wird angenehm voll werden in deiner Garage, denn die Schnäppchenjäger werden in Scharen kommen. Ein bißchen Feilschen kann nicht verkehrt sein, aber denke daran; je mehr du einnimmst, desto mehr Sterne kannst du dir bei der Restaurantauswahl leisten. Das wird deinen Geschäftssinn wecken.

So gehen also deine Sachen in die Hände eines anderen über, der mit dem Kauf überglücklich ist. Auch du bist überglücklich wegen deiner Einnahmen, und deine Familie ist sowieso glücklich, weil sie sich auf den schönen Abend mit dir freut. So machst du allen eine Freude. Gibt es etwas Schöneres?

Kurz vor Schluß noch drei Iß-Vorschläge.

Iß nur mit einem Löffel. »Das verstößt aber kräftig gegen alle Eßmanieren. Wir sind anständig und gesittet und essen ordentlich mit dem richtigen Besteck« – Unsinn. Du nimmst nur den Löffel und ißt damit Blumenkohl, Schweinefilet,

Kartoffeln oder dein Leberwurstbrot. So zu essen wird dich in Zeiten zurückversetzen, in denen man unser heutiges Besteck noch nicht kannte; *bon voyage* ins Mittelalter! Beim nächsten Essen wirst du dich um so mehr über dein Besteck freuen. Laß vor allem einmal deine Kinder damit experimentieren. Glaube mir, du brauchst nie mehr darauf hinzuweisen: »Iß mit Messer und Gabel«, denn von jetzt an geht das von alleine.

Iß einmal mit der anderen Hand. Wenn du Rechtshänder bist, dann ißt du mit links. Bist du Linkshänder, mit rechts. Du entdeckst, daß das, was für dich selbstverständlich ist, für andere eine schwere Aufgabe darstellt. Übe dich darin, denn das kommt deinen beiden Gehirnhälften zugute.

Iß mit Stäbchen. Asiaten tun es ausschließlich, und zwar mit großer Geschicklichkeit. Stelle dir einmal vor, wie du mit den beiden Stäbchen, die du zwischen deine Finger klemmst, ein Reiskorn ißt. Lege Messer und Gabel beiseite, und greife zu den *chop sticks*. Du bekommst sie beim Chinesen. Mit Stäbchen kann man nicht nur Reis essen. Iß auch deinen Rosenkohl und das Sauerkraut mit Stäbchen. Es bleibt das gleiche westliche Essen, aber der Geschmack wird plötzlich exotisch. Strenge dich an, das Essen mit den Stäbchen in den Mund zu bekommen. Lache über deine Tischgenossen, die mit den gleichen Problemen zu kämpfen haben. Das Essen dauert auf diese Weise natürlich viel länger. Kurz: es ist etwas völlig Neues.

Guten Appetit!

Natur: Was spricht gegen Regen?

Glück ist eine Blume,
die man nicht pflücken muß.
André Maurois

Alles, was uns glücklich machen kann, ist gratis. Bei unserer hektischen Suche nach dem Mehr-Mehr-Mehr sind wir fieberhaft damit beschäftigt, aus materiellem Wohlstand und Status ein Glücksgefühl hervorzupressen. In dieser Eile gehen wir an den naheliegenden Schätzen vorbei, die wir prinzipiell überall wahrnehmen können. Nur einige wenige nehmen sich die Zeit für einfache Glückserfahrungen und wissen dankbar zu schätzen, was so zum Greifen nahe liegt.

Wir sind permanent damit beschäftigt, Geld zu verdienen, das wir dann für die Sonnenbank ausgeben, denn wir müssen ja auch noch gut aussehen!

Wir gehen zur Arbeit, leisten unsere Stunden ab, kommen zurück und müssen dann zum Sport oder zum Geburtstag der Schwiegermutter. Ständig sind wir beschäftigt. Natur wird nur noch an völlig überfüllten Stränden oder auf dem Golfplatz erlebt. Wie lange ist es her, daß du der Natur deine Aufmerksamkeit geschenkt hast, ohne nur flüchtig zu konstatieren, daß die Amsel wirklich schön zwitschert und sich das Blätterdach im Herbst prächtig verfärbt?

Die meisten Menschen werden zugeben müssen, daß sie den Kontakt zur Erde und allem, was wächst und blüht, verloren haben. Die Einwohner unserer Städte sind in turmhohen Wohnhäusern aufeinandergestapelt oder in Wohngebieten zusammengepfercht. Jogger laufen daran vorbei und erleben nur die graue Tristesse. Wer fragt sich schon, was passieren würde, wenn die Sonne zehn Minuten lang nicht schiene. Der Planet würde kurzerhand verdorren. Naturfilme im Fernsehen werden weggezappt, weil auf einem anderen Kanal die »Wa(h)re Liebe« ihre Annehmlichkeiten auspackt.

Wer macht sich das Wunder des Atmens bewußt, bei dem Sauerstoff in Energie verwandelt wird? Und wer weiß schon um die phantastische Photosynthese der Blätter, die uns auf diese wunderbare Art den Sauerstoff zum Atmen schenkt. All die Sorgen, der tägliche Überlebenskampf und die unbarmherzige Geldgier haben den modernen Menschen vom dem, was das Dasein auf dieser Erde wirklich ausmacht, abgelenkt.

Natürlich weiß eine Ameise nicht, warum sie so fleißig ist. Eine Ameise kann nicht denken. Aber gerade durch die Ratio erhebt sich das denkende Säugetier, der Homo sapiens, über die natürliche Wirklichkeit und jagt wie ein Hund, der im Kreise seiner eigenen Rute nachsetzt, dem materiellen Glück hinterher. Unsere Stärke (das Denken) ist zugleich auch unsere Schwäche.

Mache dir bewußt, daß du als Mensch eine Metapher der Natur bist. Alles, was außen ist, ist auch in dir. Kurz, der gesamte Kosmos befindet sich in deinem Inneren. Der wahre Reichtum ist eine Frage des Bewußtseins. Wir zahlen uns dumm und dämlich für Dinge, von denen wir annehmen, daß sie uns ein besseres Leben gewähren.

Nimm dir einmal **viel Zeit, um nach draußen zu schauen.** Beobachte, wie die Wolken sich am Firmament bewegen, und betrachte an einem klaren Abend die Sterne. Hör den Wind,

der durch die Blätter rauscht, und entdecke das fesselnde Leben in einem Park: die watschelnde Ente, einen Vogel, der einen Wurm sucht, eine Spinne in ihrem Netz…

Das morgige Butterbrot bekommst du von der Natur geschenkt, auch wenn der Bäcker drei Mark für ein Pfund Mischbrot berechnet. Die Kartoffel, in die du heute abend mit der Gabel hineinstichst, ist ein Geschenk der Natur, auch wenn der Gemüsehändler seine Gewinnspanne draufschlägt. Das gleiche gilt für deine Tasse Kaffee und das Wasser, das beinahe kostenlos aus dem Hahn kommt. Alles, was dazu beiträgt, daß wir leben können, stammt aus der Natur und ist deshalb gratis. Wir zahlen nur für die Tatsache, es nicht selbst anbauen, züchten, ernten, verpacken oder zubereiten zu müssen.

Wo ist die dankbare Liebe für dieses Geschenk geblieben? Warum sind wir so habgierig und geben der Natur nichts zurück – außer den Schalen und Kartons, den Resten unserer

Konsumsucht? Wir vernachlässigen Mutter Natur. Dabei denke ich nicht nur an die unvorstellbare Ausbeutung der Brunnen, Bodenschätze und die Verschmutzung, mit der wir die Umwelt belasten. Ich spreche von der Aufmerksamkeit, das liebevolle Denken an die Mutter, die allgegenwärtig ist und der wir doch so sehr entfremdet sind.

Das Erhaltungsgesetz will, das alles, was existiert, erhalten bleibt. Es kommt nichts dazu, und es verschwindet nichts. Es nimmt nur eine andere Form an, und wir sind dabei, diese Formgebung durch unsere Gier nach Überfluß katastrophal zu beeinflußen. Durch unsere Gedankenlosigkeit verknappen wir die elementarsten Dingen wie sauberes Wasser und saubere Luft.

Ernste Worte – dabei ist es so einfach, die Schätze der Natur zu erleben und dadurch Respekt zu erwerben. Wenn du deine Jacke anziehst, hinausgehst und versuchst, zwei identische Grashalme zu finden, dann sollte allein dieser Versuch dir zeigen, wie wunderbar einfallsreich die Natur ist. Das kann dich mit einem Gefühl für die Großartigkeit deiner Umwelt erfüllen, in der du selbst so nichtig bist. Es kann dir aber auch bewußtmachen, wie einzigartig und wertvoll du selbst bist.

Du bist dem großen Spiel der natürlichen und höheren Kräfte unterworfen – oder stellst du die Regeln für dein Spiel selbst auf? Für ein Brot zu bezahlen bedeutet, das Recht zu erwerben, es aufzuessen. Du stellst deine Bedingungen, indem du dein Portemonnaie hervorholtst. Du kontrollierst, denn du bezahlst.

Ein neues Denken beginnt damit, die wirtschaftlichen Gesetzmäßigkeiten beiseite zu lassen – indem du z. B. in einem

Wald tief einatmest, den Atem zehn Sekunden lang anhältst und anschließend langsam ausatmest. Der Gedanke, daß der Sauerstoff gratis ist, gibt deinem Kontakt zur Natur eine neue Dimension. Schöpfe mit der Hand Wasser aus einem Bach und trinke es. Es kostet nichts. Setze dich auf einen umgefallenen Baumstamm oder einen Findling und zähle die Farben, die du (jetzt erst) siehst. Das ist kostenlos, genauso wie das gute Gefühl, das sich bei dir einstellt. Das gleiche gilt für die Sonnenwärme, den Honig aus dem Bienenstock, das Schauspiel zweier Schmetterlinge, die hintereinander herflattern. All das ist mehrwertsteuerfrei und erfüllt dich mit Dankbarkeit und Respekt.

Was du gibst, bekommst du zurück. Darüber sind wir uns bereits einig. Die Natur gibt großzügig und kostenlos, aber was bekommt sie von uns dafür? Wir gleichen unser maßloses Habenwollen noch nicht einmal mit liebevoller Aufmerksamkeit aus, im Gegenteil. Denn morgen wird die Luft noch dreckiger sein. In Tokio tragen die Menschen bereits Staubmasken vor dem Mund, in Mexiko-City und Bangkok sollten die Bewohner das auch tun, aber sie können sich die Masken nicht leisten.

Es dauert vielleicht noch eine Weile, aber dann kommt der Augenblick, da die Natur ihre Geduld verliert und einen unbezahlbaren Preis für die menschliche Gier fordert. Der Verlust liebevoller Zuwendung für den Planeten findet bereits seinen Widerhall in dem Verhalten der Menschen untereinander. Die soziale Kälte nimmt zu, und das Zusammenleben wird härter, weil wir den Wert all dessen, was lebt, wächst und blüht, auf den Preis, auf Mark-und-Pfennig-Beträge reduziert haben. Wir wissen nicht mehr, was dem Erwerb vorausgegangen ist. Bananen, Kartoffeln, Reis oder Äpfel – die Heimat dieser Lebensmittel ist der Supermarkt. Sie wachsen in unserer Vorstellung nicht mehr auf den Feldern oder den Plantagen; sie kommen aus der Lebensmittelabteilung. Entsprechend sieht der Verzehr aus: mit der Gabel hineinstechen, mit dem Messer durchschneiden und runter damit! Das ist alles.

Noch einmal: Wir haben die Wahl. Sie beginnt damit, daß wir einen Schritt zurücktreten und wieder **darüber staunen, wie wunderbar die Natur funktioniert.**

So etwas zu schreiben wird schnell als sentimentale Gefühlsduselei abgetan, die nicht weiter ernst zu nehmen ist. In diesem Zusammenhang möchte ich dir von meiner Tante erzählen. Sie wird häufig als liebe, nette, alte Frau beschrieben, die jedoch dement ist, weil sie mit Pflanzen spricht. Trotzdem bringen ihr die Nachbarn immer wieder Zimmerpflanzen, die kurz vorm Exitus stehen. Meine Tante gibt ihnen dann lauwarmes Wasser mit Dünger, wühlt ein wenig in der Erde und macht die braunen Blätter ab; sie schneidet die vertrockneten Äste heraus und spricht den Pflanzen Mut zu. Sie stellt sie vors Fenster und sagt zu ihrer Azalee: »Komm, mach du mal ein bißchen Platz, dies ist nämlich unser Gast. Der will auch nach draußen schauen und sich bald in seiner Blütenpracht bewundern lassen. Unser Gast will auch die Sonne genießen.«

Wer das Verhalten meiner Tante nicht begreifen kann, hat seine Nabelschnur zur Natur schon fast durchtrennt. Die Pflanze jedoch versteht es gut. Sie blüht und zeigt Dankbarkeit, indem sie gedeiht. Das Schönste, was man meiner Tante sagen kann, ist, sie habe einen grünen Daumen. »Den habe ich auch«, sagt sie dann. Und sie hat recht.

Den grünen Daumen aber haben wir alle, zumindest wenn wir einem offensichtlich vernachlässigten Wesen Zuwendung geben können und wollen.

Staatliche Aufklärungskampagnen zeigen fast täglich mit dem erhobenen Zeigefinger auf die Mißstände. Die Schulmeister vom Ministerium für Bau, Liegenschaften und Umwelt in Den Haag geben den TV-Zuschauern immer wieder zu verstehen: »Eine bessere Umwelt beginnt bei Ihnen.« Das stimmt, aber wie ist das gemeint? Das Ministerium für Bau, Liegenschaften und Umwelt will, daß wir die Batterien in den entsprechenden Sammelbehältern entsorgen. Wir folgen artig und werfen obendrein noch grünes Glas zu grünem, braunes zu braunem. Wenn es irgendwie geht, nehmen wir das Fahrrad oder den Zug anstelle des Autos. Wir lesen auf der Packung nach, ob das Produkt umweltfreundlich ist, und kaufen nur noch FCKW-freie Kühlschränke. Prima, der Anfang ist gemacht, und es geht immer weiter: noch mehr Batterien in den Behälter, noch weniger Kilometer mit dem Auto und eine Unterschrift unter den Protest gegen die Erweiterung von Schiphol.

So, und dürfen wir uns jetzt zufrieden zurücklehnen und das gute Gefühl genießen, der Umwelt ein wenig geholfen zu haben? Zunächst ja, denn ein derartiges Bewußtsein hilft entschieden, wenn es um saubere Luft und sauberes Wasser geht. Es ist halt hilfreich, die Aschenbecher nicht mehr auf den Parkplätzen auszuleeren und die Pommestüten in den Mülleimer zu werfen. Aber reicht das aus?

Für manchen ist das nur ein Tropfen auf den heißen Stein. Das mag zutreffen. Aber wir dürfen nicht vergessen: Es ist immerhin ein Tropfen. Eine lange Reise beginnt immer mit dem ersten Schritt. Die Hunde bellen, aber die Karawane zieht weiter. Wir dürfen es nur nicht bei einem Tropfen belassen – oder gar der fatalistischen Einstellung frönen: »Wie sollen wir als Individuen in Gottesnamen auch die unvorstellbare, schleichende Verwüstung bremsen oder stoppen? Wir sitzen in dem Karussell und drehen alle unsere Runden mit« – so die Rechtfertigung für unser Unvermögen, mehr, oder besser gesagt, anderes zu tun. Dieser fatalistische Gedanke ist verständlich, wenn man sich folgendes Bild vor Augen führt: Wir sitzen alle in einem Zug, der entweder gegen eine Wand rasen oder in einen Abgrund stürzen wird. Ab und zu kommt ein Schaffner herein, der uns vom Lokführer ausrichten läßt, wir möchten mit dem Trinken und Kartenspielen aufhören, weil die Katastrophe kurz bevorsteht. Und was tun wir? Wir lachen den Schaffner aus, entsorgen aber vorsichtshalber die Zigarette nicht auf dem Boden, sondern in einem Aschenbecher – während der Zug in rasendem Tempo weiterfährt.

Mit dem Wegräumen und Minimalisieren des Plunders ist es allein nicht getan. Wir müssen zusätzlich noch mehr, d. h. anderes tun. Ändern müssen sich unsere Denkweise und die Art der Zuwendung zur Natur. Der einzelne richtet nur dann etwas aus, wenn er zu einem Bestandteil eines eindeutig kollektiven Denkens wird. Alle Nasen müssen in die gleiche Richtung zeigen.

Milliarden Millimeter liegen zwischen dem Menschen und seiner natürlichen Lebensumgebung. Wenn alle dasselbe Ziel haben, muß sich der einzelne nur um einen Millimeter bewegen. Konkret gesagt: Wenn das kollektive Denken liebevoll wird und wir mit offenen Augen auf die Belange unserer Mutter Erde schauen, dann wird sich etwas ändern.

Diese Art zu denken und zu lieben beginnt bei dir selbst. **Vergleiche zwei Grashalme**, halte das Blatt eines Baumes gegen das Licht und bewundere die Adern in diesem anmutigen Design. Damit beginnt es. Das Wiederherstellen der Liebe für die Erde wird schließlich auch die Menschheit erwärmen und die Kälte zwischen ihnen vertreiben.

Liebe ist das einzige, womit wir uns die Zukunft auf positive Weise sichern können. Liebe ist Aufmerksamkeit. Und Aufmerksamkeit heißt, bewußt etwas zu betrachten, ihm zuzuhören, es zu fühlen, zu schmecken und zu riechen. Dann wird die Innenwelt auf völlig andere Weise mit dem genährt, was von draußen kommt. Die Außenwelt dient dann nicht mehr nur der materiellen Befriedigung unserer Lust.

So einfach ist das! Was meine Tante mit ihren Pflanzen tut, kann jeder für sich und seine Umgebung tun. Die liebevolle Aufmerksamkeit für alles, was die Natur kostenlos gibt, könnte die Katastrophe abwenden. Das ist die einzig mögliche Wechselbeziehung, wenn wir über die Dauerhaftigkeit unseres Planeten Erde sprechen. Es scheint schwierig zu sein, aber es geht, noch!

Das neue Denken und Fühlen beginnt mit Aufmerksamkeit und Liebe. Dieser eine Gedanke und seine Umsetzung können weitreichende Folgen für dich haben.

Wirf einen großen Stein mitten in den Teich. Der Teich und der Stein symbolisieren sehr anschaulich dein eigenes Dasein. Betrachte die Wellen, die der Stein verursacht. Die Wellen bewegen sich zum Ufer hin und wieder zurück zu dem Punkt, wo der Stein ins Wasser gefallen ist. Dann kehren sie wieder zum Ufer zurück und verebben langsam, bis wieder Ruhe einkehrt und die Oberfläche des Sees spiegelglatt ist.

Ich fordere dich auf, dies zu tun, weil es dir bei der Bewußtwerdung helfen wird. Du machst dir klar, daß eine Aktion immer eine Reaktion nach sich zieht, die schließlich auf dich zurückfällt. Alles, was du unternimmst, schlägt Wellen, die sich nach außen hin fortpflanzen und zu dir zurückkehren.

Die ganze Energie, die du entfaltest, beeinflußt deine Mitmenschen, die Gesellschaft, die Politik, deine Umwelt und den Rest der Welt. Und die Folgen deines Engagements wirst du später ernten können. Das zeigt dir das Experiment mit dem Stein. Jede Handlung hat Folgen, die auf dich zurückstrahlen. Schenke also deiner Umwelt Liebe und Aufmerksamkeit. Sie wird es dir danken – garantiert.

»Output is input«, erzählte mir ein amerikanischer Professor. Kürzer und klarer ist das kaum zu formulieren. Naturphänomene zu betrachten kann dich zum positiven Denken anregen. Dazu benötigst du natürlich Zeit. Aber wer hat die heutzutage noch? Frage mal jemanden: »Wie geht es Ihnen?«, und du hörst: »Total gestreßt!«

Es kommt darauf an, wie du dich entscheidest, gegen dich oder für dich? Erinnerst du dich? Was du gibst, bekommst du zurück. Also: Nimm dir die Zeit, beobachte, denke nach, lerne – und schau, was du damit alles in Bewegung bringst.

Betrachte, wie sich eine Raupe in einen Schmetterling verwandelt. Hast du das jemals in der freien Natur beobachtet? Schmetterlinge sind faszinierende Insekten. Zu leben wie ein Schmetterling heißt, in Schönheit frei zu sein. Die Farbenpracht ist so faszinierend, daß einige Menschen Schmetterlinge mit einem Netz fangen, um sie aufzuspießen und in einem Kästchen an der Wand ausstellen. Ist ein Schmetterling noch ein Insekt, oder ist er ein Wunder der Natur?

Ein Schmetterling beginnt sein Leben als behaarte Raupe, die nach unseren ästhetischen Vorstellungen eher als häßlich zu betrachten ist. Das Tier spinnt dann einen Kokon, aus dem es als farbenprächtiger Falter zum Vorschein kommt. Vorsichtig breitet er die Flügel aus und spürt den Wind. Dann steigt er auf und flattert von Blume zu Blume. Es erscheint uns wie Poesie. Es geschieht gewissermaßen vor unseren Augen, aber hast du diesen Prozeß schon einmal genau verfolgt?

Ich gehe noch ein bißchen weiter. Vielleicht kannst du dieses Ereignis auch als Metapher betrachten, denn die Metamorphose der langsam dahinkriechenden Raupe zu einem fröhlich flatternden Schmetterling kann dir bedeuten, daß sich im Leben alles zum Guten wendet. Es wird für dich zum Beleg dafür, daß alles einer steten Veränderung unterworfen ist und sich zum Schönen hin entwickelt.

Wie häßlich oder schlecht dir etwas auch erscheinen mag, immer trägt es den Keim zur Schönheit in sich. Schließlich siehst du, was du willst: die Schönheit in allen Phänomenen. Diese Erkenntnis kann nur glücklich machen. Sie beginnt damit, die Metamorphose einer Raupe zu betrachten …

Mein nächster Vorschlag ist sehr einfach umzusetzen. **Füttere** einmal **Vögel mit Brot**. In der Küche liegt sicher noch eine Scheibe altes Brot, ein scharfes Messer macht daraus krümelige Bröckchen. Lege das Brot an eine Stelle im Garten, an die andere Tiere nicht herankommen, oder streue es auf deinen Balkon. Irgendwann werden die gefiederten

Freunde herbeikommen und dich mit ihrer zwitschernden Anwesenheit belohnen. Es ist ein ganz kleiner Beweis dafür, daß dein Leben reicher wird, wenn du gibst und teilst. Du kannst das erleben, du mußt es nur wollen.

Deine kleine Tochter wird sich bestimmt darüber freuen, wenn du mit ihr zusammen die Vögel und Enten im Park fütterst. Ihr könnt mit dem Brot auch zum Strand gehen, wo große, weiße Möwen die Brotstückchen gekonnt im Sturzflug auffangen. Dazu müßt ihr allerdings erst die Küstenregion aufsuchen. **Nimm** also **den Zug**, oder fahre mit der Kleinen **per Anhalter zum Meer**. Ich möchte nämlich gerne, daß du diese Reise auf eine andere als die herkömmliche Weise machst. Du wirst sehen, wie schnell du mitgenommen wirst.

Rennt dann beide **über den Strand**, Hand in Hand und am besten in aller Frühe. Ihr solltet also schon vor Tau und Tag aufstehen und am Strand sein, wenn die Welt gerade erst aufwacht. Ihr teilt das Feld mit den Möwen, und die Strandläufer lassen sich durch euch nicht stören, wenn sie ihr Futter zwischen den Steinen der Mole herauspicken.

Frühmorgens am Strand entlangzugehen oder zu laufen ist eine merkwürdige Erfahrung. Es erfrischt dich körperlich und verbindet deinen Geist mit den Elementen. Sind die Temperaturen angenehm, dann kannst du dich in den Sand legen und warten, bis die Flut kommt – um später mit nackten Füßen durch die Brandung zu laufen. Herrlich!

Die salzige Meeresluft kitzelt in deiner Nase, und das Brechen der Wellen ist sanfte Musik in deinen Ohren. Du findest ganz sicher etwas am Strand, was du als Erinnerung an diesen schönen Morgen mitnehmen kannst. Fühle dich für einen Augenblick wie Sil, der Strandräuber.

Früher hatte es dir das Muschelsuchen angetan. Warum sollte das jetzt anders sein? Mache dich mit deiner kleinen Tochter auf die Suche.

Die Zeit vergeht, und schließlich kommen noch andere Menschen zum Strand: Jogger, Spaziergänger mit Hunden, eine Reiterin, Strandwächter im Jeep. Und mitten in dem zunehmenden Betrieb fängst du an, eine Sandburg mit einem Burggraben zu bauen; nah genug am Wasser, damit du sehen kannst, wie sie kurze Zeit später von der steigenden Flut weggespült wird. Die Gedanken, die dir dabei kommen, sind ganz für dich allein.

Dann ist es Zeit, im Strandpavillon etwas Warmes zu trinken. Du hattest an diesem Morgen etwas völlig anderes vor, aber du hast getan, wozu ich dich aufgefordert habe. Du bist mit deiner Tochter zum Strand gegangen und hast eine Erfahrung gemacht, die dich ohne Gehaltserhöhung bereicherte. Ein solcher Genuß ist unbezahlbar.

Der folgende Vorschlag ist ebenfalls etwas für Frühaufsteher, und wer der Ansicht ist, daß er zu dieser Spezies nicht gehört, sollte ihn erst recht nicht auslassen. **Ziehe los, um den Sonnenaufgang zu beobachten.** Die Sonne ist jeden

Morgen da, um dich in aller Herrgottsfrühe zu begrüßen, aber wann hast du den Sonnengruß zum letzten Mal mitgemacht? Stehe rechtzeitig auf, lange bevor die Sonne mit ihrem spektakulären Aufstieg am Firmament beginnt. Koche Kaffee für die Thermoskanne, schmiere dir ein paar Butterbrote, und nimm eine Decke mit, auf die du dich setzen kannst.

Fahre mit dem Fahrrad zu einer Stelle, von der aus du unbehindert den östlichen Horizont sehen kannst. Richte es dir bequem auf dem Boden ein, und stelle dich auf ein alltägliches Ereignis ein, das du noch niemals zuvor so intensiv erlebt hast. In der Zeitung steht jeden Tag, um wieviel Uhr die Sonne aufgehen wird. Zudem ist noch der Wetterbericht abgedruckt. Du weißt also, wann das Spektakel beginnen wird und wie groß deine Chancen sind, den Sonnenaufgang in seiner ganzen Pracht verfolgen zu können.

Du bist nun Zeuge des alltäglichsten aller Wunder. Liest du in der Zeitung: Sonnenaufgang 6.26 Uhr, dann werden um 6.27 Uhr die ersten Anzeichen für das Erwachen des neuen Tages zu sehen sein. Es ist der schönste Anblick der Welt. Du spürst die Kraft der Sonnenwärme und weißt, daß alles Leben diesem glühendheißen Himmelskörper zu verdanken ist. Hättest du gedacht, daß sich hinter diesem doch recht lapidaren Wort »Sonnenaufgang« ein so großes Glück verbirgt?

Es wird dein Leben verändern. Du schaust nun morgens zum Himmel und erinnerst dich an diesen Tag – auch wenn dir manchmal eine graue Wolkendecke die Sicht auf die Sonne versperrt. Ein neuer Tag bedeutet neue Wärme, neues Leben und neue Chancen, und es ist immer dieselbe Sonne, auch wenn sie mal nicht zu sehen ist.

Das läßt uns an altbekannte Redewendungen wie: »Auf Regen folgt Sonnenschein« und »Jede Wolke hat einen silbernen Rand« denken. Düstere Tage und schwermütige Zustände bergen immer auch Hoffnung und Freude in sich. Das sollten wir uns immer vor Augen führen. Was spricht also gegen schlechtes Wetter, was spricht gegen Regen? Die bloße Assoziation mit Traurigkeit und Niedergeschlagenheit ist zu einfach. »Von Regen wird man naß«, magst du noch einwenden. Ja, und? Als du noch ein Kind warst, wolltest du immer im Regen spielen: Stiefel an und mit Freunden und Freundinnen zusammen durch die Pfützen stapfen. Das Regenwasser tropfte dir vom Haar, lief am Nacken entlang den Rücken hinunter, aber du hast die Nässe überhaupt nicht gespürt.

Komischerweise ist diese Freude verschwunden. Jetzt sieht das Bild so aus: in Eile gebückt unter dem Regenschirm schnell von A nach B hasten. Eine Ausnahme bildete vielleicht noch die Zeit, als du verliebt warst und mit dem Jungen oder dem Mädchen deiner Träume die »Bindfäden« genossen hast. Du hast zwar gemerkt, daß es regnete, aber es war herrlich, weil ihr zusammen naß wurdet.

In einer Sitzung erzählte mir Calita ein Erlebnis im Regen. »Als ich Joep gerade kennengelernt hatte, waren wir einfach crazy. Wir gingen auf einem einsamen Weg spazieren und wurden von einem Regenschauer überrascht. Damit hatten wir nicht gerechnet. Joep zog seine Jacke aus und hielt sie über meinen Kopf. Ich sah, wie sein Hemd am Oberkörper festklebte. Was für ein Anblick. Ich knöpfte sein Hemd auf und zog es aus. Er zog meine Bluse über meinen Kopf und riß meinen BH herunter. Dann machte ich seine Hose auf, und er zog mir meinen Slip aus. Wir rannten Hand in Hand, **splitternackt** und klatschnaß, **den Matschweg entlang.**«

Der Rest der Geschichte ist für eine andere Art Bücher, aber die Folgen dieser Geschichte waren bemerkenswert:

»Wir heirateten ein Jahr später. Nach der Hochzeitsnacht in der Brautsuite stand ich morgens auf und zog die Vorhänge zurück. Es regnete. Bleischwere Luft und dampfender Asphalt. Ich betrachtete es als Vorbote für einen langweiligen Tag und wurde deshalb sofort mißmutig. Joep aber nicht. ›Ah, schön, Regen‹, rief er und teilte der Rezeption telefonisch mit, daß wir den ganzen Tag auf dem Zimmer bleiben würden. Dann rief er beim Zimmerservice an und bestellte ein Champagnerfrühstück. Und mit einem Mal war ich froh über den Regen. Und glücklich mit dem Mann, den ich geheiratet hatte.« Regen kann immer noch Freude bringen, du mußt es nur so sehen wollen. Es regnet, juchhe!

Die Gartenzentren und Blumenverkäufer können jedes Jahr ihren Umsatz erhöhen. Also scheint das Bedürfnis der Menschen, ihre häusliche Umgebung mit Natur zu bereichern, im Trend zu liegen. Du kannst jetzt allerdings einen Schritt weitergehen als die Kunden der Gartenzentren und mit dem Wissen aus diesem Kapitel etwas Besonderes anfangen. Gehe ein wenig umher, und **entdecke ein paar grüne Ideen!**

Auch das kostet nichts.

Gesundheit

*Für jede Minute Eitelkeit verlierst
du sechzig Sekunden Glück.*
O. A. Battista

»… und morgen gesund wieder hinaus«, sagt die Talk-Show-Moderatorin Sonja samstags abends zu ihrer Zuschauerschar. Mit ihrem feinen Gespür für das, was die Menschen daheim und im Studio verbindet, wünscht sie ihren Zuschauern eine gute Gesundheit.

»Santé«, sagen die Franzosen, wenn sie das Glas erheben. Das tun sie übrigens so häufig, daß dieser Wunsch bestimmt nicht überflüssig ist. Und niest unser Nachbar, dann wünschen wir ihm zugleich ein gutes körperliches Befinden.

»Hatschi!!!« – »Gesundheit!«

Befragt man Menschen, was ein glückliches Leben ausmacht, steht Gesundheit oft an erster Stelle. Weg mit den Schmerzen, nur kein Gejammer. Eine solide Gesundheit ermöglicht ihnen, optimal und adäquat zu funktionieren und das Leben zu genießen. Der Gedanke an Krankheit, Bettlägerigkeit oder Invalidität widerspricht landläufig der Vorstellung von einem glücklichen Leben. Das ist aber reiner Humbug.

Ich kenne viele Menschen, die für den Rest ihres Lebens ans Bett gefesselt sind, Menschen, die sich nur noch in einem Rollstuhl fortbewegen können. Diese Menschen sind sehr wohl imstande, Freude zu erleben. Sie machen sich den Wert des Lebens oft viel stärker bewußt als der eilige Passant, der ständig nach einem »Mehr« und »Besser« unterwegs ist. Sobald man dieser blinden Hast nicht mehr nachkommen kann, lernt man das Leben viel mehr zu schätzen. Es scheint zunächst schwer vorstellbar, aber trotz Krankheit oder Behinderung kann sich jeder für das Glück entscheiden.

Gesundheit ist ein natürlicher Zustand. Du bist programmiert, gesund zu sein. Es beginnt mit der Geburt eines Kindes. Hast du schon einmal die Ankunft eines neuen Erdenbürgers miterlebt? Falls nicht, leihe dir ein Video aus, auf dem eine Niederkunft in allen Details zu sehen ist. Es ist eine ganz besondere Erfahrung, wie ein Kind aus dem sicheren Schoß der Mutter in die große Welt gepreßt wird. Das kann eine schöne liebe Welt sein, aber auch eine feindliche, beängstigende. Das neue Leben wird beide Seiten kennenlernen.

Du kannst die Welt als einen zweiten Mutterleib betrachten, in dem du dich geborgen fühlst und nichts als Liebe, Wärme und Zuneigung erfährst. Es kommt auf deine Sicht der Dinge an.

Beobachte das Kind auf dem Weg zu einem gesunden Leben. Den Weg beschreitet es ganz allein. Der Mund sucht die Brust, und das Kind wächst gesund heran. Es fordert, was es braucht, nicht mehr und nicht weniger.

Wie lange ist es her, daß du intensiv über deine Gesundheit nachgedacht hast? Natürlich bist du jeden Tag auf deine Art damit beschäftigt. Denke nur mal an dein schlechtes Gewissen, das sich nach der zwölften Tasse Kaffee oder nach einer weiteren Zigarettenschachtel meldet, denke an die Schlagbohrmaschine in deinem Kopf, die nach durchzechter Nacht verheerend wütet. Und mit der Entschuldigung, du bekämst nicht genügend Bewegung, bringst du das Thema Gesundheit ebenfalls auf den Tisch. Aber all das sind mehr oder weniger Alibi-Sorgen. Sie ziehen keine Konsequenzen nach sich.

Schade, daß dich deine Leber nicht via Fax davon in Kenntnis setzen kann, wie es ihr geht, denn das würde dich vielleicht aufschrecken. Bis jetzt merkst du nichts, noch nichts, denn das Unheil kriecht Millimeter für Millimeter weiter in deinen Körper hinein. Wenn die Sicherungen rausfliegen, ist es zu spät. Du kannst nur bedingt neue eindrehen, und du hast Glück, wenn das Licht nicht für immer ausgeht. Lungen sind dazu gedacht, Sauerstoff aufzunehmen und ihn über ein unvorstellbar feinmaschiges Netz an das Blut weiterzuleiten. Der blaue Qualm einer Zigarette zerstört das lebenswichtige Organ Stück für Stück, Zug um Zug.

Schade, daß dir dein Magen keine Grüße ausrichten kann, denn dann würdest du wissen, daß die Aufnahme von Nahrung in erster Linie keine Frage des Geschmacks ist, sondern des Gleichgewichtes zwischen den verschiedenen Nährstoffen. So vertragen sich z. B. Eiweiße (Fleisch, Fisch, Käse) nicht gut mit Kohlenhydraten (Brot, Kartoffeln). Wenn wir uns das nicht zu Herzen nehmen, kommt es in unseren Eingeweiden zu einem sehr ungesunden Gärungsprozeß, der uns ziemlich übel aufstoßen kann.

Hast du in letzter Zeit etwas von deinem Herzmuskel gehört? Oder ist der bei so wenig Bewegung schon todmüde und schickt sich an, endgültig in den Schlaf zu fallen? Und du gleich mit. Wieviel und wie intensiv bewegst du dich, um diesen Muskel geschmeidig und damit in Schwung zu halten?

In der Schule rannten wir noch hintereinander her, wenn wir **Fangen gespielt** haben, und manch betagter Freizeitsportler ist immer noch am Ball und ganz schön fit – während die Masse der Erwachsenen auf dem Dreiersofa verkalkt. Nur das Daumengelenk bekommt beim Surfen durch die Fernsehkanäle noch genügend Bewegung. Und der Bizeps wird reichlich eingesetzt, um das Bierglas zu heben.

Gesundheit ist ein natürlicher Zustand. Aber es sieht so aus, als ob wir diesen Zustand auf alle möglichen Arten bekämpfen: zu viel Salz, zu viel Fett, zu viel Alkohol und zuwenig Bewegung. Erinnere dich an das Baby. Es nimmt nur, was es braucht, und wächst gesund heran.

Der Körper ist ein unendlich einfallsreiches, selbstregulierendes System, das oft für unseren Genuß und unsere Befriedigungen herhalten muß. Das Bedürfnis danach kommt nicht vom Körper, sondern wird unter unserer Schädeldecke, im Gehirn, produziert. Dort wird das Verlangen benannt – und der Körper muß es schlucken.

Die Sprache des **Gehirns**, die Neurolinguistik, ist veränderbar. Du kannst sie **programmieren**. Jeder Mensch kann das. Das Problem ist nur, anders, kreativ, zu denken und andere Schwerpunkte zu legen. Schokolade kann süchtig machen, aber sobald die Farbe dich an Kot denken läßt, ist der Riegel ein bißchen weniger attraktiv und die Abhängigkeit passé.

Viele Menschen kostet es große Mühe abzunehmen, weil sie ihre Zuflucht in vielen verschiedenen Mittelchen suchen. Wenn sie aber umdenken und die Lösung im eigenen Kopf suchen – dann funktioniert es. Der Schalter muß nur umgelegt werden. Du wirst die Sprache deines Gehirns anders programmieren müssen, wenn du deinen Körper auf positive Weise beeinflussen möchtest. Der Geist ist stärker als der Körper, oder mit anderen Worten: Der Körper ist eine Form des Geistes. Aber leider müssen wir feststellen, daß das Verlangen nach Genußmitteln oft siegt, weil der Geist das Produkt in der Vergangenheit oft mit »lecker«, »fein«, »angenehm« oder mit anderen einladenden Beinamen etikettiert hat.

Ich möchte nicht für ein asketisches Dasein plädieren, das durch Fasten, Enthaltsamkeit und Genügsamkeit alles Wohlschmeckende aus dem Leben verbannt. Keineswegs! Jeder Mensch darf sich ruhig zugrunde konsumieren – solange er die Kunst beherrscht, sich auch ohne Genußmittel gut zu fühlen.

Allzuoft verhalten sich die Menschen wie Lemminge; die Werbeleute gehen mit all ihren Versprechungen voran, die Masse läuft ihnen hinterher. Ihr Ziel: der Abgrund. Die uralte Weisheit, daß in einem gesunden Körper ein gesunder Geist wohnt, bleibt auch in unserer Zeit gültig. Also: ausscheren und die anderen laufen lassen.

Jeder Mensch nimmt täglich eine Menge Bakterien, Mikroben und Viren durch seine Körperöffnungen in sich auf. Diese unscheinbaren Eindringlinge haben ein gemeinsames Ziel. Sie wollen sich auf Kosten deiner Gesundheit vermehren. Bei dir erreichen sie auch schließlich, was sie wollen, während dein Nachbar leichtfüßig weitergeht. Die Abwehrstoffe in seinem Körper haben mit den Eindringlingen kurzen Prozeß gemacht. Findest du das nicht eigenartig? Hast du dich schon einmal gefragt, warum du z. B. krank wirst, der andere aber nicht?

Es gibt keine endgültige wissenschaftliche Erklärung, die diesen Sachverhalt kristallklar zu erläutern vermag. Fest steht jedoch, daß derjenige, der seinen Körper richtig versorgt und dabei auch noch gesund, positiv und flexibel denkt, die größten Chancen auf ein langes und gesundes Leben hat.

Menschen, die lachen und Möglichkeiten statt Schwierigkeiten sehen, haben eine längere Lebensdauer. Ihr körperliches Abwehrsystem funktioniert anders. Es ist wissenschaftlich eindeutig bewiesen, daß positive Einstellungen und eine lebensbejahende Denkweise das Immunsystem stimulieren.

Die Nörgler und die Schwarzseher vergiften mit ihrer Art zu denken ihren Körper. Sie schwächen fortwährend ihr Immunsystem, bis die Dämme brechen. Das ist ein schleichender Prozeß, aber er setzt sich geradlinig und unbarmherzig fort – bis der Krankenwagen kommt und sie ins Krankenhaus fährt. Der Leichenwagen übernimmt den Rest – und tschüß!

Diese Menschen haben das Unglück selbst herbeigerufen, sie waren nicht in der Lage, ihr Denken und damit das körperliche Wohlbefinden zu beeinflussen. Die Folge: die systematische Demontage des Körpers.

Was möchtest du: rüstig alt werden, um dann bewußt von deinen Lieben und deinem Leben Abschied zu nehmen – oder aus dem Leben hinausgetragen werden, weil die innere

Zerstörung mit 50, 60 oder 70 Jahren abgeschlossen ist? Beginne, gesund zu leben, gesund zu atmen, gesund zu denken. Dann ist die Chance groß, daß du in hohem Alter von deiner Familie, deinen Kindern und Enkeln friedvoll Abschied nehmen und auf ein gesundes und reiches Leben zurückblicken kannst. Dann schließen sich die Augenlider, und die letzte Reise zu den ewigen Jagdgründen beginnt.

Wenn du diesen Weg beschreiten möchtest, empfehle ich dir, jetzt dein Denken zu verändern und es so zu lenken, daß Körper und Geist unbelastet und in Harmonie funktionieren.

Wer denkt, daß keine oder weniger Schokolade die Lebensfreude verdirbt, liegt falsch. Das Gegenteil ist der Fall, aber dem mußt du ins Auge sehen wollen. Indianer und Aborigines, Buschmänner und Papuas leben in Harmonie mit der Natur, und ihre Gesundheitsfürsorge beschränkt sich auf heilkräftige Pflanzen, die im Busch zu finden sind.

Die Größe unserer Krankenhauskomplexe zeigt, wie nachlässig und unachtsam wir mit unserem Körper umgehen. Natürlich befinden sich dort viele Kranke, die an einer unvermeidlichen Krankheit leiden. Aber viele, sehr viele, bräuchten dort nicht zu liegen.

An einem Tag im *Huis ter Duin* während eines Seminar mit 600 Menschen bat ich eine Frau aufs Podium, die nach eigener Aussage an chronisch unspezifischen Atemstörungen litt. Sie traute sich zunächst nicht, nach oben zu kommen. Sie glaubte, vor Aufregung buchstäblich zu ersticken, wenn all die Menschen sie vorn sähen. Die Frau überwand sich schließlich doch, und was stellte sich heraus? Sie war zehn Jahre zuvor wegen völlig anderer Beschwerden zu ihrem

Hausarzt gegangen. Er gab ihren Beschwerden den Namen »Ateminsuffizienz«, und von dem Moment an verhielt sie sich dementsprechend. Tatsächlich fehlte ihr nichts. Sie hat sich als stark erwiesen, denn sechs Wochen später erhielt ich einen Brief, in dem sie schrieb, daß ihre sogenannte Ateminsuffizienz verschwunden war.

Genieße dein Leben und deine Gesundheit, anstatt im Überfluß zu genießen, was deinen Körper belastet. Ich brauche dir nicht zu erzählen, was du tun mußt, um das zu erreichen. Das weiß jeder für sich am besten. Ein Trinker läßt die Flasche einfach stehen, der Vielfraß nimmt halbe Portionen und »denkt« sich gesättigt, der Faulpelz betrachtet Bewegung durch eine positive Brille und findet sie mit einem Mal angenehm. »Das wird was geben, Ratelband«, wandte einmal ein Seminarbesucher ein. »Ich bin zufällig erblich vorbelastet. Das kann man heutzutage anhand der DNA-Struktur feststellen. Man raucht nicht, ißt gesund und fällt mit 46 dann mausetot um. Das passierte meinem Vater und meinem Großvater, also wird es bei mir auch so sein.«

Klar, wenn Brustkrebs »in der Familie« steckt, ist die Chance, ihn zu bekommen, dreimal größer als normal. Aber das sind noch keine 100 Prozent. Es besteht trotzdem die Chance, den Krebs durch positives Denken und respektvolles Verhalten dem Körper gegenüber zu vermeiden.

Es gibt keinen einzigen DNA-Abschnitt, der dein Schicksal mit Sicherheit vorhersagt. Es ist deine Sicht und deine Denkweise, die bestimmen, was aus den potentiellen Bomben in deinem Körper wird. Jeder Mensch hat Zellen in seinem Körper, die sich zu Krebszellen verwandeln können.

Aber worauf soll man achten? Worauf richtet man seine Aufmerksamkeit?

Wenn du ständig damit beschäftigt bist, nicht krank zu werden, dann wirst du es garantiert, denn »nicht« gibt es nicht. Denke *nicht* an dein linkes Bein.

> »Du sollst **mit** nur **einem Bein geboren werden.**«
> »Dann wirst du fabelhaft hinken können.«

> »Aber ich bin schon **seit meiner Geburt kurzsichtig.**«
> »Sei froh, daß du nicht alles siehst.«

Jede Krankheit, jedes Gebrechen trägt eine bestimmte Botschaft in sich. Erblich bedingtes braucht sich nicht notwendigerweise in der nachfolgenden Generation zu manifestieren. Wer davon überzeugt ist, daß dies doch der Fall ist, kann ziemlich fest mit dieser Krankheit oder diesem Leiden rechnen. Wer mit Hilfe einer anderen Lebensweise und einer anderen Denkweise den Kurs zu ändern versteht, steigert die Chance, dem Unglück aus dem Weg zu gehen.

Kranke, die dieses lesen und der Ansicht sind, daß ich hier leichtfertig etwas daherrede, möchte ich bitten, sich zu fragen: »Warum liege ich eigentlich hier? Was könnte die tiefere Bedeutung dieser körperlichen Beschwerden sein?« Wenn du darauf nicht sofort antworten kannst, dann bestimme die Lehre deiner Krankheit selbst. Die gibt es sicherlich. Sobald sie entdeckt oder bestimmt ist, erhält die Krankheit eine Funktion. Du gehst daraufhin anders mit ihr um, weil du jetzt nicht mehr nur Opfer der Krankheit bist.

Vielleicht hast du in der Vergangenheit häufig negativ gedacht und gehandelt, womit du nicht nur deine Umgebung, sondern auch dich selbst verseucht hast. Ich behaupte nicht, daß es so war, aber wenn es zutrifft, dann kannst du dir jetzt vielleicht einige Ereignisse in deinem Leben erklären.

Der unheilbar Kranke bekommt in den seltensten Fällen eine zweite Chance – wohl aber die Möglichkeit, seinen Kindern von den Werten des Lebens und dem unachtsamen Umgang mit ihnen zu erzählen. Dadurch gewinnen die Krankheit und das Leben eine zusätzliche Funktion und Bedeutung, derer sich die Nachfahren annehmen können. Gedenke immer – auch in den schwierigsten Situationen – dieser positiven Kraft des Geistes!

Womit sollst du nur anfangen? **Bewege dich erst einmal.** Du brauchst nicht sofort nach draußen zu stürmen, keuchend an der Straße entlangzurennen und mir die Pest an den Hals zu wünschen, weil ich dich dazu gebracht habe. Allzu forsch zu sein macht auch keinen Sinn. Ich bitte dich nur zu versuchen, mehr Bewegungsmöglichkeiten wahrzunehmen. Als Kind bist du die Treppen hoch und runter gerannt, jetzt drückst du den Fahrstuhlknopf. Kinder finden es herrlich, sich zu bewegen. Und das ist es auch, sofern du das Sichbewegen mit dem Etikett »angenehm« versiehst.

Parke das Auto einen Häuserblock weiter und laufe ein bißchen. Schwimme ein paar Bahnen, fahre Rad, spiele Squash, gehe spazieren und tanze, renne, hüpfe. **Steige eine Haltestelle früher aus,** so daß du noch ein Stück zu Fuß gehen kannst. **Probiere Aerobic aus.** Bewege dich und genieße es.

Wenn dein Körper aktiv ist, werden in ihm Stoffe freigesetzt, die dir ein angenehmes Körpergefühl vermitteln. Ich denke dabei nicht an die Endorphine, die unter bestimmten Umständen im Gehirn produziert werden, um die Schmerzgrenze zu verschieben. Vorwiegend Extremsportler kennen ihre berauschende Wirkung und werden süchtig nach dieser »Droge«. Ich meine die Stoffe, die Körper und Geist harmonisch miteinander verbinden und zu einem entspannten Wohlgefühl führen.

Rasenflächen mit einem Motormäher zu mähen ist keine Kunst. Den Handmäher zu schieben und zu schwitzen ist eine perfekte Trainingsform. Und nimm statt des Lifts wieder einmal die Treppe.

Gewöhne dir an, **einen Mittagsschlaf** zu **halten**. Ein kleines Nickerchen um drei und du bist für den Rest des Tages fit und munter.

In südlichen Ländern kennt man die *Siesta*. Sie ist dort allerdings auch notwendig, weil die Hitze das Arbeiten zu dieser Tageszeit unmöglich macht. Um halb vier fängt man wieder von neuem an und macht gegen sieben Uhr Feierabend. Das ganze gesellschaftliche Leben ist darauf eingestellt.

Die kleine Version der *Siesta* ist hierzulande auch möglich. Lege (oder setze) dich hin und nicke kurz ein. Manchen Mittagsschläfern reichen schon zehn Minuten, andere schweben mindestens eine halbe Stunde im Land der Träume. Die Wirkung ist die gleiche. Der Körper kann sich erholen, der Geist bekommt Ruhe und ist mit voller Spannkraft auf den Rest des Tages vorbereitet. Hast du ein eigenes Büro, dann schließe es ab und sage deiner Sekretärin, du möchtest nicht gestört werden. Daß du dann abends länger arbeitest, versteht sich von selbst. Du kannst dich auch auf die Toilette zurückziehen und **ein paar Minuten meditieren**. Zehn zu eins, daß du kurz einnickst und völlig erfrischt wieder zu deinen Kollegen zurückkehrst. Diese kurze Pause wirst du sehr schnell in deinem Leben etablieren wollen.

Ich kenne nur wenige Menschen, die bezüglich ihres Äußeren mit sich zufrieden sind. Sie fühlen sich zu dick oder zu mager, sie haben eine zu große Nase oder einen zu kleinen Johannes, zu schlaffe Brüste oder Plattfüße. Fast jeder hat was an seinem eigenen Körper zu beanstanden. All das sind negative Gedanken. Ich will nicht für den selbstverliebten Adonis Werbung machen, aber ich würde es begrüßen, wenn die Menschen ihr Äußeres mit mehr Zufriedenheit betrachteten.

Bist du zufrieden mit dir, dann wirst du auch gut für dich sorgen. Deine gute Laune wird dir bei allem helfen, was du erreichen möchtest. Schaust du dagegen mit Abneigung oder Widerwillen auf bestimmte Partien deines Körpers, dann wird deine Laune nur immer schlechter, und du stehst dir selbst im Weg.

Eine der häufigsten Klagen betrifft den Zeiger an der Waage. Er läßt zu Apfel-, Sherry-, Brot-, Kartoffel-, Dr.-Atkins-, Wasser-, *fit-for-life-* und vielen anderen Diäten greifen. Alle versprechen sie den Himmel auf Erden. Der einzige jedoch, der Nutzen daraus zieht, ist der Fabrikant oder Erfinder, denn sein Bankkonto füllt sich in dem Maße, wie du abzunehmen hoffst.

Wirf alle Diäten über Bord. Öffne den Mülleimer, und wirf alle Getränke, Pillen, Töpfchen, Schachteln und Diät-Bücher hinein. Weg damit. In diesem Fall ist eine gewisse Ordnung außerordentlich sinnvoll. Und nun? Jetzt stehst du da ohne Diät, aber mit einem Schwimmring, unangenehmen Wülsten und anderen Fettpolstern.

Die beste Diät kennst du selbst, höre nur einmal aufmerksam deinem Körper zu. Der weiß genau, was dir guttut und was nicht. Wir haben es inzwischen jedoch verlernt, seine Signale zu verstehen. Denn was geschieht, wenn du zuviel gegessen oder getrunken hast? Du hast einen Kater, Kopfschmerzen, Sodbrennen, du fühlst dich aufgeblasen und bist kraft- und lustlos. Der Körper protestiert die ganze Zeit, aber wir deuten die Signale als ganz normale Lebenszeichen.

Dein gesunder Menschenverstand ist der beste Diätberater, den du bekommen kannst. Höre, was er sagt: »Nimm nicht drei Löffel Zucker, sondern nur einen.« – »Bediene dich kein zweites Mal am Buffet. Sei mit einer Portion zufrieden, du bist doch satt!« – »Was sollen die sechs Gläser Cola pro Tag? Zwei tun es auch. Und höre auf, mich mit Süßigkeiten zu bombardieren. Gönne mir lieber eine kleine, bedächtige Zwischenmahlzeit.«

Frage dich ruhig, was dir fehlt, wenn du übermäßig ißt, trinkst oder naschst. Kompensierst du einen Mangel an Liebe, Zuneigung oder Aufmerksamkeit? Hast du zuviel um die Ohren? Ist es Langeweile? Liebeskummer? Spüre die Ursachen auf und ändere etwas. In dem Moment, in dem du die Ursache kennst und etwas dagegen tust, verwandelst du dein Opfergefühl in ein Tsjakkaa!-Gefühl. Das wird das Ende deines destruktiven Verhaltens sein.

Du darfst **alles essen und trinken**. Nicht mehr auf die Waage zu müssen und sich nicht mehr krampfhaft an Diäten zu halten, wirkt unglaublich befreiend. Das einzige, was du tun mußt, ist, auf deinen Körper zu achten und bewußt wahrzunehmen, was in ihm vorgeht. Also: Weniger essen und mehr bewegen, das geht eigentlich Hand in Hand, denn dein TSJAKKAA!-Gefühl setzt dich automatisch in Bewegung.

Dein Äußeres wird vor allem durch das bestimmt, was du fühlst, wie du dich fühlst und was du ausstrahlst. Schöne junge Frauen, die sich nicht wohl fühlen, werden mit einem Mal unattraktiv. Häßliche Frauen (aber was ist häßlich?) bekommen Anziehungskraft, wenn sie sich gut fühlen. Ihre Augen strahlen, ihr Haar glänzt, und die Haut ist gut durchblutet. Wenn du gepflegt und geschmackvoll aussiehst, bist du unwiderstehlich. **Kaufe dir eine neue Brille.**

»Aber ich trage überhaupt keine Brille.«
Dann kaufe dir eine Sonnenbrille.

»Ich trage aber Kontaktlinsen.«
Dann kaufe ein neues Brillengestell mit einfachen Gläsern.

Das braucht kein teurer Spaß zu sein. Auch ein ganz normales Kassenmodell verschafft dir ein neues, interessantes Aussehen. Trägst du bereits eine Brille, dann kaufe dir ein neues Gestell.

»Ich habe mir doch erst vor sechs Wochen eine neue Brille gekauft.« Kaufe trotzdem eine, denn eine zusätzliche Brille kommt manchmal ganz gelegen.

»Du siehst gut aus«, werden einige zu dir sagen, die nicht sofort merken, daß du beim Optiker gewesen bist. Wenn du ab und zu deine Brille wechselst, wirst du die Aufmerksamkeit der anderen auf dich ziehen und behalten. Du faszinierst dadurch, daß du ständig anders aussiehst. Du paßt deine Kleidung dem neuen Gestell an, und auf diese Weise wirkst du immer dynamisch, jung, attraktiv. Alles, was sich nicht verändert, ist starr. Alles, was sich bewegt und verändert, bleibt geschmeidig. Das ist in dieser dynamischen Zeit kein überflüssiger Luxus.

Vom Äußeren gehen wir jetzt nach innen. Ich bitte dich, **auf deine Atmung** zu **achten**, während du dies liest. Wie atmest du jetzt? Langsam und tief in den Bauch oder ziemlich schnell und flach? Wenn du deine Atmung beobachtest, wirst du dadurch automatisch tiefer atmen. Das ist äußerst vorteilhaft für deine Gesundheit. Das Wort atmen geht zurück auf das Sanskrit-Wort *Atman*. Es bedeutet: Gott. Atmen könnte also frei übersetzt bedeuten, mit jedem Atemzug Gott zu sich hereinzuholen.

Du kannst drei Monate ohne Nahrung leben, fünf Tage ohne Wasser, aber nicht einmal vier Minuten ohne Sauerstoff. Atmen bedeutet mehr, als die Lungen mit Sauerstoff zu füllen, um die weißen Blutkörperchen zu versorgen. Deine Atmung aktiviert auch dein Lymphsystem. Das ist die Müllabfuhr deines Körpers, denn es transportiert die toten Zellen ab. Da in unserem Körper ständig Zellen absterben und neue entstehen, ist ein solcher Abwasserkanal äußerst wichtig. Je weniger tote Zellen du mit dir herumträgst, desto energiegeladener wirst du dich fühlen. Gutes, gesundes Atmen geschieht folgendermaßen:

Atme nach dem 1-3-2-Programm. 1 steht für Einatmen, 3 für Atem anhalten und 2 für Ausatmen. Zudem stellt der

Betrag einen Vervielfältigungsfaktor dar. Beispiel: Für die Einatmung brauchst du 5 Sekunden. Du hältst dann den Atem 3 x 5 = 15 Sekunden an und läßt ihn 2 x 5 = 10 Sekunden lang entweichen. Beginne jedoch mit kürzeren Perioden, und baue langsam auf. Du wirst dich deutlich besser fühlen, wenn du das regelmäßig machst. Atme nach diesem Schema morgens, mittags und abends je fünfmal. Es ist eins der besten Geschenke, die du dir selbst machen kannst, und du weißt ja: vom Schenken wird man reich.

Der nächste Vorschlag ist nur für Männer. **Wer einen Vollbart oder Schnauzer hat, rasiert ihn jetzt ab.** Ja, wirklich, abrasieren! Es wird dich große Überwindung kosten, denn du hast viel Energie in diesen sorgfältig frisierten Haarbüschel gesteckt. **Wer keinen Vollbart oder Schnauzer hat, läßt sich einen wachsen** – einen Schnauzer, einen Ringbart, einen Bart wie Vater Abraham oder nur einen Stoppelbart, der das Nonchalante und Robuste zum Ausdruck bringt.

In beiden Fällen wird der Widerstand groß sein. Mache es trotzdem, denn du veränderst dein Gesicht und dein ganzes äußeres Erscheinungsbild. Es sind die Veränderungen, die Dynamik in dein Leben bringen. Greife zum Rasiermesser, oder laß für ein paar Wochen die Finger davon. Die Veränderung ist eine Wohltat.

Nun komme ich zu deinem Haarschnitt, und hier sind vor allem die Damen wieder mit von der Partie: **Laß dir die Haare anders schneiden.** Dein Haar wächst einen Zentimeter pro Monat. Im Durchschnitt hat ein Europäer 100 000 Haare auf dem Kopf, das macht also eine Gesamthaarlänge von einem Kilometer. Das Haar steht im Zentrum der Eitelkeit, jedes Haar auf dem Kopf denkt darüber nach, wie es aussieht und ob es richtig liegt. Achte einmal darauf, wie intensiv sich manche Menschen um ihre Haare kümmern. Genauso wie die Schuhe teilt uns die Frisur etwas über den Charakter und das Selbstbewußtsein der Person mit.

Gestalte deine Haare bewußt anders. Hast du langes Haar? Schneide es ab. Hast du kurze Haare, laß es wachsen. Hast du dunkles Haar? Laß es aufhellen. Hast du einen Sommerhaarschnitt? **Laß ihn rot färben.** Das Bemerkenswerte ist, daß so gut wie niemand sagen wird: »Mensch, du hast dir die Haare rot gefärbt.« Sie werden vielmehr fragen: »Was ist mit dir passiert? Du siehst so verändert aus.« Du fühlst dich auch anders. Du bist ein Rebell. Du traust dich, etwas Verrücktes zu tun. Du bist Herr im eigenen Haus. Diese Unabhängigkeit wird deine Selbstsicherheit fördern. Du bestimmst. Tjsakkaa!

Wo wir jetzt schon so angenehm mit uns selbst beschäftigt sind, lade ich dich ein, ins Bräunungsstudio zu gehen. Wenn es geht, noch heute abend, sonst morgen. **Sich auf die Son-****nenbank** zu **legen** heißt vor allem, sich selbst zu verwöhnen, woraufhin du dich gut fühlen wirst. Deine Umgebung wird es zu schätzen wissen. **Nimm dir eine Woche lang** jeden Tag eine Viertel- oder halbe Stunde **Zeit, um dich auf die Sonnenbank zu legen**: Dein Teint verändert sich und dadurch auch dein Selbstbild. Laß die Sonne in dein Leben!

Jetzt hast du eine neue Brille, einen Schnauzer (oder eben keinen mehr), einen anderen Haarschnitt und ein gebräuntes Äußeres – es ist an der Zeit, **sich vor einer professionellen Kamera in Pose** zu stellen. Du bist schön! Du bist außergewöhnlich fotogen. Du bist es wert, in vollem Glanz auf Celluloid verewigt zu werden – nicht von einem Paßfotostümper, sondern von einem professionellen Fotografen, der dich gut ausleuchtet und mit Fachkenntnis für das beste Resultat sorgt. Gehe zum ortsansässigen Fotografen und sage ihm, du möchtest möglichst vorteilhaft fotografiert werden. Vielleicht nimmst du noch einen Maskenbildner mit, der dich schminkt und kleine Unebenheiten beseitigt. Versuche es bei einem Topfotografen wie z. B. Peter Lindbergh, und wenn er mit einem anderen Auftrag beschäftigt ist, kannst du bei Govert de Roos (00 31-20-6 27 41 76) anfragen. De Roos hat schon unzählige Stars und Modelle fotografiert. Bei ihm kannst du auch ruhig nackt posieren.

Es gibt in Amsterdam sogar einen einzigartigen Fotoservice (00 31-20-6 20 90 96), den ich dir dringend empfehle. Du wirst dort in einem Atelier nach allen Regeln der Kunst fotografiert, doch zuvor sitzt du in der »Maske« und bekommst eine umfangreiche Modeberatung – für nur 365 Gulden, inklusive einer kompletten Fotomappe und der Garantie, daß die Fotos in einem Magazin veröffentlicht werden. Dafür gibt es ein weiteres TSJAKKAA!

Gönne dir eine Sitzung bei einem professionellen Fotografen. Auf diese Weise kannst du dich von deiner besten Seite zeigen. Du hast es dir verdient.

Du bist der Schönste!

Der Partner

Glück ist, wenn man füreinander
ein bißchen transparent wird.

Es fällt mir auf, daß man nur noch wenig Zeichen von Verliebtheit sieht. Wer **singt** noch **ein Liebeslied, schreibt ein Gedicht oder einen Liebesbrief** an den Mann oder die Frau, in den oder die man wahnsinnig verliebt ist?

Ist in den letzten Jahren noch ein großer Liebesfilm gedreht worden, der die Welt nach der großen, wahren Liebe schmachten ließ wie »Doktor Schiwago« oder »Vom Winde verweht«? »Titanic« vielleicht, ich mag das nicht entscheiden.

Es gab eine Zeit, in der Verliebtheit nicht mit Erotik gekoppelt war, aber diese Zeit scheint lange zurückzuliegen. Die romantische und mystische Seite der Liebe ist scheinbar verschwunden, an ihre Stelle sind reine Sexbesessenheit und geschäftliche Überlegungen getreten.

Daß Frauen es geschafft haben, die jahrhundertealten Abhängigkeitsstrukturen aufzubrechen und sich das Leben nach eigenen Wünschen und gleichberechtigt einzurichten, ist in diesem Zusammenhang ebenfalls zu erwähnen. Sie haben sich von Schuldgefühlen und Unterdrückung befreit und ihr Schicksal verändert.

Gleichzeitig zu dieser Entwicklung stieg die Anzahl der Singlehaushalte. Mann und Frau finden nicht mehr so leicht zueinander. Gerade in den großen Städten erlebe ich eine erschreckende Vereinsamungstendenz unter den jüngeren Leuten – eine Folge der Emanzipation? Trotz des Fortschritts sind wir drei Schritte vor und zwei Schritte zurückgegangen, sind letztlich also nur einen vorwärtsgekommen.

Und dann sind da ja auch noch die Männer, die ihre Frau für kein Geld der Welt entbehren wollen, aber ungeachtet dessen wie die Wilden auf der Jagd sind. Das ständige Verführen ist ein Beleg für die unendliche Aufmerksamkeit, die der Narziß für sich selbst aufbringt. Die Frauen, die ihm zu Füßen liegen, glauben, daß sie die letzten in seiner Eroberungsreihe sein werden, aber leider …

Mit der Gleichberechtigung ist es nach wie vor nicht sonderlich gut bestellt, zumindest machen viele diese Erfahrung. Ein erfolgreicher Geschäftsmann z. B. kann immer noch darauf zählen, daß Frau und Kinder ihn unterstützen. Für eine Frau scheint das Gegenteil zu gelten. Je erfolgreicher sie ist, desto kleiner ist die Chance, von ihrem Ehemann unterstützt zu werden oder – im Falle einer Trennung – die Kinder zu bekommen. Das ist nur die Spitze des Eisberges.

Schließlich gibt es da noch den Anblick der endlosen Reihen trauriger Ehepaare, deren Zwist kein Ende zu nehmen scheint. Eine Verbindung fürs Leben wird immer problematischer – aber das Bedürfnis, mit jemandem zusammenzusein, bleibt bestehen, weil es wesentlich für den Menschen ist. Dieses Verlangen verschwindet nie. Seit Menschengedenken suchen Mann und Frau sich gegenseitig auf.

Das Phänomen der Liebe als Basis einer Beziehung, die sich ein Leben lang bewähren muß, ist in unserer westlichen Gesellschaft noch ziemlich jung. Historisch gesehen war die

Ehe notwendig, um einander Sicherheit und Geborgenheit zu garantieren; doch die Zeiten haben sich geändert.

In den letzten dreißig, vierzig Jahren hat z. B. das soziale Netz des Staates den ökonomischen Aspekt einer Ehe in den Hintergrund gedrängt. Dadurch entstanden Freiräume, so daß die Partnersuche im Zeichen der Liebe stattfinden konnte und die Volksweisheit »Drum prüfe, wer sich ewig bindet ...« neuen Aufschwung bekam.

Man sucht im Partner jemanden, auf den man immer zurückgreifen kann, bei dem man sich nicht zu verstellen braucht und sich gehenlassen kann, ohne daß dies Befremden oder Ablehnung hervorruft. Das führt dazu, daß man gemeinsame Freunde hat, die Finanzen zusammen verwaltet und die Freizeit gemeinsam verbringt. Dadurch entsteht natürlich ein hohes Maß an Geschlossenheit nach außen. Das scheint schön zu sein, aber oft sind die Partner nicht in der Lage, diese exklusive Nähe zu leben – geschweige denn, dem anderen beim Tragen einer schweren Last wie Krankheit, Tod oder Sucht Hilfe zu bieten.

Das Bedürfnis nach Geborgenheit *muß* heutzutage mit dem Bedürfnis nach Entfaltung zusammenfallen, obwohl diese beiden Momente ein gespanntes Verhältnis zueinander haben. Geborgenheit bedeutet ein gewisses Maß an Abhängigkeit, Entfaltung erfordert Raum und Freiheit. Das scheint sich zu widersprechen, und tatsächlich scheitern viele Beziehungen an genau diesem Widerspruch.

Will man heutzutage eine erfolgreiche Beziehung führen, dann braucht man ein »Verhandlungsmodell«. Das beinhaltet die Verteilung der alltäglichen Aufgaben sowie der finanziellen und emotionalen Verantwortlichkeiten. Das setzt eine

Kommunikationsfähigkeit voraus, an der es leider in vielen Beziehungen mangelt.

Die Probleme entstehen immer aus dem Unvermögen heraus, miteinander zu kommunizieren. Der Wille, miteinander zu reden, zuzuhören und zu begreifen, was der andere meint, ist häufig nur schwach ausgeprägt. Es geht allzu häufig um die Wahrung der eigenen Interessen. In den fünfziger Jahren ist eine von 35 Ehen gestrandet, heute ist es jede dritte.

Menschen haben mehrere Beziehungen nacheinander. Das heißt heutzutage »serielle Monogamie«. Wenn der Reiz nachläßt und man selbstsicher genug ist oder wenn jemand die Nase gestrichen voll hat, dann machen die Partner Schluß und fangen eine neue Beziehung an. Ganz einfach! Und immer wieder, denn das Alleinsein ist für viele ein Schreckensbild – was es nicht sein muß, denn es bietet einzigartige Möglichkeiten. Du kannst machen, wozu du Lust hast, und dank deines netten Freundeskreises hast du immer Abwechslung. Oder du schlägst die Seite mit den Kontaktanzeigen auf und rufst jemanden an, wenn du Gesellschaft wünschst. Ich frage die Menschen oft direkt, warum sie zusammen wohnen oder verheiratet sind. Ich frage auch dich – und bitte antworte so ehrlich wie möglich.

Warum brauchst du einen Partner? Kompensiert der andere deine schlechten Eigenschaften? Oder möchtest du jemanden, der deinen Rollstuhl schieben kann, falls du einmal einen nötig hast? Kannst du nicht allein sein? Möchtest du, daß für dich gesorgt wird? Jeder Grund ist legitim, du gibst also immer eine richtige Antwort.

Ich bin doch neugierig darauf, wie du deinen Partner bewertest. Warum bist du mit ihm oder ihr zusammen? Komme mir jetzt nicht mit Liebe, denn der Mantel der Liebe deckt gerade zu, was ich wissen möchte. Was bewegt dich dazu, einen Partner zu wollen? Ist es der Fluch der Einsamkeit, der dich zwingt, Konzessionen einzugehen? Tiefe Liebe und große Leidenschaft schließe ich nicht aus, aber ich weiß mittlerweile, daß diese Aspekte bei einer durchschnittlichen Beziehung nur selten zutreffen.

Laß uns vor allem nicht gegenseitig Sand in die Augen streuen – also sei entsetzlich ehrlich: Warum sie oder er? Sind es vielleicht die Kinder? Der Fortpflanzungsdrang ist ein Urtrieb, der sicher nicht zu einer lebenslangen Bindung verpflichtet. In alten Zeiten ist der Mann nur bis zu vier Jahren nach der Geburt des Kindes bei der Frau geblieben, und in manchen Gesellschaften, besonders in Afrika, ist das immer noch üblich. Danach zog er weiter, um woanders weitere Kinder zu zeugen. Einige Forscher glauben, daß die hohe Scheidungsrate vor dem siebten Jahr noch ein Überbleibsel dieser Lebensweise sei.

Bist du also wegen der Kinder mit deinem Partner zusammen? Natürlich haben Kinder alles Recht der Welt auf ein harmonisches Familienleben und eine zuverlässige Begleitung seitens ihrer Erzeuger. Aber die brüchige Struktur des heutigen Familienlebens zeigt, daß aus diesem Recht keine Sicherheit abzuleiten ist.

Kirche und Staat profitieren von einer stabilen Gesellschaftsstruktur, dem Familienverband, weil das für die Finanzen beider Institutionen vorteilhaft ist. Aber hörst du noch auf deren »Propaganda«? Kinder allein sind also nicht der seligmachende Grund für eine feste Beziehung. Sie sind eher die Folge davon. Es gibt übrigens auch genügend Ehepaare, die bewußt entscheiden, keine Kinder zu bekommen.

Warum dann also eine Beziehung? Es gehört sich nun mal so, mag man noch einwenden. Tatsächlich? Was anno 1998 noch beobachtet werden kann – der Mann verdient den Unterhalt und die Frau versorgt die Familie –, entspringt eher einem alten, im Prinzip ausgedienten Rollenverständnis als einer wirklichen Notwendigkeit.

Diese Notwendigkeit besteht nicht mehr. Seit der Emanzipation gibt es keine ökonomische Abhängigkeit mehr – wiewohl sie vielen noch in den Gliedern steckt, denn wie viele Männer können damit umgehen, daß ihre Partnerin eine bessere Stelle hat, mehr verdient und größeres Ansehen genießt? Sicherlich streben wir heute nach Gleichberechtigung, aber die alten Rollenmuster sind nicht so leicht abzulegen. »Es gehört sich so« kann also nur heißen, nicht mit der Zeit gegangen, stehengeblieben zu sein.

Ist es dann die Angst vor dem Alleinsein, weil die Stille in einem selbst so ohrenbetäubend sein kann? Beantworte die Frage selbst.

Und wie sieht deine ideale Beziehung aus? Entspricht deine heutige Beziehung diesem Traumbild? **Beschreibe den Mann oder die Frau deiner Träume in körperlicher Hinsicht, bezüglich Persönlichkeit und Charakter.** Notiere auch, was du selbst zu bieten hast. Auf diese Weise erhältst du die Blaupause deines Partners. Du wirst dir bewußt, wer in Frage kommt und wer nicht, und weißt dann, was dazu beitragen kann, eine Beziehung von beiden Seiten aus langfristig attraktiv zu gestalten. Verliebte flüstern sich gegenseitig zu, daß sie sich lieben, aber die Motive werden nicht genannt. »Ich liebe dich, weil…« Auch das ist die Kommunikation, an der es in vielen Fällen noch ernsthaft gebricht. Sage beim nächsten Mal, warum du den anderen liebst.

In den letzten fünf Minuten bist du dir darüber bewußt geworden, was du dir von einer Beziehung erwünschst und was du in die Beziehung einbringen kannst. Jede Beziehung basiert auf einer eigenen Entscheidung. Die erste muß zwar nicht immer die richtige sein, aber es wird viele geben, die, aus welchen Gründen auch immer, bei ihr bleiben.

Wie sieht es aus mit deiner Entscheidung? Entspricht deine Beziehung den Wünschen und Vorstellungen, die du hast? Falls nicht, kannst du dich fragen, warum du bleibst und/oder ob es nicht Zeit wird, die Beziehung zu beenden. Wegzugehen ist und bleibt ein Entschluß, der die ganze Familie emotional betreffen wird. Gegen deinen Willen zu bleiben ist aber vielleicht eine noch größere Belastung für alle Betroffenen. Wenn du beschließt zu gehen und du schaffst es auf Anhieb nicht, dann nutze folgende NLP-Technik, die dir bei deinem Vorhaben hilft.

Als du verliebt warst, hast du die Vorzüge deines Partners unverhältnismäßig groß herausgestellt, so daß du die »Minuspunkte« übersehen hast. Irgendwann kamst du wieder mit beiden Füßen auf die Erde und lerntest, mit den Schattenseiten seines oder ihres Charakters zu leben. Vielleicht hast du für kurze Zeit auch noch versucht, deinen Geliebten zu verändern. Aber jeder, der das einmal versucht hat, ist bitter enttäuscht worden, denn den anderen nach seinem Bild zu formen ist ein hoffnungsloses Unterfangen.

Wenn du dich also von deinem Partner trennen möchtest, kannst du der Verliebtheitsstrategie folgen – nur umgekehrt. Du schaust nicht mehr nur auf das, was dich einmal angezogen hat, sondern auf das, was dich immer schon abgestoßen hat. Vergrößere die schlechten Seiten. Hole die Erinnerung an die schmerzhaften Augenblicke zurück, als du verletzt wurdest, und visualisiere sie. Halte dir dieses Bild genau vor Augen: Mundgeruch ist nicht mehr etwas, womit du zu leben gelernt hast. Du findest es widerlich! Sein/ihr ganzer Plunder! Das Flirten mit anderen Männern/Frauen. Das Geschrei, die Lügen, die vorgespielten Orgasmen, der Geruch von Urin, Eiter, Weißfluß und die widerliche Unterwäsche. Der Geschmack nach toter Maus beim morgendlichen Kuß. Sie wollte nie mit zu Pavarotti und schmilzt dahin bei der Musik von André Hazes. Er las nur Comichefte und lachte dich wegen deiner Vorliebe für Gabriel García Márquez aus.

Das Wiedererleben dieser Momente in deinem Kopf beeinflußt deine Stimmung derartig, daß dein Verhalten dementsprechend sein wird. Du willst da raus, und zwar so schnell wie möglich. Dann hast du keinen Kummer oder Schmerz, sondern nur die Erkenntnis, dich geirrt zu haben. Ein Biß in den sauren Apfel, und in drei Tagen ist alles vorbei. Keine *second thoughts*, keine Zweifel, sondern vorbei und Schluß.

Denke daran, wie es sein wird, wenn du in dreißig Jahren immer noch mit diesem Schwachkopf zusammen bist. Ist das der Gipfel des Glücks, die Lebenserfüllung? Das scheint mir nicht so. Entscheidest du dich jedoch, die Beziehung weiterzuführen, dann kannst du dich nicht auf dem damaligen »Ja« im Standesamt ausruhen. Das »Ja« muß ab und zu wiederholt werden, und zwar mit aller Begeisterung, derer du fähig bist.

Leidenschaft muß wie ein glimmendes Kaminfeuer geschürt werden – von dir und deinem Partner. Gleicher Einsatz ist eine Vorbedingung für ein gelungenes Beisammensein.

Bei einem vollständigen Einsatz beider Seiten ist $1 \times 1 = 1$. Ist einer von beiden nur zur Hälfte interessiert, dann ergibt sich $1 \times 1/2 = 1/2$. Sind beide nur teilweise »bei der Sache«, dann ergibt $1/2 \times 1/2$ nur $1/4$.

Die Schlußfolgerung lautet also, daß du dich für die Beziehung einsetzen mußt. Eine Beziehung erfordert Zeit und Einsatz, damit ihr gemeinsam und mit Leichtigkeit über die Fallgruben hinweggehen könnt, die immer wieder auf dem Weg, den ihr gemeinsam beschreitet, auftauchen werden.

Ich habe nun elf Handlungsvorschläge für dich, die dir dabei helfen sollen, mit deinem Partner eine lebhafte und spannende Beziehung aufrechtzuerhalten.

Wann bist du z. B. zum letzten Mal **Hand in Hand mit deinem Partner durch den Wald** gelaufen? Wenn es länger als zehn Tage her ist, dann lege jetzt dieses Buch weg und gehe mit deinem Partner spazieren. Und los.

Gib vor, den Hochzeitstag vergessen zu haben, und bestelle für diesen Tag das Gemeindehaus, die Kirche, den Empfang, das Fest und das Brautzimmer genauso, wie es am Hochzeitstag war. Stelle auf einer Liste die damaligen Festgäste zusammen und ergänze sie mit neuen Freunden und Bekannten. Locke deine Frau unter einem Vorwand zu ihrer elterlichen Wohnung (eventuell schaltest du ihre Schwiegereltern ein). Wenn sie dann nach draußen kommt, steht dort der Brautzug, und ihr erlebt das Ganze noch einmal, weil es so schön war.

Denke nicht zu viel über das nach, was ich dir vorschlage, sondern tue es einfach! **Bringe Blumen mit nach Haus.** Rosen sind die Blumen der Liebe, aber ein schöner Tulpenstrauß ist auch nicht zu verachten. Vergiß alle Ausreden wie »kein Geld« oder »kein Blumengeschäft auf dem Weg«, sie zählen nicht. Wärst du wirklich blank, dann könntest du immer noch in einem Park einen Strauß Löwenzahn oder ein Paar Margeriten pflücken. Die Geste zählt.

»Da komme ich doch vor kurzem mit Blumen nach Hause und sie fragt mich, ob ich etwas wiedergutzumachen hätte«, erzählte mir enttäuscht ein Bekannter. In einem derartigen Fall reicht eine kleine Karte mit dem Text: »Nur weil ich dich liebe«.

Wenn du keinen Partner hast, dann **kaufe heute Blumen einfach nur für dich** und feiere deine Freiheit.

Die Ansicht, daß Blumen zu kaufen und zu verschenken ein Privileg von Männern sei, ist überholt. Auch Männer finden es entzückend, von einer Frau Blumen zu bekommen. Stelle dir vor, daß er eine Blüte deines Straußes in sein Knopfloch steckt. Dann bist du den ganzen Tag bei ihm.

Als letzte Ausrede könntest du noch anführen, daß dein Partner gegen Blumen allergisch sei. Doch so leicht kommst du aus meiner und seiner oder ihrer Sicht nicht davon: Es gibt prächtige Seidenblumen, die noch viele Jahre an deine Geste erinnern werden.

Erinnerungen sind Anker. Der Augenblick, als du deinen Partner zum ersten Mal trafst, hat sich in deinem Gedächtnis eingeprägt. Sähest du ihn oder sie heute in der gleichen Kleidung und mit dem gleichen Haarschnitt, dann würdest du von denselben Gefühlen durchspült werden wie damals.

Die erste Verabredung war ein aufregendes Schauspiel. Du hast dir extra Gel ins Haar getan, einen angenehmen Duft ausgewählt, und du warst fünf Minuten zu früh an Ort und Stelle – voller Hoffnung, aufgeregt und einfach nur glücklich. Wie ist es jetzt? Kommst du nach Hause, knallst die Tasche in die Ecke und verschwindest hinter der Zeitung? Der Alltagstrott hat sich in die Beziehung eingeschlichen. Die Macht der Gewohnheit hat den Pfad der Liebe ausgetreten.

Heute abend kommst du nicht mit der gewohnheitsmäßigen, farblosen Standardbegrüßung nach Hause. **Verhalte dich so, als ob du deinen Partner heute abend das erste Mal triffst.** Mache ihm/ihr den Hof, und bringe ein kleines Geschenk mit. Wirf einen Blick in den Spiegel, bevor du hineingehst, und schau, ob du gut und gepflegt aussiehst. Du strahlst, und ohne daß du etwas sagst, erkennt der andere, daß mit dir irgend etwas los ist, denn du verhältst dich anders als sonst. Du weißt, daß du ihm/ihr heute abend zum ersten Mal wieder begegnen wirst. Der Funke wird sofort überspringen. Deine Energie greift auf deinen Partner über. Es ist anders als sonst …

Du betrachtest deinen Partner verliebt und flüsterst ihm ins Ohr: »Heute abend machen wir etwas Schönes. Heute abend tun wir so, als ob es unser erster gemeinsamer Abend wäre.«

Du schaltest den Gasherd mit dem Essen aus. Ihr zieht euch um, steigt ins Auto und macht exakt die Dinge, die ihr an eurem ersten Abend getan habt. Seid ihr euch in einer Disko begegnet? Dann geht in diese Disko. Wenn es im Kino war, dann sucht am besten das gleiche auf und versucht, die gleichen Plätze zu bekommen. Denselben Film werdet ihr dort wahrscheinlich nicht mehr sehen können. Solltest du jetzt denken: »Ich leihe mir ein Video von dem Film aus und bleibe einfach zu Hause«, dann hättest du die Sache gründlich mißverstanden.

Oder ihr besucht das Restaurant oder Café, in dem die ersten Zuneigungen ausgetauscht wurden. *L'histoire se repète* und das schon heute abend. Stelle dir das einmal vor. Das wird ein Fest.

Es kann natürlich sein, daß du umgezogen bist und nun in einer anderen Stadt wohnst. Dann suche vergleichbare Plätze auf, die dich an die ursprüngliche Situation erinnern. Wenn du die Vergangenheit in die Gegenwart holst, erlebst du die Glücksmomente noch einmal.

Wenn du allein oder geschieden bist und dir eine Beziehung wünschst, dann **mache dich schön, mache dich groß**, verlängere dich quer durch den Raum zu anderen hin und lächle. Dann dauert es nicht lange und du hast Kontakt. Gehe auf die Suche nach einer neuen Liebe.

»Nicht mit mir«, sagt der, der gerade eine unangenehme Erfahrung hinter sich hat. In dem Fall sollte man erst recht aktiv werden, denn sonst verfestigt sich die Strategie, die Aufmerksamkeit nur auf die negativen Seiten einer Beziehung zu lenken. Denke an die schönen Augenblicke, die es auch gab, nicht an ihn oder sie, sondern nur an die Augenblicke und das Gefühl, das damit verbunden war. Denke an das Wochenende in Paris, den Strandspaziergang, als du Dinge getan hast, die dich jetzt erröten lassen. Versetze dich in die herrlichen Momente zurück, und spüre die Sehnsucht, diese noch einmal mit einem anderen Menschen erleben zu wollen. Du kennst diesen Menschen vielleicht noch nicht, aber er läuft irgendwo herum, ohne von deiner Existenz zu wissen. Und dann seid ihr verliebt, und du wirst mit dieser Person vertraut sein und ihn oder sie bis in alle Einzelheiten studieren können.

Gehe ruhig auf die Suche nach einer neuen Liebe, gib eine Kontaktanzeige auf, gehe zu Geburtstagsfesten, Feiern, Eröffnungen, ins Café, und frage Freunde und Freundinnen, ob sie nicht jemanden für ein *blind date* kennen. Vergleiche deine neue Flamme nicht mit der vorhergehenden, sondern mit deinen Vorstellungen und Wünschen und genieße den Augenblick. So gibst du deinem Leben eine neue Chance. Nicht indem du zu Hause sitzt und schmollst, sondern indem du dich herausputzt und die Sache in die Hand nimmst.

Herrlich!

Machen!

Tsjakkaa!

Du wirst merken, daß dein Leben reicher wird, wenn du unerwartete Dinge tust. Wie wird deine Familie reagieren, wenn du die Initiative ergreifst und ein Familientreffen organisierst? Sie wird vielleicht zuerst überrascht schauen, denn Onkel, Tanten, Neffen und Nichten sehen sich sonst nur zu bestimmten Anlässen, meistens bei Hochzeiten und Beerdigungen. Die nähere Verwandtschaft kommt vielleicht auch noch zu Weihnachten oder einem Geburtstag zusammen.

Durchbrich diese Gewohnheit, nimm *jetzt* deinen Terminkalender, lege einen Termin fest, und verschicke Einladungen an die Familienmitglieder. Vergiß nicht dazuzuschreiben, daß die Empfänger die Einladungen kopieren und ihrerseits an alle ihnen bekannten Familienmitglieder verschicken sollen, denn du wirst wahrscheinlich nicht mehr alle Familienmitglieder kennen. Diese Vorgehensweise führt sicher zu einigen Überraschungen. Du wirst bei diesem Familientreffen Menschen begegnen, die du trotz des Verwandtschaftsverhältnisses noch nie gesehen hast.

Wenn dein Haus groß genug ist, kannst du dieses Treffen zu Hause stattfinden lassen. Ansonsten mußt du andere Räumlichkeiten suchen.

Hole den Fotoapparat aus dem Schrank, oder nimm die Videokamera zur Hand. Allein die Vorfreude ist königlich. **Organisiere ein Familientreffen**, der Erfolg steht von vornherein fest.

Eins-zwei-drei, drehn-zwei-drei – das sind die Grundschritte des Walzers. Die hast du früher in der Tanzschule gelernt und vielleicht nie richtig beherrscht, aber das macht nichts. Ich werde dich trotzdem auffordern, mit dem Mann oder der Frau, den oder die du liebst, **tanzen zu gehen**. Einwände wie »Ich kann nicht tanzen«, »Ich bin zu alt dafür« oder »Ich habe kein Gefühl für den Rhythmus« werden nicht akzeptiert. Ich will nur, daß du dir das Tanzen vornimmst und zusammen mit deinem Partner Spaß und glückliche Stunden hast.

Ihr bereitet euch darauf vor, zieht euch etwas Festliches

an und geht zusammen los. Ihr schafft ein gemeinsames Interesse, und damit seid ihr euch auch in euren Beschlüssen einig. Das schafft eine Harmonie, die von euch beiden auch so erfahren wird. Ihr werdet merken, daß ihr euch näherkommt. Unterschiede werden überbrückt, und die Einigkeit wird beiden guttun. Ihr seid konzentriert miteinander beschäftigt, das vermittelt eine neue Dimension. Ihr geht auf eine andere Art und Weise ineinander auf.

Es ist nicht wichtig, ob ihr in ein gemütliches Tanzlokal geht oder in eine Diskothek. Die Hauptsache ist, ihr seid in den wenigen Stunden ganz füreinander da. Musik tut Wunder, und das wird eure Stimmung auf ein höheres Niveau anheben. Und wenn ihr davon genug habt, trinkt ihr noch ein Gläschen in einer romantischen Kneipe. Es ist natürlich nichts dagegen einzuwenden, wenn ihr im Wohnzimmer schon ein Tänzchen einstudiert, um in der Anwesenheit anderer ein wenig euer Können zu demonstrieren. Wenn es euch gefällt, dann belegt doch mal wieder einen Tanzkurs. »Das Leben ein Tanzfest« – euer Leben. Tanzt zusammen und genießt es.

TSJAKKAA!

NLP lehrt, daß die gleichartige Sinneswahrnehmung bei Menschen von großer Wichtigkeit ist, um eine Vertrauensbasis zu errichten. Jeder Mensch hat eine persönliche Vorliebe für eine Art sinnlicher Wahrnehmung. Der eine ist mehr auf sein Gehör ausgerichtet, somit ist er auditiv eingestellt. Ein anderer reagiert eher auf visuelle Impulse. Oder du achtest zuerst auf dein Gefühl und ergänzt diese Erfahrung anschließend mit auditiven und visuellen Wahrnehmungen. Dann bist du kinästhetisch ausgerichtet.

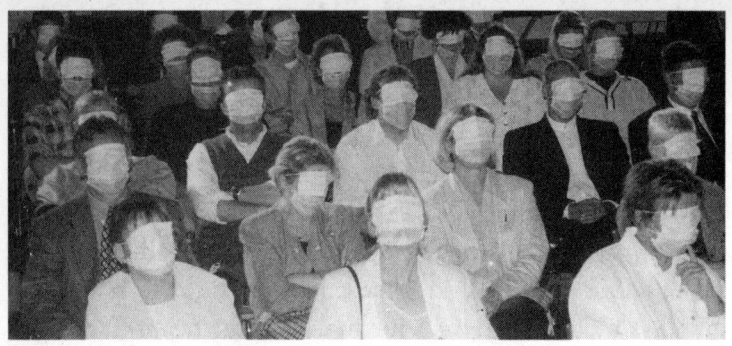

Das bedeutet nicht, daß du nur etwas hörst und nichts siehst oder nur auf dein Gefühl achtest und nichts hörst. Wir nehmen die Umgebung mit allen drei Sinnen gleichzeitig wahr, haben aber für eine der drei Modalitäten eine persönliche Vorliebe, die vom jeweiligen Augenblick abhängt.

Wenn zwei Partner miteinander harmonieren, d. h. sich in der gleichen Modalität befinden, dann ist das gegenseitige Erleben sehr intensiv.

Wenn aber z. B. der eine eher auf visuelle Aspekte achtet und der andere erst ein Gefühl für etwas haben möchte, dann können schon mal Konflikte entstehen. Der auditive Mensch hört z. B. sofort, wenn sein Auto irgendwo klappert. Der visuelle Typ wird in erster Linie nichts hören, weil er neugierig darauf achtet, ob etwas auf dem Armaturenbrett aufleuchtet oder sich bewegt.

Es ist gut zu wissen, welche Vorliebe dein Partner hat. Noch besser ist es, seinen Partner mit Impulsen für alle drei Modalitäten zu versorgen. Dann bist du auf eine VAK-artige Weise tätig: **visuell, auditiv und kinästhetisch**.

Ich meine damit: **Liebe deinen Partner auf eine VAK-Weise.** Laß sehen, hören und fühlen, daß du ihn bzw. sie liebst.

Angenehm zu riechen und gut zu »schmecken« ist natürlich auch eine Art, den Sinnen zu schmeicheln. Auf diese Weise fängst du alle Fliegen mit einer Klappe und läßt keine Modalität aus. In der Praxis heißt das, daß du ein kleines Geschenk kaufst (V), darauf achtest, attraktiv auszusehen (V), und deinem/deiner Geliebten erzählst (A), warum du es gekauft hast. Flüstere (A) ihm/ihr etwas Liebes ins Ohr, streichle (K) ihm/ihr über Arm und Rücken, und nimm (K) deinen *Lover* richtig in den Arm. Sorge für schöne Musik (A) und ein romantisches Ambiente (K), indem du Kerzen anzündest (V). Achte auf jedes VAK-Detail, und beobachte, worauf dein Partner am stärksten reagiert. So kannst du feststellen, welche Modalität dein Freund oder deine Freundin, dein Mann oder deine Frau bevorzugt.

Das ist die beste Methode, sich möglichst nahe zu kommen und dadurch zu verstehen, was der andere an deinem Tun und Lassen am meisten schätzt. Liebe den anderen auf eine VAK-Weise, und du hast die Basis für eine liebevolle Zukunft gelegt.

Das Folgende darfst du ruhig überraschend in die Tat umsetzen, weil du so die größte Wirkung erzielst. Ein Freund von mir wird von seinen Mitmenschen *Mister Valentine* genannt, weil er es sich zur Gewohnheit gemacht hat, den Menschen, die er liebt, zu unregelmäßigen Zeiten kleine Geschenke zu machen.

»Ich habe festgestellt, wie begeistert ich war, als mir vor ein paar Jahren jemand ein nettes kleines Geschenk mit einer Schleife drumherum gemacht hat«, erzählte er. »Das hat mich richtig gerührt. Es war kein Valentinstag, und ich hatte auch nicht Geburtstag. ›Weil ich dich nett finde‹, sagte der andere, und ich bekam davon eine richtige Gänsehaut. Seitdem kaufe ich Dinge, wenn sie mir gefallen, mache ein kleines Päckchen daraus und schenke es jemandem, den ich gerne hab' – ohne große Umstände und Hintergedanken. Es ist phantastisch, jemandem **etwas** einfach so **ohne Anlaß zu schenken**. Das ist herrlich.«

Er lachte herzlich, und ich glaubte ihm die Geschichte gern.

Eine solche Geste ist ein zärtlicher Beweis, daß dir der andere etwas bedeutet. Warum solltest du bis zum 14. Februar warten? Heute geht es auch. Und morgen. Jeder Tag kann ein Valentinstag sein – wenn du es willst.

Der folgende Hinweis ist ausschließlich für verheiratete Familienväter gedacht. Ich bitte euch, **einen ganzen Tag zu »ihrem« Tag zu machen**. Der heutige Tag steht somit voll und ganz im Zeichen der Frau und Mutter, weil du dadurch einmal nicht mit Worten, sondern mit Taten zeigen kannst, wie sehr du sie schätzt.

Du erledigst heute alles, was deine Frau normalerweise jeden Tag für die ganze Familie macht. Du stehst extra früh auf und schickst die Kinder in die Schule. Dann machst du den Abwasch, wischst und saugst Staub, fegst, putzt und gehst einkaufen. Aber das alles erst, nachdem du ihr ein herrliches Frühstück ans Bett gebracht hast, mit Croissants, duftendem Kaffee, der Zeitung, einem Glas frischgepreßten Orangensafts sowie einem Vier-Minuten-Ei.

Während sie mit Genuß schlemmt, läßt du warmes Wasser in die Badewanne ein, und während sie sich selig darin aalt, machst du einen Termin beim Schönheitssalon aus, so daß sie sich am Nachmittag verwöhnen lassen kann. Du gießt die Blumen, wäschst ihr Auto und machst die Wäsche, bügelst die Hemden und telefonierst mit ihrer Mutter, denn das macht sie auch jeden Tag.

Du spürst es schon. Du schlüpfst einen Tag lang in ihre Haut und bekommst haargenau mit, wie anstrengend es ist, den Haushalt jeden Tag unter Kontrolle zu halten. Wenn sie frisch und ausgeruht von der Kosmetikerin zurückkommt, stehen auf dem Herd bereits die dampfenden Töpfe.

Man benötigt nur wenig Phantasie, um vorhersehen zu können, daß es eine heilsame Wirkung hat, Rollen und Aufgaben einmal einen Tag lang zu tauschen; nicht nur, damit deine Frau einen Tag frei hat, sondern auch, damit du die Erfüllung ihres Tagewerks mit anderen Augen und mehr Wertschätzung und Bewunderung betrachtest.

Es ist auch schön, **unerwartet einen Tag lang zu Hause** zu **bleiben**. Mama und die Kinder stehen schon bereit, um dir hinterherzuwinken, und der Diplomatenkoffer wartet schon im Flur, aber der bleibt heute dort stehen: »Ich bleibe heute zu Hause.« Es ist zwar ein normaler Tag unter der Woche, aber er bietet ausreichend Möglichkeiten, ihn angenehm zu gestalten. **Du bringst die Kinder zur Schule und holst sie ein paar Stunden später wieder ab.** In der Zwischenzeit gehst du in die Stadt zum Einkaufen und Bummeln. Du gönnst dir in einem Café ein heißes Getränk mit Apfelkuchen, und um die Mittagszeit fährst du wieder zur Schule, wo deine Kinder schon auf dich warten – wenn sie nicht den Mumm hatten zu schwänzen.

Heute ißt die Familie einmal nicht zu Hause, sondern geht zu niemand geringerem als zum Wienerwald. Du leihst dir einen spannenden Videofilm aus, der jedem gefallen wird. »Ist mit Vati etwas nicht in Ordnung?« fragen sich alle. Doch, es ist alles in Ordnung mit Vati, und das macht ihn gerade so nett.

Der letzte Handlungsvorschlag ist eine Einladung, **»es« ungeniert zu machen**, wo auch immer: auf dem Land, zu Wasser oder in der Luft, auf dem Küchenboden, der Anrichte, im Gang, auf der Treppe, auf dem Dachboden, dem Balkon, im Garten, in der Garage, im Auto, unter dem Auto, auf der Motorhaube, auf dem Eßtisch, auf dem Sofa, im Schaukelstuhl, am Strand, auf dem Flugplatz, in einer Toilette, in einem Flugzeug, während der Nachrichten, beim Essen, beim Abwasch, beim Picknick, bei der Arbeit, während der Kaffeepause, in einem Hotel, auf dem Dach, im Schwimmbad, in einer Baumhütte, auf der Heide, unter einem Baugerüst, im Zug, im Fahrradschuppen, hinter einem Baum, auf einer Weide, vor dem Singen in der Kirche, während der Thronrede, in einem Supermarkt, bei einem Konzert in der Alten Oper, während einer Volkswanderung, bei einem Weinfest, in der Pause eines Fußballspiels oder an einem Ruderboot hängend.

Mache es mit Liebe und Freude.

Mache es spontan.

Mache es V.A.K.

Mache es jetzt.

TSJAKKAA!

Der Andere

Menschen haben überall auf der Welt mindestens zwei
Dinge gemeinsam: Sie bewohnen den gleichen Planeten,
und sie nennen einen Körper ihr eigen, der bei allen auf die
gleiche Art und Weise funktioniert. Ansonsten gilt: je mehr
Menschen, desto mehr Ansichten. Es gibt millionen-, wenn
nicht milliardenfache Unterschiede. Wenn wir die Gemeinsamkeiten betrachten, scheinen wir eine *global family* zu
sein, richten wir unsere Aufmerksamkeit aber auf die
Unterschiede, dann haben wir einen Nährboden für Konflikte.

Wie du es auch drehst und wendest, wir sind verurteilt, miteinander umzugehen. Wir haben ständig mit anderen zu
tun, jeden Tag aufs neue. Gäbe es die anderen nicht, wäre
schreckliche Einsamkeit unser Schicksal. Andererseits ist
mit dem anderen aber auch nicht immer gut Kirschen essen.
Der andere kann uns bereichern oder maßlos stören. Zwischen diesen Polen spielt sich die gesamte Bandbreite der
zwischenmenschlichen Beziehungen ab.

Andere Menschen wecken in uns die unterschiedlichsten
Gefühle. Bei dem einen fühlst du dich wichtig, während du
dich im Vergleich mit einem anderen nichtig fühlst. Du respektierst den einen, den anderen kannst du nicht ausste-

hen. Du fühlst dich für Hans verantwortlich, und Franz läßt du links liegen. Es gibt Zuneigung und Liebe oder Ablehnung und Haß. Wir sind konfrontiert mit einem reichen Spektrum an Gefühlen, das eher einem Labyrinth gleicht als einer idealen Linie.

Eine Kneipe ohne Menschen ist schlimmer als eine Kneipe ohne Bier. Wir wollen Kontakt, Geselligkeit. Das Bedürfnis nach Kontakt ist äußerst stark ausgeprägt. Andere Menschen sind essentiell für unser Wohlbefinden, Wohlbehagen und Glück. Ein Philosoph hat einmal gesagt: »Wir existieren durch die Gnade eines anderen.«

In diesem Kapitel möchte ich mit dir die Interaktion, die Wechselbeziehung zwischen zwei Menschen genauer unter die Lupe nehmen. Es wird zu der Erkenntnis führen, daß wir uns selbst bereichern, wenn wir etwas für einen anderen tun oder ihm näherkommen. Alles, was du gibst, bekommst du zurück. Gibst du Liebe, dann kommt Liebe zurück. Schenkst du deine aufrichtige Aufmerksamkeit, dann wird Aufmerksamkeit für deine Person zurückkommen.

Es beginnt bei dir. Du mußt anfangen. Erst dann kannst du eine Reaktion erwarten. Diese Lebenseinstellung entspricht einem offenen Wesen und ist nach außen gerichtet. Erst geben – aber dann nicht nehmen, sondern empfangen, denn vom Schenken wirst du reich.

Es wird dir schon aufgefallen sein, daß du (nur) die Menschen gern hast, die dich auch nett finden. Das Umgekehrte trifft auch zu. Du magst Männer nicht, Männer mögen dich nicht. Du magst Frauen nicht, Frauen mögen dich nicht. Dafür gibt es eine einfache Erklärung.

Das NLP kennt eine Technik, die »Rapport machen« genannt wird. Es bedeutet soviel wie, eine »Übereinstimmung« oder ein »Einvernehmen« herzustellen. Ich bevorzuge jedoch das Wort »Gemeinsamkeit«. Du schätzt die Menschen am meisten, die dir ähneln. In deiner Erfahrung bist du für dich das Maß aller Dinge. Du spiegelst jeden in dir selbst. Das ist verständlich, weil du dich normal findest. Jeder andere, der von deinem Bild abweicht, erscheint dir zunächst fremd und unnormal: Hast du selbst noch volles Haar, dann ist ein glatzköpfiger Mensch für dich – gelinde gesagt – gewöhnungsbedürftig. Trägst du am liebsten einen dreiteiligen grauen Anzug mit Krawatte, dann ist jemand mit Irokesenschnitt, Lederjacke und Tätowierungen äußerst befremdend. Trägst du am liebsten ultramini und ein tief ausgeschnittenes Dekolleté, dann gehört eine Frau mit Kostüm und Dutt zu einer ganz anderen Kategorie für dich. Sie wird einen anderen Haarschnitt haben, anderen Schmuck tragen, kurz, in deinen Augen ist sie eine Ziege. Du siehst keine Gemeinsamkeit, keine Ähnlichkeit.

Du hast dich für eine bestimmte Automarke entschieden, eine bestimmte Wohngegend, ein Studium oder einen Beruf – und für eine bestimmt Art von Menschen, deine Art.

Deshalb tragen Soldaten und Polizisten Uniform. Das erzeugt Gemeinsamkeiten über die persönlichen Unterschiede hinweg. Der Geschäftsmann trägt seine eigene Uniform und fühlt sich mit einem blauen Blazer und einer grauen Hose wohl. Die blauen Jacketts wollen auch nur unter ihresgleichen bleiben. Bei vornehmen Feiern werden die Herren im Smoking erwartet, die Damen in langer Abendgarderobe. Das schafft ein stillschweigendes Einvernehmen, das zur festlichen Atmosphäre beiträgt.

Auf diese Weise bist du ständig damit beschäftigt, dich mit Hilfe deiner Bekannten, deiner Arbeit, deines Autos, deiner Wohngegend und deines Sports selbst zu bestätigen – sogar dein Haustier spiegelt dich. Jeder, der in deine Welt paßt, ist für dich normal und akzeptabel. Er stimmt halt mit deiner Art überein. Wenn du in eine andere Umgebung kommst und dort auf Menschen mit einem anderen Hintergrund triffst, fühlst du dich unsicher. Du kennst dich nicht mehr wie in deiner eigenen Westentasche aus. Das ist unangenehm. Du siehst zu viele Unterschiede und bist damit so beschäftigt, daß es schwierig wird, Gemeinsamkeiten zu sehen.

Sich ständig in seinen eigenen Kreisen zu bewegen ist eine Art sozialer Inzucht. Du kannst es auch geistige Armut nennen. Dabei kann man sehr viel von Menschen lernen, die einem gerade nicht ähnlich sind. Die Welt außerhalb des eigenen Kreises ist viel fesselnder als das immer gleiche Einerlei in ihm. Es ist die Angst vor dem Unnormalen, die einen in der eigenen Welt festhält. Schade, denn auf diese Weise wird die Welt nie zu einem Ort, an dem Menschen unterschiedlicher Rassen, Kulturen und Religionen in Harmonie leben können.

Minderheiten haben es schwer, weil sie von dem »Normalen« der Mehrheit abweichen. Diskriminierung ist das Gegenteil von Rapport. Sie ist die extreme Ausprägung einer Wahrnehmung, die nur das Unnormale sieht. Asylsuchende werden durch die »gute Gesellschaft« bestimmt nicht herzlich willkommen geheißen. Es sind fremde Käuze. Die gute Gesellschaft will sich mit ihnen keine Kuckuckseier ins Nest legen, die auch noch unsere Geldsäckel plündern.

Das Unbehagen wird unter einer dünnen Schicht Mitmenschlichkeit – oder nennt man es manchmal auch Zivilisation? – verborgen. Aber ein Kratzer auf dieser Schicht reicht, und es bleibt wenig von ihr übrig. Das Aufkommen der extremen Rechten in ganz Europa liefert den Beweis. Und wenn dich das nicht überzeugt, dann höre mal genau zu, was an den Stammtischen und im kleinen Kreis so geredet wird.

Jeder hat eine andere – eigene – Sichtweise auf dieselbe Wirklichkeit. Man kann damit auf zwei unterschiedliche Weisen umgehen. Zum einen kannst du dich darüber ärgern. Dann verschließt du dich allem, was anders ist, und wehrst dich mit Händen und Füßen dagegen. Zum anderen kannst du Wohlwollen aufbringen. Dann trittst du für die anderen ein, weil es dich in deinen Ansichten und Ideen bestätigt – du machst Rapport.

Betrachte mal deinen Freundes- und Bekanntenkreis. Gleichen die Personen dir, oder unterscheiden sie sich deutlich von deiner Persönlichkeit und deinen Auffassungen? Genau, sie gleichen dir. Sie haben die gleiche politische Überzeugung, betreiben den gleichen Sport und haben die gleichen Hobbies wie du, den gleichen Geschmack, und es besteht eine große Wahrscheinlichkeit, daß ihr alle Autos der gleichen Preisklasse fahrt.

Von wem kannst du am meisten lernen? Sind das die Menschen, die dir sehr ähneln, oder diejenigen, die anders denken und leben? Die erste Gruppe lebt ungefähr so wie du. Die zweite Gruppe gestaltet ihr Leben anders – und das, glaube mir, ist viel interessanter.

Wie kann sich der Atheist mit dem Katholiken verständigen? Wie können Serben und Kroaten zusammenleben? Wann schließt ein Weißer einen Schwarzen in die Arme und umgekehrt? Es gibt unzählige solcher Beispiele. Die Lösung besteht darin, die Angst vor dem Fremden abzulegen und das gleiche in uns allen zu sehen. Das gilt nicht nur für dich, sondern auch für den anderen. Von allein geschieht nichts. Wenn wir uns aus gegenseitigem Mißtrauen heraus meiden und uns aus dem Weg gehen, betonen wir die Unterschiede nur. Es wird erst dann etwas geschehen, wenn wir Rapport machen. Und das geht ganz einfach: indem wir uns dem anderen anpassen – wie in jeder funktionierenden Beziehung. Überlege mal, wie du dich der Person angepaßt hast, mit der du heute zusammenlebst. Oder denke an deine »Büro-Ehe«.

Rapport zu machen bedeutet: **andere nachzuahmen**.

Und wenn ich »nachahmen« sage, dann meine ich vorbehaltloses und vollständiges Nachahmen: die ganze Art, wie der andere in Erscheinung tritt, wie er spricht und wie er sich verhält. Du beginnst mit der Körperhaltung, auch das Atmen ist leicht zu kopieren. Wenn jemand hoch oben und flach in der Brust atmet, dann hat er ein völlig anderes Körpererleben als jemand, der tief in den Bauch atmet.

Probiere es einmal aus: Atme schnell … und jetzt einmal langsam …

Spürst du den Unterschied? Du kopierst dein Modell absolut genau: die Muskelspannung, den Augenaufschlag und sogar das Ziehen der Mundwinkel.

Du kopierst das Beben der Nasenflügel, die Tendenz, immer das linke Ohr vorzustrecken, das eigenartige Wippen mit dem Bein, die Angewohnheit, mit der Hand in der Tasche zu sprechen, am Ohrläppchen zu fummeln und all die anderen Verhaltensweisen, durch die sich jemand körperlich äußert. Das darfst du alles nachmachen. Du spiegelst diese Eigenschaften.

Die meisten Menschen trauen sich das nicht, weil sie Angst haben, der andere könnte das bemerken und denken, man mache sich über ihn lustig. Diese Angst ist unbegründet. Der andere ist so sehr mit sich selbst beschäftigt, daß er es gar nicht bemerkt, wie er steht, atmet, an sich herumfummelt, sitzt und lacht. Er ist so von sich eingenommen, daß er dein Spiegeln nur als eine unbewußte Bestätigung seiner selbst wahrnimmt.

Es ist dir sicherlich schon mal passiert, daß du aus dem Haus gegangen bist und dich kurz darauf gefragt hast, ob du das Gas auch abgedreht hast oder den Schlüssel im Garagentor hast steckenlassen. Du hast dich gerade erst auf den Weg gemacht, und schon weißt du es nicht mehr. Das liegt daran, daß du es automatisch gemacht hast, d. h., ohne darüber nachzudenken.

So verhältst du dich auch bezüglich deiner körperlichen Eigenheiten. Du denkst nicht darüber nach, weil du es immer so machst. Für dich ist das normal, denn diese Verhaltensweisen gehören zu dir. Für denjenigen, der dich spiegelt, sind sie hingegen fremd – deshalb hat er Angst, aufzufallen und ertappt zu werden. Derjenige, der spiegelt, ist sich der Gesten bewußt, die der Gespiegelte unbewußt macht.

Um Rapport machen zu können, muß man den anderen exakt spiegeln. Alles, was dir an dem anderen auffällt, ahmst du präzise nach. Das betrifft auch den Wortgebrauch, den Dialekt, das Zischen, Stottern und sogar die Art und Weise, wie der andere seine Stimme einsetzt. Spricht er tief und ruhig oder hoch und gehetzt? Mache es nach!

Viele Menschen benutzen Füllwörter. Benutze sie in derselben Art. Höre zu, und nimm wahr, daß jeder Mensch in seinem Verhalten, seinem Ausdruck und seinem Wortschatz einzigartig ist.

Die ersten Male wirst du dich etwas anstrengen müssen. Du fühlst dich vielleicht ein wenig unwohl bei der Premiere, aber je öfter du es probierst, desto besser werden die Ergebnisse ausfallen. Irgendwann wird es dir zur zweiten Natur, und du spiegelst automatisch. Das wird dir viele Sympathien einbringen.

Am schwierigsten ist der Rapport mit jemandem, der bei dir einen großen Widerstand hervorruft. Man neigt dann dazu, auf Distanz zu gehen und die Abneigung nur zu verstärken. Du sitzt dann diesem »Unsympath« mit verschränkten Armen und übereinandergeschlagenen Beinen gegenüber. Du machst dicht und läßt die Situation eskalieren. Könntest du dich aber dazu bewegen, diesen Widerling in allen seinen abstoßenden Handlungsweisen zu spiegeln, dann sähest du, wie schnell das Eis zwischen euch schmelzen würde; mit einem Mal spürtest du Verständnis für sein Verhalten.

Der Gespiegelte macht dann alles für dich, was du von ihm willst. Du wirst sogar verstehen, warum er sich so und nicht anders verhält. Ich wage sogar zu behaupten, daß du eine gewisse Zuneigung für die widerwärtige Gestalt entwickeln wirst. Innerhalb weniger Minuten sind somit die Barrieren zwischen euch überwunden.

Sieh dir den Film »Gorillas im Nebel« vor diesem Hintergrund einmal an.

Das Angenehme beim NLP-Rapport ist, daß der andere dir gegenüber auch eine gewisse Zuneigung zeigen wird. Das Resultat: die Menschen werden dir gegenüber ehrlich und offenherzig, deutlich und direkt. Sie zeigen sich so, wie sie eigentlich sind, und es entstehen Respekt und Verständnis füreinander, wie sehr sich die Standpunkte auch unterscheiden. Ein Katholik wird zwar nicht zu einem Atheisten, und der Weiße wird nicht zu einem Farbigen, aber darum geht es auch gar nicht. Wichtig sind der gegenseitige Respekt und ein Verständnis, das die Unterschiede überbrückt.

Das bedeutet, Rapport zu machen. Deine klare Ansicht, die der des anderen diametral entgegenstand, verliert ihre abstoßende Wirkung. Du schaust nur noch auf die Gemeinsamkeiten und entwickelst Respekt. Die Wirkung des Spiegelns ist erstaunlich. Wendet ein Mann es bei einer Frau an, dann wird sie ihn besonders nett finden und sich vielleicht in ihn verlieben. Er ist ihr dann so ähnlich, und das schafft Vertrauen.

Was willst du denn machen, wenn ein Mann genauso romantisch ist wie du, wenn er zuhören kann wie du, wenn er das Arbeiten im Haus genauso schön findet wie du, Kinder mag genauso wie du und den gleichen Geschmack hat, was den Urlaub, Restaurants, Autos und Kleidung betrifft? Du fällst ihm zu Füßen. Die Frau, die den Mann spiegelt, darf sich über seine ungeteilte Aufmerksamkeit freuen. »Wie schön, daß wir uns in so vielen Aspekten ähnlich sind«, sagen Menschen, die gerade dabei sind, sich zu verlieben. Der Mechanismus, der dem zugrunde liegt, heißt spiegeln.

Schaue dir auch einmal Beziehungen an, die bewußt nicht spiegeln. Er ist schlampig, sie gepflegt. Er geht gerne aus, sie bleibt zu Hause. Sie will Opern, er Hardrock. Wenn es nach ihm geht, muß die Tochter um ein Uhr zu Hause sein, von ihr aus darf es auch halb fünf sein. Sie will eine Trekking-tour durch die Mongolei, er vierzehn Tage Benidorm. Er mag Bärte, sie ein glattrasiertes Kinn. Sie will Fast food, er will jeden Tag gesundes, frisches Gemüse. Verstehst du? Spiegeln hat damit zu tun, sich dem anderen anzupassen, in allem!

Indem du die Eigenheiten des anderen nachahmst, ver-stehst du mit einem Mal, warum er sich damit wohl fühlt, und statt dich über das Verhalten des anderen zu ärgern, fin-dest du es plötzlich in Ordnung.

Du hast Verständnis für den anderen, in jeder Beziehung, und das ist die einzige Grundlage für ein gutes, friedvolles Zusammenleben. Indem du bewußt spiegelst, wirst du wach-sen. Deine Kontakte werden vielfältiger und besser. Deine Voreingenommenheit nimmt ab und deine Weisheit zu. Du bist auf deinem Lebensweg wieder ein paar Schritte weiter-gekommen. Wenn du dich über deine Abneigungen hinweg-setzt und die Angst überwinden kannst, beim Spiegeln er-tappt zu werden, dann eröffnet sich dir buchstäblich eine neue Welt.

Die Art der Wechselwirkung mit anderen kannst du selbst steuern und beeinflussen. Dieses Wissen führt zu einer neu-en Lebenseinstellung, mit der du unglaublich viel erreichen kannst. Du hast es in der Hand. Tu es. Du hast die *Power*. TSJAKKAA!

Es gibt viele Strategien, die zu einer positiven Interaktion mit anderen führen. Einzige Voraussetzung: Du wirst selbst aus deinem Schneckenhaus hervorkommen und andere herzlich und liebevoll begrüßen müssen.

Die Erziehung in unserer Gesellschaft hält uns davon ab, **andere** zu **berühren**. Wir sind der Ansicht, daß unsere Berührungen falsch aufgefaßt und als sexuelles Signal interpretiert werden. Deshalb gibt es Fernsehspots der staatlichen Aufklärungsstelle, in denen Männern klargemacht wird, daß eine Frau »Nein« meint, wenn sie »Nein« sagt – auch wenn sie ihren Begleiter ab und zu berührt. Deshalb auch war es nötig, das Gesetz über die Arbeitsbedingungen so zu ändern, daß alles, was einer sexuellen Belästigung gleicht (anzügliche Blicke, ein »schlechter« Witz, Poster mit gutaussehenden jungen Frauen oder den Chippendales, ja, sogar ein Schulterklopfen oder ein Streichen über den Kopf), schwer bestraft werden kann. Es ist ein Beleg für unser Unvermögen, auf freundliche Weise mit uns umzugehen. Es bestätigt nur einmal mehr, daß wir unsere Hände im Zaum halten müssen.

Das ist eine völlig falsche Entwicklung, die wir da eingeschlagen haben, denn Menschen haben Aufmerksamkeit und Berührung nötig, sonst verdorren und erkalten sie. Sexuellen Belästigungen sind übrigens nicht ausschließlich Frauen unterworfen. Eine Untersuchung ergab, daß einer von fünf Männern bei der Arbeit auf die eine oder andere Weise bedrängt wird. Mache dir nichts aus den gesetzlichen Vorschriften und **drücke jeden, den du gern hast**. Wohlgemerkt – nicht jeden, auf den du scharf bist, sondern nur diejenigen, für die du aufrichtig liebevolle Gefühle hegst, die du einfach nett findest.

Nimm sie in die Arme, und drücke sie. Der körperliche Kontakt ist dann nicht mit erotischen Absichten durchdrungen, sondern nur mit persönlicher Wärme. Das wird der andere spüren und schätzen.

Noch einmal: Wir sind diesen Umgang nicht gewohnt. In unserer Kultur liegt noch immer ein Tabu auf körperlicher Berührung. Die »Bärenliebe«, mit der Jelzin Regierungschefs anderer Länder in die Arme schließt, kommt uns ziemlich übertrieben vor. Für Boris ist das ganz normal. Zögere nicht, sondern strecke deine Arme aus, und drücke den anderen. Dabei geschieht etwas Großartiges.

Du umarmst und drückst nur die Menschen, die du sehr gerne hast. Aber dann gibt es noch zahlreiche andere, die etwas tiefer in deiner Gunst stehen, die du gar richtig widerwärtig findest. **Sei** auch zu ihnen, sei **zu allen freundlich**. Damit meine ich wirklich alle! Deinen Mann, deine Frau, deine Kinder, die Kunden im Supermarkt, die anderen Verkehrsteilnehmer, die Kassiererin, deine Arbeitskollegen und die Passanten auf der Straße.

Sei auch zu den Tieren freundlich, der Katze, dem Hund, dem Goldfisch, aber auch zu der Spinne, die durch dein Zimmer läuft. Tritt oder schlage sie nicht tot, sondern bewundere einmal, was für ein Geschöpf die Natur hier hervorgebracht hat.

Das gleiche gilt für Pflanzen. Menschen mit einem sogenannten grünen Daumen haben den anderen nur eine Sache voraus: Sie sind freundlich zu den Pflanzen. Ich gehe sogar noch weiter. Sei freundlich gegenüber den Dingen:

deinem Fahrrad, deinem Füllfederhalter, deiner Kleidung, deinen Möbeln. Damit durchbrichst du die Gewohnheit, manchmal dein mögliches Unbehagen auf Menschen, Tiere und Dinge sowie nicht zu verändernde Erscheinungen wie das Wetter zu projizieren und griesgrämig zu werden. Statt dessen entwickelst du das Verhalten, allem und jedem und damit schließlich auch dir selbst gegenüber freundlich zu sein.

Jemandem ein Kompliment zu **machen** bewirkt Wunder. Vor kurzem habe ich einen Aufkleber gesehen: »Freundlichkeit kostet nichts« – anscheinend eine typisch niederländische Motivation, um Menschen zur Freundlichkeit zu bewegen, denn wenn etwas nichts kostet, ist es interessant. Trotzdem stimmt es.

Freundlichkeit kostet also nichts, bringt dir aber eine Menge ein. Es fängt morgens früh im Badezimmer damit an, daß du zu dir selbst und deinem Gesicht im Spiegel freundlich bist. Beim Frühstückstisch sagst du zu deinem Partner: »He, was siehst du heute gut aus.« Zu deinen Kindern: »Schön, daß ihr gestern euer Zimmer aufgeräumt habt«, und der Putzhilfe sagst du: »Wie die Fenster wieder blitzen.«

Wenn du ins Auto steigst, machst du dem Auto ein Kompliment. Es bringt dich schließlich wieder zu deinem Ziel. Unterwegs machst du es noch einmal: »Los, Brauner, eben überholen. So ist es gut.« Klopfe ermutigend mit der flachen Hand auf das Armaturenbrett.

Autoverkäufer sprechen nicht umsonst von einem »ehrlichen Auto«. Das ist ein Wagen, der sich gut anfühlt und dir ein gutes Gefühl vermittelt – sein Dankeschön an dich. Außerdem erzielst du mit einem solchen Auto einen hohen Wiederverkaufspreis – was willst du mehr? Nicke und grüße die Menschen, an denen du vorbeifährst, und lächle. Das schafft eine freundliche Atmosphäre.

Eine alte chinesische Weisheit sagt: »Das wahre Wesen des Menschen ist ursprünglich gut, aber es wird durch den Kontakt mit dem Irdischen getrübt, deshalb bedarf es einer Läuterung, damit es in seinem ursprünglichen hellen Glanz strahlen kann.«

Betrachte einmal ein Kleinkind. Dessen Wesen ist noch rein und klar wie Glas, aber durch den Input von Fernsehen, Schule und Eltern wird das prächtige Kleinkind langsam zu einem widerspenstigen Bengel transformiert.

Dem Kontakt mit dem Irdischen können wir nicht entkommen. Kontakt bedeutet aber auch Aufmerksamkeit, die Klarheit schaffen kann. Aufmerksamkeit lernst du z. B. dadurch, daß du **einen ganzen Tag lang nur andere betrachtest**. Du selbst bist an diesem Tag unwichtig. In deinem Erleben zählen nur die anderen. Das ist auf verschiedene Arten zu bewerkstelligen. Schau dir vom Auto aus deine autofahrenden Kollegen an, betrachte die Passanten von einem Straßencafé aus, die Kollegen im Büro oder aus dem Fenster heraus deine Nachbarn.

Achte bei deiner Beobachtung einmal darauf, wie die Beobachteten auf andere Menschen reagieren. Wie treten sie in ihrer Umgebung in Erscheinung? Wie gehen sie mit Kritik und Komplimenten um? Wie sieht ihre Reaktion auf das Wetter oder den Stau aus?

Die Konzentration auf das Verhalten anderer wird dir neue Einsichten vermitteln, weil du die Situationen analysierst. Würdest du dich genauso verhalten oder anders reagieren? Warum? Deine Beobachtungen werden auf jeden

Fall die Behauptung bestätigen, daß jeder Mensch einzigartig ist. Nimm dir einen ganzen Tag Zeit für deine Exkursion, und du wirst so viel Neues erkennen.

Du liebst am meisten dich selbst. Nun ja, es gibt natürlich immer etwas zu bemängeln, aber es steht einfach fest, daß du am meisten dich selbst liebst. Mache dir einmal bewußt, welche Urlaubsfotos dir am besten gefallen haben – tatsächlich, es sind die, auf denen du besonders vorteilhaft abgelichtet bist.

Du kleidest dich auf deine Weise, weil du glaubst, daß dir dies am besten steht und du deshalb am vorteilhaftesten aussiehst.

Du findest, daß dies ein phantastisches Buch ist. Ein anderer hält es für Schwachsinn und hat deiner Ansicht nach keinen Geschmack. Welche Meinung steht dir näher?

Stelle dir vor: Ein Flugzeug, du und ich, ein Fallschirm, das Flugzeug stürzt ab, wer bekommt den Fallschirm? Wer steht dir näher?

Wenn du etwas für einen anderen tust, machst du das dann mit halbem Herzen? In diesem Fall darfst du dir den folgenden Handlungsvorschlag zu Herzen nehmen. Wenn du für jemand anderen immer alles mit vollem Einsatz und zu hundertfünfzig Prozent machst, dann kannst du beim nächsten Kapitel weitermachen. **Mache etwas für jemand anderen so, als ob es für dich selbst wäre.**

Das geht folgendermaßen: Du bietest einer dir bekannten Person an, etwas für sie zu tun. Das kann alles mögliche sein: das Auto waschen, das Haus putzen, anstreichen oder ein Bewerbungsschreiben verfassen. Das gelingt dir am besten, wenn du dich in den anderen hineinversetzt.

Wenn du für einen Chef arbeitest, arbeite dann so, als ob es deine eigene Firma wäre. Gehe mit dem gleichen Einsatz an die Arbeit, als tätest du es für dich selbst.

Jetzt gehe ich noch einen Schritt weiter: **Stelle dich vollständig in den Dienst eines anderen.** Wenn du bei dieser Vorstellung einmal schlucken mußt, dann schlucke – und wir können beginnen.

Du stellst dich also vollständig in den Dienst eines anderen und genießt alles, was du für diesen Menschen tust. Du stelltst deine eigenen Interessen vollständig in den Hintergrund. Denn du tust alles bedingungslos und ohne Hintergedanken nur für den anderen, weil du ihn gern hast; vielleicht braucht er ja auch konkrete Hilfe. Das ist egal. Du machst es nur, weil du der Ansicht bist, daß der ganze Tag im Zeichen der Hingabe für einen anderen steht. Frage dich selbst, was du dabei empfindest. Es ist ein besonderes Experiment – zumindest für uns Niederländer, denn wir sind nicht immer in der Lage, uns **rückhaltlos hintanzustellen**.

Geht es darum zu erzählen, wie man für sich selbst am besten sorgen kann, wie man sich durchsetzt und die eigenen Interessen wahrt, erweisen wir Niederländer uns nur allzu schnell als Weltmeister.

Wenn du diesen Vorschlag ausführst, dann beobachte genau, was mit dir geschieht. Fühlst du dich mißbraucht oder gerade geschätzt? Es geht natürlich darum, daß du dich dabei wohl fühlst. Du bist konfrontiert mit deiner Fähigkeit, jemandem zu Diensten sein zu können. Genießt du es, dann tust du es noch häufiger. Wenn du es nicht genießt, dann hast du eine Herausforderung und stellst dich ihr – bis du in den Genuß kommst.

In Seminaren erzähle ich, daß »Verkaufen« eigentlich »Dienen« bedeutet. Du bist als Verkäufer dem Käufer immer untergeordnet. Das ruft bei vielen Verkäufern oft Widerstand hervor. Der Gedanke vermittelt ihnen ein ungutes Gefühl. Sie finden es inakzeptabel, heute vollständig im Dienste eines anderen zu stehen. Dann ist man untergeordnet, und wer will das schon sein? Aber überlege mal: Vielleicht bist du besonders **gut**, geradezu unschlagbar, **wenn du dich** als Verkäufer **unterordnest** und deinem »König« dienst? Du kannst es selbst feststellen, indem du es einen Tag lang tust.

Es ist eine besondere Erfahrung.

Probiere folgende Vorschläge aus. Führe sie nach und nach aus, wiederhole sie, und mache dir die Empfindung bewußt, die du körperlich spürst. »Ich hatte einen angenehmen Tag«, sagte ein Mitarbeiter zu mir. Ich fragte warum. »Ich habe heute **allen den Vortritt** gelassen«, erzählte er. »Du machst dir keine Vorstellung davon, wie relaxed ich dabei geworden bin. Es war richtig erholsam.« Er war an diesem Tag beim Arzt, und im Wartezimmer hatte er gesehen, wie ein Patient, der nach ihm gekommen war, aufgeregt auf seinem Stuhl hin- und herrutschte. Er schaute sich das an und ließ ihn vor: »Gehen Sie nur zuerst. Schönheit vor Alter.« Es hatte morgens schon angefangen, als sich alle vor dem Badezimmer drängelten. »Keine Frage, geht ihr nur. Ich warte solange.«

Im Stau schlossen die Autos ganz dicht auf, um nur ja niemanden hineinzulassen. »Kommt nur«, winkte er den anderen Fahrern zu. Sie hoben die Hand zum Dank. Davon bekam er eine Gänsehaut.

Ein Stau ist besonders geeignet, sich aufs äußerste zu ärgern – oder sich extrem zu freuen. Auf der einen Seite ist es die Verspätung und obendrein das freche, eigensinnige, egoistische Verhalten der anderen Fahrer. Du fährst artig in der Spur hinterher, und ein anderer rast vorbei und drängelt sich dazwischen. Ärgert dich das? Mich auch!

Und dann gibt es da noch die schnellen Jungs, die die Standspur benutzen, um sich nach vorne zu mogeln. Stört dich das? Mich auch! Und diejenigen, die auf der Autobahn so tun, als wollten sie tanken, dann aber nur über den Rastplatz fahren, um sich dreihundert Meter weiter wieder einzufädeln. Kannst du die ausstehen? Ich auch nicht. Aber, was soll's. Die Tatsache, daß du und ich uns ärgern und uns daran stören, führt zu nichts. Der andere bleibt ein Rüpel. Auch wenn du schier explodieren könntest, veränderst du nichts. Laß einem anderen also einfach den Vortritt, und mache dir nichts daraus.

Respektiere den anderen, auch wenn er sich benimmt wie ein Schuft. Das hat zwei Vorteile. Der Ärger verschwindet und macht einer inneren Ruhe Platz. Und du gibst sogar diesem frechen Schnösel eine Alternative. Vielleicht verhält er sich beim nächsten Mal genau wie du. Er paßt sich an und dient der Allgemeinheit. So weckst du im Stau ein gutes Gefühl. Was du gibst, kommt am Ende immer wieder zurück – mit Zinsen.

Auf dem Parkplatz drängelte sich ein anderer in die Lücke, die mein Mitarbeiter gefunden hatte. »Nehmen Sie ihn nur«, signalisierte er und fuhr hundert Meter weiter auf einen anderen Stellplatz. Auf diese Weise bekam er noch ein wenig zusätzliche Bewegung.

»Es ist schon merkwürdig, daß es immer auch noch einen zweiten Parkplatz gibt«, erzählte er froh und gleichzeitig erstaunt.

Es verschafft dir Ruhe, beugt Streß vor, und du bekommst dafür immer Sympathie zurück. Lasse jedem den Vortritt. Einen ganzen Tag lang und danach immer öfter. Dann wird es dir auch passieren, daß dich andere vorlassen, wenn du es wirklich mal eilig hast.

Du stehst in der Schlange vor der Kasse und hast nur zwei Dinge zu bezahlen. Die Dame mit dem vollen Wagen vor dir sieht das und sagt: »Gehen Sie nur vor.« Wenn du nickst und dich herzlich bei ihr bedankst, ist sie möglicherweise noch glücklicher als du.

Es gibt nur noch einen freien Platz im Lift, und der Mann, der neben dir steht und auch wartet, sagt: »Gehen Sie nur, ich warte auf den nächsten.«

Du dankst ihm freundlich und läßt ihn mit einem guten Gefühl zurück. Sich gegenseitig Raum zu gönnen ist für alle Beteiligten ein Genuß.

Es wird dir immer leichtfallen, Altruist zu sein. Besonders dann, wenn du folgendes so schnell wie möglich in die Praxis umsetzt: Zahle für jemanden, der hinter dir in der Schlange steht. Dieser Gedanke wird dir merkwürdig vorkommen, denn das hast du in deinem Leben wahrscheinlich noch nie getan. Es ist bizarr, und auf den ersten Blick scheint es lächerlich, zumindest eigenartig und ungewöhnlich zu sein, **für jemand anderen** zu **bezahlen**.

Stell dir vor, du stehst in der Schlange vor der Kinokasse,

drehst dich zu deinem Hintermann um und sagst: »Ich habe Lust, etwas Ungewöhnliches zu machen. Ich möchte gerne Ihre Eintrittskarte bezahlen.«

Ich war beim Tanken, und es goß in Strömen. Neben mir hielt ein Auto, und ein Mann versuchte, mit seinen Krücken auszusteigen. Ich sah, daß er nur ein Bein hatte. Ich rief ihm zu, er möge sitzenbleiben, bat ihn um den Schlüssel für den Tankdeckel, füllte den Tank, gab ihm den Schlüssel zurück und sagte: »Vielen Dank, daß ich Ihnen helfen durfte, dafür werde ich Ihnen das Benzin bezahlen.« Er sträubte sich kurz, aber ich konnte ihn von meinen positiven Absichten überzeugen. Er gab Gas – mit der Hand. Er war froh, ich auch.

Das funktioniert auch im Supermarkt. Beim Bezahlen kündigst du dem Kunden hinter dir an, daß du den Inhalt seines Einkaufswagens bezahlen wirst. Zunächst wirst du wahrscheinlich auf Ablehnung stoßen, weil sich sehr schnell Hintergedanken einstellen. Es gibt Reaktionen wie: »Ist dies ›Versteckte Kamera‹?«, und alle fangen an, nach der versteckten Kamera zu suchen. Natürlich sagst du, daß es keine gibt, daß es sich nur um eine Geste handelt. Du erzählst, daß du die Idee in dem Buch TSJAKKAA! gelesen hast und es ausprobieren möchtest.

Der Kunde freut sich darüber, daß jemand anders seine Einkäufe bezahlt. Der Supermarktchef ist froh, weil der Kunde beim nächsten Mal mehr einkaufen wird. Die Kassiererin freut sich über dieses Intermezzo, deine Frau freut sich, weil du mehr Rabattmarken mit nach Hause bringst, der Buchhandel freut sich, weil die Nachfrage nach TSJAKKAA! steigt, Emile freut sich über mehr Leser, und du freust dich auch. Und dann stehst du sechs Wochen später wieder in der

Schlange und bekommst mit, daß die begünstigte Person von damals für jemanden bezahlen will, der vor ihr steht: ein Kreislauf von Freude, dank dir. Was glaubst du, wie du dich fühlen wirst?

Du willst heute nett zu jemandem sein, den du nicht kennst und den du auch nicht zu kennen brauchst. Sei also nett und tu es! Der andere reagiert mit Überraschung, Freude, Fröhlichkeit und schierer Verwunderung. Er hält dich vielleicht für verrückt oder bewundert deinen Mut. Diese »zufällige« Begegnung wird immer eine besondere Begegnung für dich bleiben.

Dahinter steckt der Gedanke, daß die gute Tat für jemand anderen auch immer eine gute Tat für dich selbst ist. Wenn du einem Unbekannten etwas schenkst, kannst du sicher sein, auf die eine oder andere Weise etwas zurückzubekommen. Und wenn das geschieht, dann nimm das Geschenk gutgelaunt entgegen, denn du hast es dir durch deine Uneigennützigkeit verdient. So durchbricht man den Kreislauf von Ursache und Wirkung.

Es ist so einfach, die Welt eines anderen mit einem kleinen Angebot zu verändern. Das tust du, indem du z. B. **jemand anderem die Einkaufstasche trägst.** »Soll ich eben die Tasche für Sie tragen? Wo möchten Sie sie denn hin haben?« Das tust du selbstverständlich für deine Frau oder deine Oma, aber für einen Wildfremden? Du wirst es vielleicht schon mal einem fremden älteren Menschen angeboten haben, aber nicht so ohne weiteres einem Marokkaner – also wirst du gerade dies tun.

Rechne nicht damit, daß der Angesprochene begeistert und dankbar auf deinen Vorschlag eingehen wird. Viele werden befürchten, du wolltest nur mit ihrer Tasche durchbrennen. Schließlich ist es nicht normal, daß du einem Fremden so etwas vorschlägst, zumal er die Tasche sehr wohl selbst tragen könnte. Wenn du aber deutlich machst, daß es dir wirklich nur darum geht, jemand anderem die Tasche zu tragen, beendest du den Argwohn und durchbrichst den Teufelskreis. Jenseits aller Widerstände wirst du auf Dankbarkeit stoßen und den Angesprochenen auf eine Weise zum Denken anregen, die du ruhig konstruktiv nennen kannst. Und wie denkst du über dich selbst?

Das Überraschungsmoment ist herrlich. Deshalb der folgende Aktionshinweis: **Überrasche jemanden**, egal wie. Du bringst der Telefonistin, die du sonst immer nur hörst und fast nie siehst, einen Blumenstrauß mit, du schenkst deiner Tochter eine Puppe und deinem Sohn einen Baukasten, unerwartet und ohne Anlaß. Du schenkst jemandem auf der Straße eine Flasche Parfüm, die du gerade gekauft hast, oder du kurbelst vor der roten Ampel die Scheibe herunter und fragst den Fahrer im Nachbarwagen: »Haben Sie heute schon die Zeitung gelesen?« Wenn er verneint, dann gibst du ihm dein Exemplar.

Wenn du mit jemandem Krach hattest und ihn nicht sehr freundlich behandelt hast, dann suche ihn oder sie auf und sage, daß du es wieder gutmachen möchtest – mit einer Flasche Wein, einer Kinokarte oder einem Strauß Blumen.

Bist du bereits seit sieben Jahren geschieden und mußt dich für den Unterhalt krummlegen? **Rufe deine Exfrau an** und laß sie wissen, daß du ab und zu an sie und vor allem an die schönen Augenblicke der damaligen Beziehung denkst.

Auch deine heutige Partnerin wird dieses Verhalten begrüßen, weil sie denkt: »Wenn mir das gleiche passiert, weiß ich, daß er weiter für mich zahlen wird.« Ich bitte dich nicht, diese Vorschläge zur Kenntnis zu nehmen oder ihre Durchführung zu bedenken. Ich bitte dich darum, aktiv zu werden. Tu es. Tsjakkaa!

Wenn du denkst: »Wird das wieder Geld kosten?«, dann **pflücke einen Strauß Blumen im Park**. Auch ein Kompliment zu machen kostet nichts, echte Aufmerksamkeit ist umsonst. Es ist schön, etwas zu bekommen und etwas zu geben. Geben bedeutet, Glück zu verbreiten, und noch einmal: Es braucht nichts zu kosten. Wir haben keine Probleme damit, Kommentare abzugeben. Wenn etwas nichts taugt, dann sagen wir das, weil wir es ganz normal finden, daß Dinge so funktionieren, wie sie funktionieren sollen. Verhält es sich anders, dann kritisieren oder tadeln wir das.

Das bringt mich auf die nächste Idee: Beim nächsten Mal, wenn du gute Gründe hast, zu tadeln und zu kritisieren, **machst du ein Kompliment**. Das ist vielleicht komisch! Dein Sohn hat seine Hausaufgaben nicht gemacht, aber statt ihm die Leviten zu lesen, machst du ihm ein Kompliment für die Tage, an denen er sie rechtzeitig fertig hatte. Und dann hatte er ja nebenher auch noch die Zeitungen ausgetragen. Toll! Das ist kein Sarkasmus, du meinst es wirklich so. Der Verkäufer, der sein Verkaufsziel nicht erreicht, erwartet eine Rüge, aber er bekommt ein Kompliment für all die anderen Tage, an denen er das Soll sogar überschritten hatte. In der nächsten Woche wird es dann sicher besser gehen. Kommt das Kompliment zu einem Zeitpunkt, an dem niemand damit rechnet, dann wird es eine herzerwärmende Wirkung erzielen. Daraus schöpft der Empfänger Energie.

Der Blumenverkäufer weiß, daß seine Sträuße eine bestimmte Bedeutung haben, weil jemand Geburtstag hat, krank ist oder etwas erreicht hat.

Du kaufst einen Strauß Blumen für deinen Chef. »Welcher Tatsache habe ich das zu verdanken?« wird er fragen. Du antwortest: »Nur der Tatsache, daß ich Sie als Chef schätze.« Wenn er dabei denkt, daß du eine Beförderung oder Gehaltserhöhung im Hinterkopf hast, dann ist das sein Problem. Auf jeden Fall war das nicht deine Absicht.

Heute abend überraschst du deinen Partner mit einem schönen Strauß. »Wie schön, aber warum? Bist du womöglich fremdgegangen?« Du antwortest: »Ich möchte dir zeigen, daß ich dich wirklich liebe.«

Kaufe deiner Tochter eine schöne Pflanze für ihr Zimmer. Sie wird ihren Augen nicht trauen. Sie ist erst zwölf! »Weil ich mich über so eine phantastische Tochter wie dich sehr freue.« Sie freut sich sicher auch über ihren Vater. Und wenn du jetzt schon einmal dabei bist: Wie wird der Lehrer erst gucken, wenn du dein Kind zur Schule bringst und ihm einen Blumenstrauß schenkst? »Weil Sie so gut für mein Kind sorgen.« Es ist nicht immer ein Blumengeschäft in der Nähe, und dein Budget läßt es auch nicht immer zu – aber die Natur ist überall. Pflücke einen kleinen Blumenstrauß, wo es möglich ist. Margeriten, Pfingstrosen oder etwas anderes von dem, womit uns die Natur erfreut. Was hältst du von einem **vierblättrigen Kleeblatt**? Suche es und überlege, wem du es schenken kannst. Entscheide dich für jemanden, von dem du meinst, daß er es eigentlich nicht verdient habe.

Denke dir trotzdem zwei Gründe aus, die für deine Wahl sprechen.

Sage es mit Blumen, aber nicht zu vorgegebenen Zeiten. Mache es spontan, wenn niemand damit rechnet.

Bei mir vor der Haustür stand einmal ein Mann, der für irgendeinen guten Zweck sammelte und komischerweise wie ein Industriekapitän aussah. Das faszinierte mich, und ich fing ein Gespräch mit ihm an. Er war tatsächlich ein erfolgreicher Geschäftsmann und erzählte mir eine schöne Geschichte – was für eine Idee, was für eine Lektion!

»Ich mache es aus Vergnügen«, sagte er. »Aber wenn Sie tausend Gulden haben, sind Sie doch fertig?«

»Es geht nicht um das Geld, sondern um die Zeit, die ich darauf verwende. Ich selbst spende, wo es nur geht, aber das ist keine Kunst und bringt mich den Menschen nicht näher. Ich sitze den ganzen Tag hinter meinem Schreibtisch oder im Besprechungszimmer oder bin auf Geschäftsreise. Aber ich habe keine Ahnung von dem, was in der Gesellschaft passiert. Deshalb gehe ich raus und sammle für einen guten Zweck, damit ich mit anderen Menschen in Kontakt komme.«

Er fand seine Tätigkeit schon schwierig, vor allem am Anfang. »Aber es bringt einen zum Nachdenken, und es fällt einem ständig etwas Neues ein. In diesem Winter will ich mich vor Weihnachten mit einem Topf Suppe auf die Straße stellen und sie an Stadtstreicher austeilen. Das sind übrigens ›Stadtnomaden‹ geworden. Es klingt besser, nicht mehr so nach vogelfreiem ›Landstreicher‹. ›Nomade‹ vermittelt ein angenehmes Gefühl, und wir verändern unsere Wirklichkeit und unser Ohnmachtsgefühl.« Ich war perplex, habe ihn aber völlig verstanden. Ein Mann mit einem Gehalt von etlichen tausend Gulden im Monat, der sich freimachte, um **Geld für eine Suppenverteilung** zu **sammeln**. Er sagte, daß er davon reicher werde. Er hatte recht.

»Meine Kinder sind verwöhnt«, erzählte er mir. »Sie hielten es für verrückt, daß ihr Vater mit einer Sammelbüchse auf die Straße ging. Ich glaube, sie schämten sich sogar dafür. Dann habe ich sie gefragt, ob sie nicht **in einem Altersheim den Menschen**, die einsam sind und nur mit Mühe lesen können, **Bücher vorlesen** wollen. Eines der drei macht es jetzt, und ich beobachte eine deutliche Veränderung in seinem Verhalten. Wir verstehen uns jetzt besser.«
Beeindruckt steckte ich noch eine Banknote in die Sammelbüchse. Tsjakkaa!

Es gibt Menschen, die einen Teil ihres Körpers weggeben. Während ihres Lebens spenden sie Blut, und für den Fall ihres Todes haben sie entschieden, ihre Organe für die Transplantation freizugeben. Es liegt auf der Hand, daß du anderen damit helfen kannst, wenn du gesund bist. **Werde Blutspender!**
Bist du noch kein Blutspender, dann greife jetzt zum Telefon und rufe beim Deutschen Roten Kreuz an. Dort erfährst du, wo Blutspenden in deiner Stadt möglich sind. Dein Blut ist für kranke Menschen ein Lebenselixier, und mit der Spende zeigst du Dankbarkeit für deine eigene Gesundheit. Die Vorstellung, daß jemand dank eines deiner Organe län-

ger lebt, ist ein glückseliger Gedanke. Hast du noch keinen Spenderausweis? Dann rufe 01 30-91 40 40 (Arbeitskreis Organspende) an. Das kann für das Leben eines anderen Menschen entscheidend sein. Es gibt Einwände genug, es nicht zu tun. Du brauchst aber nur einen Grund, um trotzdem aktiv zu werden. Und den gibt es immer. Also mache es.

Frans ist ein Freund von mir, er ist ein Spieler. Er meidet zwar das Casino und hat noch nie ein Los gerubbelt, aber er fordert sein Glück mit Hilfe der Tankanzeige heraus. Es gibt ihm einen Kick, wenn der Tank fast leer ist und er trotzdem noch sein Ziel erreicht. Ein bißchen verrückt, aber ziemlich harmlos.

»Wenn es schiefgeht, ist es eine Herausforderung für mich zu sehen, wie ich dieses Problem löse«, erklärt er. Erst kürzlich war ihm das wieder einmal passiert, und als er mit seinem Benzinkanister an der Autobahn entlanglief, hielt ein Autofahrer an, der ihn zur Tankstelle mitnahm und ihn anschließend sogar zu seinem liegengebliebenen Fahrzeug wieder zurückbrachte.

Frans erzählt weiter: »Es war ein junger Mann, der sagte, daß er es nicht eilig habe und es nett fand, mir helfen zu können. Ich war richtig erstaunt, daß es noch Menschen gibt, die so reagieren. Und ich habe etwas dabei gelernt. Von jetzt an halte ich an, wenn jemand, der Pech hatte, am Straßenrand steht. Meistens haben sie aber schon die Pannenhilfe gerufen, und das ist auch besser so, weil ich zwei linke Hände habe, aber darum geht es ja nicht.

Man sieht es den Menschen sofort an, wenn sie sich über die kleinen Aufmerksamkeiten freuen. Sie stehen in dem Moment ja auch alleine mit ihrem Problem da. Manchmal sind sie auch nur dankbar dafür, mit mir sprechen zu können. Oder sie bitten mich, jemanden anzurufen und auszurichten, daß es etwas später wird. Mein Autotelefon wird dann wenigstens für etwas Sinnvolles eingesetzt.«

Frans ist durch seine Spielsucht weiser geworden, und es verschafft ihm Genugtuung, liegengebliebenen Autofahrern Mut zu machen. **Halte einmal an, wenn jemand mit seinem Auto Probleme hat** und an der Straße steht. Auch wenn es dunkel ist. Oder **halte an, wenn jemand die Straße überqueren möchte.** Man sieht häufig Menschen, die wie angewurzelt am Straßenrand stehen, weil sie der Verkehr verunsichert. Und selbst über den Zebrastreifen kommen sie nur mit dem Mut der Verzweiflung. Es gibt hingegen auch Fußgänger, die von ihren Rechten demonstrativ Gebrauch machen, indem sie nervend langsam über die Straße gehen und damit mehr Autofahrer zwingen anzuhalten als notwendig. Das macht die Sache nur schlimmer. Davon hat keiner etwas.

Nimm dir vor, **für Fußgänger anzuhalten.** Mache es vor allem dann, wenn du es eilig hast. Zu der Verabredung kommst du eh nicht mehr pünktlich, es läuft alles schief, und dein rechter Fuß hat die Tendenz, das Gaspedal voll durchzutreten – gerade noch bei Orange durch und vroomm …!

Jetzt siehst du einen Fußgänger, und die Uhr im Armaturenbrett zeigt dir an, daß du keine Sekunde zu verlieren hast. Aber du hältst an und machst eine galante Geste: »Gehen Sie nur.« Das Gefühl, daß du dabei bekommst, wird allen Streß beseitigen. Diese wenigen Sekunden Zeit für den anderen geben dir für den Rest des Tages Ruhe. Tritt auf die Bremse und rufe: »Tsjakkaa!«

Für Bahn- und Busreisende habe ich auch noch eine gute Idee. Wir sind alle so erzogen worden, älteren Menschen und schwangeren Frauen Platz zu machen. In den Straßenbahnen hängen sogar Poster für die weniger gut Erzogenen, aber ob das hilft, sei dahingestellt. Den Sitzplatz nicht herzugeben ist das Normale, denn schließlich hast du ja auch bezahlt! Aber **stehe einmal für irgend jemanden auf**.

Wenn du selbst ein alter Opa bist, dann stehe einmal für einen jungen Kerl auf: »Setzen Sie sich nur hierhin, junger Mann.« Bist du eine Frau, tritt deinen Platz einmal einem netten Herren ab. Zehn zu eins, daß der andere diese Gunst zurückweisen wird: »Nein, danke, das ist nicht nötig.« »Setzen Sie sich doch«, sagst du und stehst auf. Was geht demjenigen wohl durch den Kopf, der sich auf deinen warmen Platz setzt? »Was für ein Idiot« oder »Oh, wie nett«. Egal, du kannst in jedem Fall mit einem Lächeln rechnen, und das ist Gold wert.

Raum zu besetzen und zu verteidigen liegt näher, als ihn herzugeben bzw. abzutreten. Die tragischen Konsequenzen daraus sind die Umgangsformen von Menschen, die in einem Menschenspeicher, einem Mehrfamilienhaus oder Wohnturm leben. Sie stehen schweigend zusammen im Fahrstuhl und haben nicht die leiseste Ahnung, wer neben, über oder unter ihnen wohnt. Erst dann wird man sich bewußt, wie verkrampft Menschen miteinander umgehen.

Das ist die Folge des Ich-Zeitalters, die sich jeder dank der wirtschaftlichen Hochkonjunktur erlauben konnte. Diese Zeiten sind jedoch vorbei, und Soziologen vermuten, daß die Menschen wieder zunehmend aufeinander angewiesen sein werden. Wenn die Arbeitslosigkeit weiter steigt, werden die Familie und die Nachbarschaft wieder wichtiger werden.

Du mußt die Hilfe anderer in Anspruch nehmen können, denn wenn du nur für dich selbst lebst, ist das Risiko groß, aus dem sozialen Netz zu fallen. Das wird der neue Trend, aber dem kannst du jetzt schon als Trendsetter vorangehen, in dem du bei den Nachbarn klingelst. Lade sie zu einer Tasse Kaffee ein und **lerne deine Nachbarn** besser **kennen**. Das ist immer ein Gewinn. Außerdem bringst du damit in Zukunft etwas mehr Geduld auf, wenn das Radio deiner Nachbarn mal wieder in voller Lautstärke zu dir herüberdröhnt. Besser ein guter Nachbar als ein entfernter Freund. Es ist eine uralte Wahrheit, aber immer noch hochaktuell.

Apropos entfernte Freunde: Überlege einmal, wie viele von denen mittlerweile völlig aus deinem Gesichtsfeld verschwunden sind. Das ist verständlich. Das Leben ist dynamisch, und dazu gehören neue Menschen, neue Gesichter und neue Freundinnen oder Freunde. Wo sind sie geblieben, die guten Kameraden von früher? Du hast sie aus den Augen verloren. Jeder ging seinen eigenen Weg. Du bist sie los und sie dich. Natürlich wolltest du noch einmal Kontakt aufnehmen, aber es kam nie dazu. Je länger es dauerte, desto schwieriger wurde es, bei ihnen anzurufen. Aufgeschoben bedeutet aufgehoben. Das werden wir jetzt entschlossen ändern. **Suche alte Terminkalender, Adreßbücher, Telefonverzeichnisse, Notizblöcke, vergilbte Klassenfotos und Briefe hervor.** Suche die Telefonnummern heraus und hole dir die Gesichter von damals wieder vor dein inneres Auge. Rufe sie an.

»Hallo, ich wollte wieder einmal etwas von mir hören lassen, und ich bin ganz neugierig, wie es dir ergangen ist, seit wir uns das letzte Mal gesehen haben.«

Die Reaktionen variieren, aber du kannst auf jeden Fall mit Reaktionen rechnen wie: »Mensch, schön, das du anrufst ...«, »Tja, was für ein Zufall. Vor kurzem habe ich mit ... gesprochen«, »Wie seltsam, vor ein paar Tagen habe ich an dich gedacht ...«

Je nach Reaktion entscheidest du, ob eine Verabredung sinnvoll ist oder nicht. Du wirst überrascht sein, was du alles erfahren wirst. Der Klassenprimus ist jetzt arbeitslos, der bravste ist Drogendealer, und wußtest du, daß der ...? Dein erster Chef ist pleitegegangen, und dein ehemaliger Kollege ist emigriert. Mit einem Anruf kannst du die Freunde von früher aufs neue kennenlernen. Du bestimmst die Ursache, die Folge aber wird immer eine Überraschung sein. Auch wenn ihr euch auseinandergelebt habt, das Zeichen des Interesses wird bei jedem die warme Glut der Freundschaft wieder aufflammen lassen.

Telefoniere mit einer vergessenen Freundin oder einem vergessenen Freund. Es ist natürlich auch möglich, eine Karte zu schicken. Wenn es wieder funkt, verabredest du dich. Die Geschichte aus der Pfadfinderzeit, der damalige Chef, die Klassenfahrt, die Ferien und die alten Freunde – die Stationen deiner Vergangenheit werden bei einem Treffen natürlich noch schillernder zu neuem Leben erwachen.

Alte Erinnerungen und das Hier und Jetzt – du wirst feststellen, daß Zeit eigentlich nicht existiert. Die Erinnerungen an damals führen zu einem Glücksmoment im Hier und Jetzt, sie sind jetzt bei dir, und es ist herrlich, es jetzt noch einmal zu erleben. Jetzt.

Wenn du gerade zu einem alten Schulkameraden unterwegs bist, dann **fahre** doch gleich einmal **bei deiner Großtante vorbei**. Meiner was? Deiner Großtante! Eine Schwester deiner Oma oder deines Opas. Wahrscheinlich hast du sie noch nie gesehen oder nur ganz flüchtig bei dem einen oder anderen Familienereignis, bevorzugt bei einer Beerdigung. Bei dem Besuch wirst du Geschichten erfahren, die du sonst nie zu hören bekommen hättest.

Du bekommst einen anderen Blick auf deine Großeltern, Stimmungsbilder aus der Zeit vor deiner Geburt. Deine Großtante kennt deine Eltern noch aus der Zeit, als du sooooo klein warst. All diese Geschichten bekommst du, aber du gibst auch. Deinen plötzlichen Besuch wird die Großtante sehr zu schätzen wissen, denn wie viele Menschen besuchen sie noch? Ein derartiger Besuch festigt deine Wurzeln, und du erhältst schöne Eindrücke von deiner Familiengeschichte. Und grüße deine Großtante ganz herzlich von Emile Ratelband.

Das Erneuern, Unterhalten und Auffrischen alter und das Knüpfen neuer Kontakte sind der Blutkreislauf deines sozialen Lebens. Halte ihn auf Trab, sonst bricht er zusammen. **Schicke jemandem ein Mercigramm.** Das ist ein Kärtchen, das du selbst in deiner Lieblingsfarbe und -typographie hast drucken lassen. Oben steht »Mercigramm«, und das einzige Ziel dieser Karte ist, ein schriftliches Dankeschön zu übermitteln. Es gibt so häufig Momente, in denen dir jemand einen Dienst erweist. Aber du hast genauso häufig keine Zeit, also bleibt der Dank aus. Mit einem Mercigramm kannst du auf sympathische Weise deine Dankbarkeit ausdrücken.

Laß schnell etwas drucken, dann findest du auch ständig mehr Anlässe, jemandem eine solche Karte zu schicken: dem Bäcker für die leckeren Rosinenbrötchen, der Haushaltshilfe, weil sie immer ein bißchen mehr tut, dem Gesprächspartner bei einer Besprechung, weil er etwas klar erläutert hat, deiner Mutter für die gute Hausmannskost, jemandem, der einen Termin genau eingehalten hat, pünktlich bezahlt hat oder einfach so – weil du froh bist, sie oder ihn zu kennen: »Danke, daß du in mein Leben gekommen bist.«

Pathetisch? Übertrieben?

Laß dir die Karten drucken, und verschicke sie, wenn dir danach ist. Unterschreibe sie in verschiedenen, fröhlichen Farben. Das ist der Vitamin-B-Gehalt (B wie Beziehung), der die Funktionstüchtigkeit deines Blutkreislaufs auf einem sehr gesunden Niveau halten wird.

Also schicke ab und zu an jemanden ein Mercigramm!

Es ist ratsam, sich bei der Post eine ordentliche Anzahl Briefmarken auf Vorrat zu holen, denn es wird nicht beim persönlichen Dankeschön bleiben. **Notiere dir die Geburtstage von allen Leuten, die du kennst.** Das betrifft nicht nur deine Familie und Freunde, sondern auch Kollegen, Geschäftsfreunde, Menschen, die du im Urlaub kennengelernt hast, und deine Nachbarn. Auf diese Weise kommst du zu einer gehörigen Anzahl von Geburtstagsterminen. Und an jedem Wochenende schaust du, wer in der kommenden Woche ein Kärtchen von dir erhält.

Jedes Geburtstagskind soll sich durch deine Karte geehrt fühlen; vor allem die Menschen, für die du wenig oder überhaupt keine Zeit hattest, fühlen sich geehrt und geschmeichelt, wenn du an ihren Geburtstag gedacht hast.

Klaas wohnt in einer schönen Wohngegend mit schmucken Zweifamilienhäusern in Arnheim. Ein bißchen langweilig ist die Gegend schon. Das kann man von Klaas jedoch nicht behaupten, denn er entwickelt immer besondere Initiativen. Seinen letzten Einfall, die Nachbarschaft etwas fröhlicher zu stimmen, fand ich so anregend und einzigartig, daß ich dir seine Erfahrung nicht vorenthalten möchte.

»Jeden Tag stehe ich um sieben Uhr auf«, sagt Klaas. »An einem Samstag morgen sah ich nun, daß **das Auto des Nachbarn** ziemlich dreckig war. Ich nahm einen Eimer Seifenwasser und habe sein Auto gewaschen. Kurz abspritzen, trocknen, und der Wagen blitzte wieder wie neu.«

Der Nachbar traute seinen Augen nicht. »Er lief erst dreimal um sein Auto herum, um nachzusehen, ob es wirklich seins war. Er guckte sogar aufs Nummernschild. Ein paar Tage später habe ich ihm gesagt, ich hätte sein Auto gewaschen. Einfach so, nur zum Spaß. Er fand das toll. Aber es hätte mir auch nichts ausgemacht, wenn er es niemals erfahren hätte, denn das getan zu haben, gab mir einen richtigen Kick.«

Wie gefällt dir eigentlich das Auto deines Nachbarn? Ist es größer, neuer, schöner, sauberer und teurer als deines? Oder sieht es nur so aus? Auf der anderen Seite des Zauns ist das Gras halt immer etwas grüner. Wahrscheinlich findet der Nachbar dein Auto auch attraktiver als seins. So erlebt man es oft.

Es gibt eine einfache Möglichkeit, der Sache auf den Grund zu gehen. **Tausche für einen Tag das Auto mit deinem Nachbarn.** Nach einem Tag in seinem Auto wirst du mit deinem eigenen zufriedener sein – und er mit seinem. Du stellst fest, daß dein Auto so schlecht nicht ist und du eigentlich ganz zufrieden mit ihm bist. Am nächsten Tag dann setzt du dich mit einem ganz anderen Gefühl hinter das Steuer: »Ich freue mich, in meinem eigenen Auto zu sitzen«, denkst du, und dein Nachbar wird das gleiche denken und fühlen. Das steigert die Zufriedenheit, und du wirst dein Eigentum wieder mehr zu schätzen wissen. Rufe mich auch mal an. Du kannst dann mit meinem Auto fahren und ich mit deinem.

So ein Tauschmanöver kann auch in der Vorstellung stattfinden. Damit meine ich folgendes: **Versetze dich einmal in die politische Ansicht eines anderen.** Du hast bestimmte Ansichten, die von einem Freund oder Kollegen nicht unbedingt geteilt werden müssen. Krampfhaft an seiner eigenen Meinung festzuhalten heißt vor allem zu polarisieren, mit anderen Worten: die Unterschiede zu betonen. Das ist das Gegenteil von dem, was beim Rapport geschieht. Du bleibst zwar bei deiner Meinung, kannst sie eventuell auch erfolgreich verteidigen. Deinem Gesprächspartner näher kommst du so indessen nicht.

Sich in die politische Ansicht eines anderen hineinzuversetzen bedeutet, sich zuerst in die verschiedenen Parteiprogramme vertiefen zu müssen. Wofür stehen die einzelnen Parteien und was wollen sie erreichen? Beschäftige dich mit den Programmen und mache dir bewußt, daß sie mit genauso viel Elan, Enthusiasmus und Überzeugung geschrieben worden sind wie das Programm der Partei, die du favorisierst. Urteile und verurteile nicht. Versuche, die Inhalte zu verstehen und die Standpunkte der anderen Parteien einzunehmen. Dadurch veränderst du nicht notwendigerweise deinen eigenen politischen Standpunkt. Du erweiterst nur dein Weltbild und erweist dich als tolerant.

In einer politischen Diskussion kannst du vernünftige

und fundierte Argumente einbringen, weil du jetzt die Inhalte kennst. Das kann nützlich für dich sein. Suche dir eine Partei aus, der du nicht anhängst, und eigne dir ihr Gedankengut an. Alle politischen Programme wollen nur eins: das Beste, aber jedes auf seine Weise.

Das Folgende schließt nahtlos daran an: **Frage jemand anderen nach seiner Meinung**. »Wie denkst du darüber?« Es wird dir vielleicht schon aufgefallen sein, daß du gern und bereitwillig deine eigenen Ansichten kundtust und dich manchmal gern selbst reden hörst. Selbstverständlich hörst du dir auch an, was ein anderer sagt, aber notfalls wiederholst du deine Meinung dreimal, um dich durchzusetzen – selbst wenn du den Disput noch in deinem Kopf fortführen mußt.

Weißt du, warum du zwei Ohren und einen Mund hast? Du darfst zweimal so viel zuhören wie reden. Reden ist Silber … Frage einen anderen nach seiner Ansicht und schweige, denn das ist Gold! Höre aufmerksam zu, und laß dir eine eventuelle Ablehnung nicht ansehen. Du kannst andere über alles mögliche befragen: über ein Buch, das ihr beide gelesen habt, über einen Film, einen Artikel in der Zeitung, die Jagd nach Walen, Kinderarbeit in Indien, den Geschmack niederländischer Tomaten, das ist egal.

Doch das ist noch nicht alles.

Du hörst und respektierst die Meinung eines anderen. Damit tust du deinem eigenen Standpunkt keine Gewalt an. Vielleicht bist du dir auch gar nicht mehr so sicher, ob du recht hast, weil dir bewußt wird, daß es ja noch so viele andere Aspekte gibt. Du erkennst die Relativität der Standpunkte, indem du einen anderen nach seiner Meinung fragst und zuhörst. Deine Freundlichkeit, Hilfsbereitschaft und dein angenehmer Charakter sind sicher beneidenswert, wenn du dies alles getan hast. Deshalb schließe ich mit: **Traue dich auch einmal, »nein« zu sagen!**

Nette Menschen, wie du und ich, laufen Gefahr, in die Fänge bequemer und träger Menschen zu geraten, die von unserer positiven Einstellung profitieren möchten. Sie spannen dich vor ihren Karren, bitten um deine Hilfe und finden es ganz normal, daß du soviel für sie tust.

»Kannst du meine Schwiegermutter vom Flughafen abholen?«, »Kannst du morgen abend Babysitten kommen?«, »Darf Michael am nächsten Wochenende bei euch übernachten?« Diese Aufzählung läßt sich mit weiteren Anliegen endlos verlängern. Das Problem vieler Menschen, die Schwierigkeiten haben, nein zu sagen, besteht darin, daß sie in ihrer Jugend von den Eltern entsprechend konditioniert worden sind. Als kleines Kind hatte man nichts zu melden. Man war klein, auf die Erwachsenen angewiesen, und man mußte gehorchen. Man wurde mit kleinen Aufgaben betraut, zu denen man absolut keine Lust hatte, aber man mußte sie erledigen. Tat man es nicht, wurde man handfest bestraft, zumindest wurde einem unmißverständlich gezeigt, daß man nicht brav war.

Das macht vielen Menschen heute noch zu schaffen: »Wenn ich ablehne, finden die anderen mich nicht mehr nett.« Das führt zu einem inneren Konflikt. Jemand bittet dich um etwas, wozu du absolut keine Lust hast. Du weißt, daß du dich schuldig fühlst, wenn du »nein« sagst. Sagst du hingegen »ja«, dann kannst du dich selbst nicht mehr ausstehen. Achte mal darauf, wie häufig eine Bitte gleichzeitig an dein Schuldgefühl appelliert. Das nenne ich Manipulation, weil du so keine Chance hast, nein zu sagen. »Ich bin so schrecklich müde, könntest du vielleicht…« Wie kann man jemandem, der so müde ist, einen Gefallen verweigern, denkst du dann.

»Ich habe solche Kopfschmerzen, könntest du bitte…« Was für ein grausamer Egoist müßtest du sein, um jemandem mit so furchtbaren Kopfschmerzen einen Wunsch abzuschlagen?

Es gibt Millionen kleine Ausreden und verborgene Botschaften, die dein Schuldgefühl schon wecken, bevor die Bitte überhaupt geäußert worden ist. Unsere Selbstbehauptung schmilzt schnell, und dann geht's los mit den inneren Konflikten. Mit Widerwillen und ohne Mut kommen wir schließlich der Bitte nach. Von jetzt ab ist aber »nein«: nein! Niemand kann deine Gefühle oder dein Verhalten manipulieren, wenn du es nicht willst. Dein Recht auf Selbstbehauptung ist die Grundlage einer gesunden menschlichen Beziehung. Letztlich bestimmst du über dich selbst, nichts und niemand anders. Du hast das volle Recht, was sage ich, du hast die Pflicht, für dich selbst einzustehen.

Diese Pflicht, selbst zu bestimmen, was du tust, ist die Basis deiner Autonomie, aufgrund derer du niemandem erlaubst, dich zu manipulieren. Es ist dein Leben und also auch deine Realität, über die du, und nur du, verfügst. Dein Leben geht nur dich etwas an und niemanden sonst. Du mußt es nur verantworten können, d. h., den anderen und dich respektieren.

Du brauchst dich nicht zu entschuldigen oder dein Verhalten zu rechtfertigen. Du selbst bestimmst, ob du – wie auch immer – für das Lösen von Problemen anderer zuständig bist. Das entscheidet der andere nicht für dich, indem er dich unter Druck setzt und manipuliert. Du entscheidest, niemand anders. Mache dir ruhig einmal klar, daß deine Eltern, deine Lehrer und die Gesellschaft dir das Schuldgefühl anerzogen haben, das du bekommst, wenn du nein sagst. Wenn du darüber einmal gründlich nachdenkst, wirst du merken, wie sehr das an den Grundlagen eines glücklichen Daseins nagt. Fühlst du dich schuldig, wenn du nein sagst, dann hast du ein negatives Selbstbild. Du hast zuwenig Selbstvertrauen. Du hast Angst. Das ist schlimm. Sehr schlimm.

Des Pudels Kern bei all dem ist die Liebe zu sich selbst. Wenn du dich selbst nicht liebst, dann empfindest du Schmerzen. Hast du Schmerzen, dann hast du Angst, und diese Angst äußert sich wiederum in einer Abkehr von der Außenwelt.

Es gibt eine einfach Methode, die eigenen Wurzeln so zu stärken, daß dich der stärkste Sturm nicht umzuwerfen vermag: unerschütterlich, fest und standhaft stehst du. Die Methode lautet: Nein zu sagen, ohne sich dafür zu entschuldigen. Die Menschen, die daran Anstoß nehmen werden, sind nur auf ihren eigenen Vorteil bedacht. Das sind die Egoisten, auf die man genauso verzichten kann wie auf Zahnschmerzen.

Du hast auch das Recht, deine Meinung zu ändern. Viele deiner Mitmenschen haben das Bedürfnis, dich in eine Schublade zu stecken. Das ist einfach, weil sie dann wissen, wie sie dich einzuschätzen haben. Du bist dann vorhersagbar und damit kontrollierbar. Deshalb will deine Umgebung, daß du dich weiterhin nach dem bekannten Muster verhältst und dich an deine Meinung auf ewig bindest. Auch um anderen zu gefallen und keine Irritationen hervorzurufen, scheuen viele Menschen, die eigene Meinung einfach mal zu wechseln. Die anderen könnten ja denken, man sei nicht imstande, sich zu entscheiden und konsequent zu bleiben. Alles Unsinn. **Ändere deine Meinung so oft, wie du willst.** Ich tu das auch, und deshalb halten mich die Menschen für unvorhersagbar. Sie könnten es genausogut auch mit dem Etikett »spannend« versehen ...

Und noch ein Vorschlag: **Mache** so viele **Fehler**, wie du willst. Aber denke daran: Du mußt auch die Verantwortung für deine Fehler übernehmen. Die Angst davor, Fehler zu machen, ist phänomenal. Viele glauben, daß man versagt, wenn man Fehler macht. Aber die Art von Versagen gibt es nicht. Es passiert letztendlich nur etwas völlig anderes, als du ursprünglich erwartet hast. Von Fehlern lernt man immer noch am meisten.

Und weiter: **Du darfst ruhig sagen: »Das weiß ich nicht«, »Das verstehe ich nicht« oder »Das ist mir egal«.** Vielleicht findet dich daraufhin jemand dumm oder bequem, aber du wiederholst dann in aller Ruhe: »Das ist mir egal.« Wenn der andere das nicht respektiert, ist es sein Problem, nicht deins. Natürlich möchte niemand ein Robinson Crusoe auf einer unbewohnten Insel sein. Schließlich brauchen wir andere Menschen für unsere Selbstbestätigung. Häufig gehen wir dabei jedoch zu weit – und lassen uns zu sehr manipulieren.

Du brauchst die Zusammenarbeit und das Zusammensein mit anderen. Halte dir jedoch vor Augen, daß das genauso für den gilt, der dich um etwas bittet. Es ist sehr wichtig, daß Menschen dich gerne haben und dich lieben, aber am wichtigsten ist, daß sie dich respektieren. Das erreichst du leichter, wenn du deutlich deinen Standpunkt vertrittst. Sich als Fußabtreter mißbrauchen zu lassen ist keine Alternative, tut dir nicht gut und richtet sich gegen dich. Du brauchst dir keine Sorgen darüber zu machen, ob dich jemand nett findet oder nicht, wenn du nein sagst. Du bist, wer du bist, und du bist nett. Punkt, aus. Und auch Kritik an deiner Person muß dich nicht weiter stören. Schließlich kannst du am besten beurteilen, ob du etwas gut, weniger gut oder schlecht gemacht hast. Du weißt das besser als der Rest der Welt. Sollte jemand mit seiner Kritik recht haben, dann kannst du ihm auch recht geben. Bist du aber der Ansicht, daß die Kritik nicht zutrifft, dann wehre dich, sage es und verhindere, daß du in eine Position gerätst, in der ein anderer dich fertigmachen kann.

»Nein« heißt nein und **»ja« heißt ja**. Berechtigte Kritik annehmen zu können ist ein Zeichen von Souveränität. Zugleich nimmst du der Sache damit die Spitze, und schließlich lernst du etwas dabei. Insofern ist Kritik das Beste, was dir passieren kann. Deine wirklichen Freunde werden es schätzen, wenn du für dich einstehst, und das werden sie dir auch zeigen.

TSJAKKAA!

Kaufen

Kaufen macht Spaß.

Sieh dich mal in einem Kaufhaus um: Klein und groß bestaunen all die schönen Artikel und grabbeln nach Herzenslust an den Wühltischen. Shoppen zu gehen, einen Schaufensterbummel zu machen, Einkäufe oder Besorgungen zu erledigen ist herrlich. Häufig macht man es, um sich selbst zu verwöhnen und weil man von dem Kitzel materieller Genüsse gepackt ist.

Aber Vorsicht: Kaufen kann auch zu angenehm und aufregend sein, so daß man süchtig danach wird. Den *Kick* braucht man dann immer wieder, um sich wohl zu fühlen – selbst um den Preis, sich allerlei unnütze Dinge angeschafft zu haben: Jacqueline Onassis-Bouvier hat sich im Jahr für 250 000 Dollar teure Kleidung gekauft! Imelda Marcos hatte 1 349 Paar Schuhe in ihrem Schrank stehen!

Kaufen setzt das materialistische Tier in uns frei. Wir haben uns an den Wohlstand gewöhnt und können anscheinend nicht ohne ihn leben. Dabei werden wir noch ständig mit Werbung bombardiert, die uns irgendwelchen Luxus aufschwatzt. Die Monatszeitschriften auf Hochglanzpapier setzen noch eins drauf.

Das Bedürfnis und die Sehnsucht nach Genuß stillen wir mit der Anschaffung materieller Güter, denn offensichtlich können viele das Verlangen nicht von innen heraus befriedigen.

In früheren Kapiteln haben wir uns ausführlich mit den anderen beschäftigt. Jetzt bist du an der Reihe. Wir gehen einkaufen, just for fun und um uns zu verwöhnen – die Beweggründe für unseren Einkaufsbummel aber machen wir uns zuvor noch einmal bewußt und behalten sie im Hinterkopf: Das Kaufen, um Unzufriedenheit oder Frustration zu betäuben, ist eine Art Sucht. Es verschafft einen kurzen Moment der Befriedigung oder Genugtuung, es ist eine Art materielle Selbstbefriedigung, Kompensation für das, was andere dir deiner Meinung nach vorenthalten. Das ist neurotisches Kaufen, dem ich hier nicht das Wort rede.

Du begegnest Kaufwütigen dieser Art in den großen Einkaufsstraßen, überall auf der Welt, aber auch bei IKEA. Dank der cleveren Geschäftsstrategie dieses Unternehmens mußt du für einen Kleiderhaken durch das ganze Geschäft marschieren – und dich so den hundertfachen Verführungen aussetzen. Es gelingt nur wenigen, da nicht schwach zu werden. So wird vieles angeschafft, was man später wieder abschafft, wegwirft oder weggibt – »kein Bedarf mehr!«. Verschleiß oder Verbrauch scheint keine Rolle mehr zu spielen. Man sollte meinen, daß das im Gegensatz zum heutigen Umweltbewußtsein steht ...

Das sind die negative Assoziationen zum Kaufverhalten. Beim Kaufen jedoch Freude zu spüren, indem man es bewußt erlebt und eben kein Gefühl der Befriedigung, sondern der Dankbarkeit entwickelt – das ist eine positive Assoziation. Damit einhergeht das Bewußtsein, Geld nicht als Ziel, sondern nur als Mittel zu betrachten.

Kaufen macht Spaß, wenn man es bewußt tut. Wenn du dein Kaufverhalten mit dem Etikett »Spaß und Freude« versehen kannst, kennst du schon im voraus den Nutzen deines Einkaufs: Du freust dich tagelang sowohl auf die Anschaffung als auch über den Gebrauch deiner neuen Sachen.

Shoppen ist eine Form der Erholung, und das ist eine der Errungenschaften unserer Zeit. Beinahe jeder verfügt über die Zeit und die finanziellen Mittel, um all die Möglichkeiten zu genießen. Genieße also bewußt das Shopping – und du kannst ruhigen Herzens die folgenden sechs Ratschläge befolgen.

Ich lade dich hiermit ein, wieder einmal **einen Einkaufsbummel zu machen**. Investiere einen Tag in dich selbst. Das wird dich an früher erinnern, als Einkaufen an der Hand von Vater und Mutter ein ganz besonderes Erlebnis war. Du hast die Atmosphäre genossen, das freundliche Personal, und sogar den Geruch der Parfüms im Erdgeschoß hast du nicht vergessen. Auch an die sinnliche Stimme im Lautsprecher und an die Rolltreppen, die dich in dem materialistischen Mekka immer weiter nach oben führten, kannst du dich noch erinnern.

Hole dir die Atmosphäre von früher zurück, indem du in dein Lieblingskaufhaus gehst. Erlebe dies wie ein Kind mit aufrichtigem Erstaunen und ungezügelter Habgier. Du weißt ja, was du tust – und gleichzeitig erlebst du es mit der Freude eines Kindes. Das macht beiden Spaß.

Es muß nicht viel kosten, wenn du dir etwas gönnst. **Kaufe und lies eine fremdsprachige Zeitung.** Das kostet dich nur ein paar Mark. Du wirst darüber staunen, wie informativ eine solche Zeitung für dich sein kann – all die Nachrichten und Reportagen über weit entfernte Ereignisse, die aber für Spanier, Schweizer, Italiener oder Amerikaner ganz alltäglich sind. Du bekommst dadurch ein anderes Gefühl. Für kurze Zeit bist du ein Spanier, Italiener oder Amerikaner.

Du wirst auch Übereinstimmungen zwischen den einzelnen Völkern feststellen, denn die Sorgen über Umwelt, Kriminalität, Krieg und soziale Mißstände sind allen gemein. Je länger du dich in die Zeitung vertiefst, desto mehr wirst du die Sprache und die Gesellschaft verstehen, für die die Zeitung geschrieben wurde. Bevor du es merkst, sind zwei Stunden um, zwei Stunden, die dich einem fremden Land nähergebracht haben. Es wird dich inspirieren, jede Woche eine fremdsprachige Zeitung zu lesen. Dann bist du wirklich ein Weltbürger.

Stöber auch einmal in der Inneneinrichtungsabteilung, denn du wirst auch **etwas Schönes für deine Wohnung kaufen.** Du hast schon viele schöne Sachen, aber jetzt gehst du auf die Suche nach dem *Pièce de résistance.* Können dir Karstadt und Kaufhof nicht weiterhelfen, dann schaue dich in all den anderen schönen Interieurgeschäften um – bis du entdeckst, was dich unwiderstehlich anzieht. Du schaust erst auf den Preis, wenn du überzeugt bist, daß du diesen Gegenstand unbedingt haben möchtest; egal, was er kostet – du wirst ihn kaufen.

»If you ask for the price, you cannot afford it«, sagte Onassis einmal, als er für Maria Callas bei van Cleef & Arpels auf der Place Vendôme, Paris, eine »Aufmerksamkeit« gekauft hat.

Es macht nichts, wenn du dein Budget übersteigst. Das bringst du schon wieder in Ordnung. Du hast etwas gefunden, was du immer schätzen wirst. Normalerweise tust du so etwas nie, denn dafür bist du viel zu sparsam oder zu vernünftig. Jetzt aber läßt du die Bedenken fallen. Laß dich gehen, nimm den Fuß von der Bremse, und kaufe etwas, das dich schlichtweg umwirft.

Schenke dir etwas besonders Schönes für dein Zuhause. Es wird dich immer an diesen einmaligen Ausbruch ungezügelter Kauflust erinnern, worüber du noch nach vielen Jahren sehr froh sein wirst. Die monatliche Ratenzahlung empfindest du als angenehm, weil sie dich jedesmal an diesen Tag erinnert.

Sobald du in der Spielzeugabteilung angekommen bist, **begibst du dich auf die Suche nach einem Zehntausendteilepuzzle.** Es bleibt jedoch nicht allein beim Kauf, denn zu Hause räumst du einen Platz frei, um das Puzzle auslegen zu können. Du mußt es nicht an einem Tag zusammenlegen; du setzt dich hin und wieder daran und siehst – Stück für Stück –, wie das Puzzle zu einem kompletten Bild wächst. Nimm dir vor, jeden Tag wenigstens zwanzig oder dreißig

Teile zu legen. Dann siehst du den Fortschritt und hast jeden Tag einen kleinen Erfolg zu feiern.

Betrachte dieses Puzzle als Metapher. Sie läßt dich entdecken, daß der Weg zu einem großen Ergebnis aus kleinen Puzzleteilchen besteht, die tagtäglich aneinander und ineinandergelegt werden müssen. Es gibt immer eine Lösung, aber manchmal kann es ein wenig dauern, bis man sie gefunden hat. Wende die Symbolik des Puzzles auf dein eigenes Leben an.

Wenn es zu einem großen Durcheinander gekommen ist, dann fange wieder mit dem ersten Teilchen an und suche aus den herumliegenden Teilen das zweite, das zum ersten paßt. Schließlich hast du das Puzzle gelegt. So funktioniert das Puzzle des Lebens. Du übst dich in Geduld und Durchsetzungsvermögen und erfährst ständig Genugtuung aufgrund der täglichen Fortschritte.

Für die nächste Anschaffung mußt du nicht einmal das Haus verlassen: Nimm den Katalog von Quelle, Otto oder Neckermann und **bestelle etwas Hübsches für jemand anderen.** Heutzutage kannst du auch via Internet Bücher, CDs, Getränke, Computerspiele u. a. bestellen. Oder rufe bei Beate Uhse an und ordere reizende Dessous oder frech frivoles Spielzeug. Du kannst dir auch einen Reisekatalog nehmen und einen netten Kurzurlaub für jemanden buchen. Zwei Karten für *Das Phantom der Oper* wären auch eine gute Idee. Verschickst du dein Geschenk ohne Absender, dann sorge dafür, daß du an der Kasse stehst, wenn die Beschenkten die Karten für das *Phantom* abholen, oder fange sie am Flughafen ab, wenn du ihnen eine Parisreise mit dem *Cityhopper* geschenkt hast. Sie werden mächtig staunen:

»Hab ich dir das zu verdanken?« – »Ja, ich war so frei.«
Tsjakkaa!

Zuletzt bitte ich dich, **etwas zu kaufen, was für dich normalerweise unter die Rubrik »Geldverschwendung« fällt** – etwas
Hübsches, Unnötiges, das nach deinem Dafürhalten ein
bißchen dekadent oder übertrieben ist. Aber was ist in deinen Augen Geldverschwendung? Eigentlich bedeutet es,
Geld für Dinge auszugeben, die im Vergleich zu anderen zu
teuer sind.

Sehr vernünftig – aber das zählt jetzt nicht. Du könntest
auch der Ansicht sein, du seiest es nicht wert. Aber auch das
zählt nicht, weil es Unsinn ist. Du bist nämlich alles Geld
der Welt wert und noch viel mehr.

Also kaufe jetzt etwas für dich und fröne einmal der
Geldverschwendung: dieses sehr teure, aber so herrlich duf-
tende Parfüm, die herrliche Flasche Grand Cru Classé, die
du als Kenner so zu schätzen weißt, die Uhr oder jener Ring,
um die du schon seit Jahren deine Kreise ziehst, ein Dinner
für zwei im Kempinski, inklusive Übernachtung, ein Paar
Schuhe für fünfhundert Mark, ein Gemälde von Astrid En-
gels, die teuersten Plätze in der Oper, ein Business-class-
Ticket nach Barcelona – was auch immer, es ist nur für dich.

Du genießt die Vorfreude, den *Moment suprème*, und du
hast eine bleibende, schöne Erinnerung. In der Vergangenheit hast du oft genug etwas für andere gekauft und dabei
gedacht: »Es ist zwar teuer, aber ich tue es gern, weil ich die
Person schätze.« Und jetzt tust du es einmal für dich selbst.

Tsjakkaa!

Suche ein vierblättriges Kleeblatt

Das 13. Kapitel eines Buches, das dir noch mehr Glück in deinem Leben bringen wird, indem es dir vorschlägt, Dinge zu tun, die dein Weltbild verändern und erweitern und dich von innen heraus beleben, hat nur eine Aufgabe: **Suche ein vierblättriges Kleeblatt**, das Glückssymbol schlechthin.

Ein vierblättriges Kleeblatt findet man nicht nur als Pflanze. Man trifft es überall an, wo einem das Glück begegnet. Das kann auf deiner Arbeitsstelle sein oder zu Hause mit den Kindern. Man sieht es überall, wenn man nur ein Auge dafür hat.

Sobald du das Glück hörst, siehst oder fühlst, hast du einen Glücksklee gefunden. Übe dein Auge an dem kleinen Glück, dann wird dir das große Glück zuteil werden. Du wirst sehen, daß überall der Glücksklee wächst, besonders auf dem Mist.

Nähmen wir all das Gute und Liebe wahr, das täglich auf der ganzen Welt geschieht, dann betrachteten wir unsere Gesellschaft auf eine fröhlichere, glücklichere Weise.

In jeder Sekunde geschehen um dich herum beglückende Dinge – du mußt sie nur bemerken wollen. Dann wirst du sehen, daß es mehr Liebe als Kummer und Schmerz auf der Welt gibt.

All die vierblättrigen Kleeblätter, denen du auf deinem Weg begegnest, sind kleine positive Anker. Reihe sie aneinander, und jeder Tag wird ein froher Tag, ein Festtag.

Glück ist klein und erreichbar.
Man kann es jeden Tag pflücken.
Fange heute damit an.
Carpe diem.
TSJAKKAA!

Besuch

Auf das Glück soll man nicht warten,
man muß es ergreifen.
Franz van der Beek

Du lebst in einem festen Beziehungsgeflecht, das dir soziale Sicherheit gibt. An diesem Geflecht sind deine Freunde und Bekannten, deine Familie, die Verwandten und deine Geschäftspartner beteiligt. Das Flechtwerk umgibt dich wie ein Kokon, der dir Schutz und Wärme bietet; außerhalb dessen befindet sich die große, böse und unbekannte Welt, die aus Furcht gemieden wird.

Es ist jedoch nicht ratsam, die Welt dort draußen zu ignorieren und nicht aus seinem Kokon herauszukommen. Die Wahrnehmung verliert an Schärfe. Man benutzt zu häufig den Autopiloten. Man stumpft gewissermaßen ab.

Wenn du im nächsten Monat die folgenden Besuchsvorschläge befolgst, wird sich dir eine neue Welt eröffnen, eine Welt, die nicht böse oder gefährlich ist, sondern herzlich, lieb und rührend. Gut, ab und zu wird sie sich auch als grausam und schwierig erweisen, glücklicherweise, denn auch das gehört zum Leben. Stelle dir einmal ein Leben ohne Probleme vor. Wie langweilig! Es gäbe keine Herausforderungen, die man bewältigen könnte. Und voller Genugtuung zu sagen: »Denen hab' ich's mal wieder gezeigt«, wäre auch nicht mehr möglich.

In der kommenden Zeit wirst du dich ganz bestimmt nicht langweilen, du bekommst viele neue Eindrücke und knüpfst neue Kontakte. Ich höre dich bereits sagen: »Hör doch auf, Ratelband. Ich hab keine Zeit.« Aber, das ist es ja gerade! Mache dir klar: Dein eigenes geschäftiges Leben ist eine Illusion. Keine Zeit zu haben ist zur Mode geworden, aber man kann sich immer Zeit nehmen, um etwas Besonderes zu besuchen oder zu erleben; du mußt es nur wollen.

Willst du es aber nicht und versteckst du dich hinter deinem vollen Terminkalender, bist du auf der Flucht vor dem Leben. Du rennst dir selbst hinterher. Wissenschaftliche Untersuchungen haben gezeigt, daß Menschen, die wirklich viel zu tun haben, für alles und jeden Zeit haben. Diejenigen, die wenig machen, sind immer für alles viel zu beschäftigt. Nun sage mir, zu welcher Gruppe du gehören willst.

Loszuziehen bedeutet, den Horizont zu erweitern und ein neues Bezugssystem in deinem Kopf und in deinem Leben zu schaffen. Manchmal wirst du vielleicht wegen meiner Vorschläge die Stirn runzeln. Du könntest denken: »Wozu soll das jetzt wieder gut sein?« Das werde ich dir nicht sagen, weil ich es nicht kann, denn es ist *deine* Wirklichkeit. Nur du kannst diese Frage beantworten – oder ihr aus dem Weg gehen. Du verpaßt dann eine Erfahrung, eine Möglichkeit zu wachsen.

Mit einem neuen Bezugsrahmen kannst du anders urteilen und werten. Man bewertet ständig, aber immer mit Hilfe des Vergleichs. Hierzulande empfinden wir die Temperaturen als kalt, weil es auf Mallorca wärmer ist. Ein Eskimo aber würde bei uns schwitzen. Ein Krimi ist spannend, vergleicht man ihn mit einem Telefonbuch. Du findest dich häßlich im Vergleich mit den Models der Hochglanzmagazine. Oder du bist anziehend und schön, weil andere so häßlich sind.

Alles wird durch die Macht des Vergleichs bestimmt. Wenn du ihn in deinem täglichen Leben bewußt anwendest und den Mut aufbringst, das zu tun, wozu ich dich auffordere, dann betrachtest du die alltäglichen Dinge auf eine andere Weise.

Es erweitert deinen Horizont und steigert deine Wahlmöglichkeiten. Du nimmst die Dinge anders und schärfer wahr. Das Leben erhält eine größere Bedeutung für dich. Dir wird bewußt, wie wertvoll es ist, mehr zu erleben als nur die Tretmühle des täglichen Trotts.

Das Leben entsteht durch Augenblicke. Diese mußt du selbst sammeln, es sei denn, du willst das Leben nur geschehen lassen und passiv zuschauen. Das ist deine Wahl. Aber ich möchte dich daran erinnern, daß Bedauern der größte Energiefresser ist. Chancen zu verpassen ist eine Todsünde. Jeder erhält Chancen, aber die meisten werden aus Kurzsichtigkeit, Voreingenommenheit oder einfach aus Faulheit nicht genutzt. Eine Chance, die man nicht ergreift, ist wie ein verfehlter Schuß auf die Zielscheibe des Glücks, mehr noch: ist wie ein Schuß, der nie gefallen ist. Nutzt du aber die Gelegenheit und schießt, dann kannst du nur ins Schwarze treffen.

Wenn du normal sein willst, dann mache ruhig weiter mit dem, was du gerade tust und immer schon getan hast. Das ist sowieso irgendwann von selbst zu Ende.

Ha ha, gähn ... gähn ... Möchtest du ein anderes Ergebnis, dann beginne zunächst damit, anders zu denken, und dann, anders zu handeln.

Mit den folgenden Vorschlägen wirst du fast einen Monat lang beschäftigt sein, wenn du jeden Tag einen Ratschlag befolgst. Aber nach diesem Monat wird sich dein Leben vollkommen verändert haben. Da gehe ich mit dir jede Wette ein. Du hast die Wahl! Bleibst du hocken oder machst du dich auf den Weg? Nimm deinen Terminkalender und schreibe auf, daß du im Laufe des nächsten Monats wenigstens die Hälfte der Vorschläge aus diesem Kapitel in die Tat umgesetzt haben wirst. Tue es, bevor du weiterliest!

Für den ersten Vorschlag wirst du sicherlich einen kleinen Anstoß brauchen, denn der Gedanke an deinen ersten Besuch wird dich bestimmt abschrecken. Aber du kannst jetzt nicht mehr zurück. Du triffst deine eigene Wahl. Wählst du »nein«, dann lies noch einmal, was ich eben über verpaßte Chancen geschrieben habe. Entscheidest du dich für »ja«, dann garantiere ich dir eine Sensation. **Besuche jemanden im Krankenhaus**, der nie Besuch bekommt.

Du gehst in ein Krankenhaus mit einem Blümchen und ein paar Zeitschriften und fragst die Schwestern, ob sie jemanden kennen, der nie Besuch bekommt. Du wirst keinen Korb bekommen, denn von vereinsamten Personen gibt es in den Krankenhäusern mehr, als du denkst. Du stellst dich dem Patienten vor und erzählst ihm von deinem Vorhaben, heute jemanden zu besuchen, bei dem nie jemand zu Besuch kommt. Du erzählst etwas über dich selbst, was du tust, wo du herkommst. Du suchst das Gespräch mit dem Patienten: wie es ihm geht, ob du etwas für ihn tun kannst und wie er sich fühlt.

Du wirst feststellen, wie sehr dein Besuch geschätzt wird. Wenn du nichts zu erzählen weißt, dann frage einfach, ob du etwas aus einem Buch oder einer Zeitschrift vorlesen sollst. Es geht nicht so sehr um das, was du sagst, sondern darum, daß du bereit bist, jemandem, den du nicht kennst, ein Viertelstündchen deiner Zeit zu widmen. Darum geht es! Stelle dir einmal vor, wie du dich fühlen würdest, wenn du im Krankenhaus lägest und niemand käme dich besuchen. Was würdest du empfinden, wenn plötzlich jemand auftauchte, der an dir interessiert wäre und auch noch etwas mitbrächte? Es würde deinen Heilungsprozeß sicher beschleunigen.

Dieser Besuch im Krankenhaus ist übrigens nur ein kleiner Vorgeschmack auf das, was jetzt kommt. Aber nach deinem Erlebnis am Krankenbett wird dir das Folgende auch gelingen: ein **Besuch im Gefängnis**. Informiere dich in einem Gefängnis über die Besuchszeiten. Frage den Pförtner, welche Gefangenen nie Besuch erhalten. Das sind wahrscheinlich drei von vier. Bitte den Pförtner, dich zu einem dieser Insassen zu führen, einem Insassen, der dir unbekannt und fremd ist.

Du machst dir innerhalb der Gefängnismauern klar, daß jeder Mensch ein Anrecht auf ein ermunterndes Wort oder ein wenig Aufmerksamkeit hat.

Erwarte nicht, daß der von dir Angesprochene vor Dankbarkeit in Tränen ausbricht, rechne anfangs eher mit Mißtrauen und Aggression. Wer kümmert sich schließlich schon um einen Gefangenen? Vielleicht bist du ja auch verrückt. Du beruhigst ihn, indem du ihm versicherst, nur seine Welt und die Zustände im Gefängnis kennenlernen zu wollen – Doppelhaushälfte, zwei Kinder und Mittelklassewagen erlaubten doch nur einen sehr begrenzten Blick auf die Dinge.

Er (oder sie, wenn du im Frauenflügel bist) wird das verstehen. »Daß ich bei Ihnen gelandet bin, ist Zufall, und ich fände es nett, wenn Sie mir etwas über das Leben hier erzählen würden.«

Jede rauhe Schale hat einen weichen Kern, und aufrichtiges Interesse ist die Schnellstraße zu diesem Kern, in dem letztlich doch immer das Gute herrscht. Es paßt nicht zu seinen bisherigen Erfahrungen, daß sich ein völlig Unbekannter plötzlich aufrichtig für ihn interessiert. Er, der Missetäter, von der Gemeinschaft verstoßen, erniedrigt durch die Freiheitsberaubung, er kann sein Gefühl von Menschlichkeit nun stärken, dank deines Besuchs.

Schicke ihm später noch mal **eine Karte**. Auf diese Weise läßt du ihn wissen, daß nicht jeder voller Haß und rachsüchtig auf ihn herabblickt. Auf einmal erlebst du, was es heißt, in Freiheit zu leben. Glaube mir: Du wirst in Zukunft differenzierter über das »Hilton der Gefangenen« mit Video, Sexbesuch und Menüwahl sprechen.

Und weil du so tapfer warst, dich selbst zu überwinden, folgt hier eine einfache Aufgabe: **Besuche einmal eine Schönheitsfarm**. Ob du nun ein Mann oder eine Frau bist, jede Schönheitsfarm wird dich empfangen. Du kannst dich den ganzen Tag von Kopf bis Fuß verwöhnen lassen, und abends fühlst du dich wie neugeboren.

Vereinbare einen Termin, und sei dir bewußt, daß du in Watte gepackt wirst. Eine hübsche, freundliche Dame an der Rezeption begrüßt dich freundlich und hilft dir weiter, du pellst dich aus den Kleidern, ziehst einen Bademantel und Schlappen an, und das Fest kann beginnen: Gesichtsbehandlung, Massage, Whirlpool, Algenbad mit Kopfhörer, Pediküre, Maniküre, Friseur; deinem ganzen Körper werden Luxus und Aufmerksamkeit geschenkt. Du fühlst dich prächtig. Noch Tage danach genießt du diese Stunden. Deinen Körper herrlich verwöhnen zu lassen wird auch deinen Geist mit einem schönen warmen Wind durchwehen.

In früherer Zeit war eine derartige Behandlung nur Königen und Königinnen vorbehalten. So ändern sich die Zeiten – Eure Hoheit, darf ich also bitten ...

Vervollständige deine Behandlung in einer herrlich heißen Sauna, inklusive türkischem Dampfbad und einem marokkanischen Hamad. Bei dir in der Nähe gibt es ganz bestimmt ein Saunabad. Schaue in die Gelben Seiten. Gönne dir die wohltuende Wärme – auch dann, wenn du aus irgendeinem Grund Angst vor einem solchen Besuch hast.

Genieße die Entspannung, die die Sauna dir bietet. Wechsle zwischen der Hitze in der hölzernen Kabine und dem eiskalten Wasser im Tauchbad. Das türkische Bad umgibt dich mit warmem Dampf, und es ist befreiend, sich im Adamskostüm frei bewegen zu können – unter Leuten, die das auch ganz normal finden. In den Ruhepausen kannst du dich entspannen, ein Nickerchen machen oder die Zeitung lesen; ein Glas Orangensaft noch und dein Körper sagt »danke«.

Nachdem der Körper zu seinem Wohl gekommen ist, wird es nun höchste Zeit für den Kopf, und damit meine ich, daß wir etwas **Kultur schnuppern** werden. Beginne **in der öffentlichen Bücherei**. Das ist kein staubiger Laden mehr, wo man dich verstört anschaut, wenn du hustest. Es ist ein moderner Betrieb, in dem du auch über neue Medien wie CDs und CD-ROMs informiert wirst.

Du gehst an den Regalen entlang und nimmst hin und wieder ein Buch in die Hand, von dem du glaubst, daß es dich interessieren könnte. Der unvorstellbare Reichtum an Information und Literatur ist auf den ersten Blick überwältigend, aber laß dir Zeit mit deiner Wahl. Du kannst in der kommenden Woche locker drei Bücher schaffen. Nimm z. B. etwas über Psychologie mit, greife eine Biographie heraus, und wenn du noch einen spannenden Krimi hinzufügst, hast du ein tolles Paket, mit dem du ein Stück weiterkommst.

Es ist wohltuend, darüber nachzudenken, daß so viel Wissen und Weisheit in den Buchregalen verwahrt werden. All diese Kenntnisse stehen zu deiner Verfügung. Du brauchst nur zuzugreifen und es dir zu Hause bequem zu machen – und schon kann das Leseabenteuer beginnen. Wenn du sehr mutig bist, dann **nimmst du** auch **ein Buch über ein Thema mit, das dich überhaupt nicht interessiert**. Es kann von Glasmalerei handeln, Kaffeerösten oder der Binnenschiffahrt, egal – vertiefe dich darin. In deinem Hinterstübchen wird dir bei der Lektüre bestimmt ein Licht aufgehen.

Jetzt, da du dahintergekommen bist, daß eine Bibliothek alles andere als verstaubt ist, darfst du gleich weitermachen mit einem Museum. **Besuche ein Museum.** In Deutschland gibt es unzählige, die Unglaubliches offenbaren: Zehntausende von Briefmarken im Deutschen Postmuseum in Frankfurt am Main; im Rundfunkmuseum die Geschichte der Radiosender; imposante Lokomotiven im Nürnberger Verkehrsmuseum und unsere maritime Vergangenheit im Schiffahrtsmuseum Bremerhaven – und das ist erst die winzige Spitze des Eisbergs.

Jedes Museum ist ein Erlebnis besonderer Art. Du befindest dich in einer völlig anderen Welt, vertiefe dich in die Exponate und lerne wieder etwas hinzu. Mit ein wenig Phantasie drehst du im Deutschen Museum, München, die Zeit bis zu der Epoche zurück, in der die schwarzen Lokomotiven mit Maschinist und Heizer majestätisch über die Schienen rollten. Man hört das schrille Signalhorn und riecht das Holzinterieur. Du befindest dich in einem anderen Zeitalter. In deinem Stadtmuseum steht vielleicht deine alte Schulbank, komplett mit Tintenfäßchen und Federhalter und den Heften mit blauem Einband und den Linien, auf denen die ersten Buchstaben gekritzelt wurden.

Vergiß jegliche Entschuldigung, um die eigenen vier Wände nicht verlassen zu müssen. Selbst der Einwand, du seiest noch mit all den anderen Vorschlägen dieses Buches beschäftigt, gilt jetzt nicht. Du hast immer ein paar Stunden Zeit, um ein Museum zu besuchen. Die heutigen Museumsdirektoren verstehen es, die Ausstellungen interessant und ansprechend zu präsentieren. Gönne ihnen die Anerkennung ihrer Arbeit. Museen sind VAK.

Im Herbst 1994 starb ein großer Künstler, Nic Jonk aus Groot-Schermer. Er hinterließ uns ein herrliches Vermächtnis, seinen weltberühmten Skulpturengarten. Er schuf schöne, runde Bildwerke, die den Überfluß des Lebens symbolisieren. Viele seiner Werke gehören zur Dauerausstellung, die sich in seinem Garten befindet und Kunstfreunde aus ganz Europa anzieht. Groot-Schermer liegt zwischen Amsterdam und Alkmaar in einem herrlichen Polder – die perfekte Kulisse für Nics künstlerischen Nachlaß. Der Wind weht, das Schilf wogt, und die Wolken ziehen gemächlich vorbei. Laß es auf dich wirken und du wirst verstehen, was Nic mit seiner Kunst ausdrücken wollte. Erfreue dich auch an den Gedichten seiner Frau Greet, die vom Leben und vom kleinen Glück, dem Staunen, handeln.

Greet schreibt: »Ich habe vierzig Jahre gebraucht, bis ich merkte, daß das Gras grün und der Himmel blau ist«, das heißt: das Wunder in den kleinen, alltäglichen Dingen zu erkennen, das Selbstverständliche besonders zu finden. Wie steht es mit deiner Fähigkeit zu staunen? Findest du es normal, daß du innerhalb von fünf Sekunden eine telefonische Verbindung mit Australien hast, daß das Licht angeht, wenn du auf den Knopf drückst, und daß jeder Tag wieder mit einem Sonnenaufgang beginnt? In Nic Jonks Garten ergreift die Verwunderung von dir Besitz. Eine inspirierende Umgebung, die dich sicher auf gute Ideen bringen wird. **Besuche Nics Skulpturengarten.**

Die Kombination von Kunst und Natur ist bei Jonk ganz außergewöhnlich. Greets Sichtweise, die das Besondere im Alltäglichen aufspürt, kannst du mit auf deine nächste Reise nehmen, wenn du ein **Obstanbaugebiet besuchst.** Du findest sie im Land von Maas und Waal, aber auch am Rhein. Fahre mit dem Rad auf schmalen Wegen an den Anbaugebieten vorbei oder flaniere zwischen den Bäumen umher. Der Obstbauer wird dir gern erzählen, was alles getan werden muß, damit er Äpfel, Birnen und Kirschen ernten kann, wie oft er schneiden und wässern muß, was er gegen die Schädlinge unternimmt und wie sehr er Hagel und andere Launen der Natur fürchtet.

Er wird dir erzählen, welchen Weg die Frucht vom Pflükken bis zu den Regalen des Supermarkts zurücklegt. Dann weißt du zu schätzen, daß du für ein Kilo Äpfel nur drei Mark bezahlst. Ein Besuch auf der Obstplantage öffnet dir die Augen für das wunderbare Wirken der Natur, das dir wöchentlich die saftigsten Früchte beschert. Und wenn du wieder einmal beim Obsthändler bezahlst, wirst du ihn fragen, wie er dir so viel Obst für so wenig Geld geben kann.

Der Kontrast zu einem anderen Phänomen »kultivierter« Natur ist erschreckend. Du weißt sofort, was ich meine, wenn ich sage: **Gehe zu einer Hühnerfarm.** Eine derartige Hühnerzucht ist eine abscheuliche Sache. Tausende und Abertausende von Hühnern sind auf engstem Raum zusammengepfercht, damit sie effektiver aufgepeppelt werden können und innerhalb von zwei Wochen ihre Schlachtreife erlangen. Der Mist wird von einem Fließband abtransportiert, getrocknet und wieder dem Futter beigemischt.

Auf dem Speisezettel der Hühner steht ein Spezialfutter, das Flüssigkeit bindet. Dadurch erreicht das Tier schneller das Verkaufsgewicht. Man merkt diesen Schwindel erst, wenn das Hähnchen in der Pfanne liegt und gebraten wird: Es schrumpft und schrumpft, weil all das Wasser wieder freigesetzt wird.

Schaue dir auf deiner Tour durch die Bio-Industrie auch **eine Legebatterie an**, in der die Hühner eng zusammengepfercht dahinvegetieren – mit abgesägten Schnäbeln, weil sie sich sonst gegenseitig umbringen würden. So erbärmlich lebt das Huhn – zum Wohle der Menschheit.

Das Tier ist aus seinem Ei gekrochen, um danach für den Rest seines armseligen Lebens Eier zu produzieren. Pro Tag wird allein in den Niederlanden eine halbe Million dieser nicht ausgereiften Früchte konsumiert.

Damit sind wir noch nicht am Ziel, denn als nächstes folgt der **Besuch eines Kälbermastbetriebs**. Derartige Betriebe mögen keine »Topfgucker«, denn die Viehzüchter wissen nur allzugut, daß ihr Treiben von Menschen mit Gefühl verabscheut wird. So ein Kalb steht in einem engen Käfig, und der einzige Grund, warum es dort ist, liegt darin, innerhalb kürzester Zeit Fleisch zu produzieren. In einigen Wochen wächst das Kalb von 60 auf 180 Pfund. Hormone dürfen normalerweise für die Mast nicht verwendet werden – normalerweise!

Doch damit nicht genug. Der Verbraucher wünscht, daß das Kalbfleisch eine helle Farbe hat, was wiederum Konsequenzen für das Tier hat: Blutarmut.

Schaue einem solchen Kalb in die dunkelbraunen Augen und folge ihm zur allerletzten Station seines tragischen Daseins, zum Schlachthof. Dort siehst du Männer in weißen Kitteln und weißen Mützen, blutverschmiert. Den Kühen wird ein Bolzen in die Stirn geschossen, und mit etwas Glück stürzen sie sofort tot zu Boden. Der Geruch von Blut hat sie lange vor diesem Zeitpunkt alarmiert, und das Adrenalin jagt daraufhin den Tieren durch die Leiber und macht sie bis zum letzten Atemzug schlicht kirre. Dieses Zeug kriegst du gratis mit deinem Stück totes Tier. (Du nennst es Beefsteak.)

Dann beginnt die Verwertung. Der Kopf wird abgehackt, das Blut läuft heraus (das ist für die Wurst). Der Kadaver hängt an einem Haken, damit Stück für Stück abgeschnitten werden kann. Alles ist für den Verzehr bestimmt. Die Därme dienen als Wurstpelle, das Kopf- und Euterfleisch wird zu Gehacktem, vom Rest ganz zu schweigen. Es ist ein schreckliches Schauspiel. Glaube mir: Bei deinem nächsten

Metzgerbesuch siehst du die ausgestellten Waren mit anderen Augen an. Was meinst du, warum Metzger so dicke Finger haben? Sie kommen täglich mit Blut, Hormonen, Kälte und allerlei Chemikalien, die sich noch im Fleisch befinden, in Berührung. Mit dieser Kenntnis wird dich ein Besuch in einem vegetarischen Restaurant eher ansprechen als früher. Du ißt jedenfalls viel bewußter.

Du hast die Tour der Lebensmittelproduktion noch nicht ganz geschafft. Ich biete dir noch einen Besuch in dieser Reihe, der allerdings weit harmloser ist. Du wirst Bewunderung für die technischen Abläufe und die Effizienz entwickeln, mit der die Prozesse ablaufen. **Du gehst** nämlich **in eine Fabrik, ans Fließband.** Es kann eine Zucker- oder Milchfabrik sein, eine Keksfabrik oder eine Gemüsefabrik.

Du siehst, wie der Lastwagen mit Brechbohnen seine Ladung an der Rampe löscht, und folgst den Bohnen, bis sie hinter Glas sind und in Kartons verpackt werden. Dein Besuch im Supermarkt wird von diesem Augenblick an nie mehr so sein wie früher. Du weißt, was dem Angebot in den Regalen vorausgegangen ist – es wird dich nun bewußter entscheiden lassen, was du in deinen Einkaufswagen legst.

Grausamkeiten gibt es nicht nur in der Fleischproduktion, man kann sie auch im Kino finden. Ich lade dich ein, dir einen Film anzuschauen. **Gehe einmal allein ins Kino.** Suche dir einen Film aus, den du niemals mit deinem Partner anschauen würdest, weil er ihn zu beängstigend, zu pikant oder zu kitschig findet. Du genießt den Film mit Popcorn, Eis und einer Cola – es ist deine Vorstellung. Viel Spaß!

Jetzt noch dies: **Gehe nachmittags in einen Kinderfilm.** Ich weiß, du bist kein Kind mehr, aber das Kind in dir ist noch lebendig. Alles, was du tun kannst, um dein inneres Kind aufzumuntern, solltest du aufgreifen, denn das macht dich sorglos und froh.

Täusche nicht den Erwachsenen vor, indem du denkst, ein Kinderfilm würde nicht mehr zu dir passen. Ich schwöre dir, du wirst deine Freude haben, du bekommst einen enormen Energieschub durch die Begeisterung der Kinder im Saal. Erfreue dich an der unbefangenen Fröhlichkeit der kleinen Menschen, die sich biegen vor Lachen über die Kapriolen auf der Leinwand. Es ist so ansteckend, daß du mitlachen mußt. Nimm die Energie mit nach Hause, und bewahre dir die unkomplizierte Fröhlichkeit, solange du kannst. Lache ohne Grund, sei glücklich mit so etwas Einfachem wie einem Bonbon, und du lebst intensiver als je zuvor.

Das schmeckt nach mehr. Halte das Kind-Gefühl in dir wach, indem du **auf einen Spielplatz gehst**. Wie lange ist es her, daß du dort zum letzten Mal warst? Früher war der Spielplatz ein kleines Paradies, jetzt verschwendest du nicht einen Gedanken daran, weil du groß und erwachsen bist. Dennoch wirst du das kleine Paradies wiederfinden, denn wenn du schaukelst, wippst, Kaffeemühle fährst und kletterst, fühlst du dich wieder in deine Kinderjahre versetzt. Sie umfangen dich, sobald du die schwach aufkeimende Scham über dein ungestümes Verhalten überwunden hast. Wippen und rutschen, sich stoßen und fallen: Es gehört alles dazu. Warum sollte das ein erwachsener Mensch nicht mehr dürfen? Der Spielplatz ist für alle da. Dir kommt der Gedanke, daß die Welt vielleicht ein Spielplatz ist: Alles dreht sich im Kreise, es geht ewig auf und ab, und manchmal stürzt du auch und fällst hin. Aber dann stehst du auf, lachst und siehst zu, daß du schnell wieder auf die Rutsche kommst.

Wenn du noch nicht in dem Obstanbaugebiet gewesen bist oder den Skulpturengarten von Nic Jonk besucht hast (warum eigentlich nicht?), dann kannst du einen dieser Ausflüge mit einem **Picknick** kombinieren. Schmiere morgens ein paar Butterbrote, kaufe Rosinenbrötchen, fülle heißen Kaffee in die Thermosflasche. Nimm eine Flasche Weißwein mit und eine Decke, die du im Wald oder auf der Heide ausbreiten kannst.

Fahre allein oder mit mehreren Leuten an einen Ort, den du nicht kennst. Das Genießen fängt schon bei der Vorbereitung an, bei der Zubereitung der leckeren Häppchen, dem Einpacken und der Fahrt zu dem Ort, an dem du unter freiem Himmel deinen Geschmackspapillen schmeichelst.

Regnet es? Das macht es nur spannender. Nimm einen großen Schirm mit, dann bleibst du trocken. Und dann schaue und erlebe, wie die Natur den Regen genießt. Picknicken kann man immer und überall. Im Sommer ist ein Picknick eine Selbstverständlichkeit, aber im Herbst, inmitten der fallenden Blätter, ist es auch ein Fest. Jede Saison hat ihren eigenen Reiz – wenn du nur offen dafür bist.

Die Kirchen werden immer leerer. Nur an Heiligabend sind sie proppenvoll, aber das hat mehr mit Folklore als mit religiösem Erleben zu tun. Eine Kirche hat eine bestimmte Atmosphäre und regt zum Nachdenken an, zur Einkehr. **Besuche** deshalb **einen Gottesdienst**. Gehe in eine Kirche, Moschee, in einen Hindutempel oder in eine Synagoge und erlebe, auf welche Weise Menschen ihrer Suche nach etwas Höherem Ausdruck verleihen.

Es kann eine Messe in einer katholischen Kirche sein, eine Predigt in der protestantischen Kirche oder eine Versammlung der Zeugen Jehovas im Königreichsaal. Es ist gut möglich, daß du aus persönlicher Überzeugung bereits die Kirche regelmäßig besuchst. Wähle dann einen Gottesdienst der »Konkurrenz«. Du wirst Unterschiede, vor allem aber Gemeinsamkeiten feststellen. Und sofort stehst du einer Gruppe im wahrsten Sinne des Wortes näher, von der du früher Abstand gehalten hast. Das waren Andersdenkende, nicht wahr?

Alle Weltreligionen haben den gleichen Kern, interpretieren und bezeugen ihn aber auf ihre jeweils eigene Weise. Das wirst du verstehen, wenn du dem Gottesdienst einer anderen Glaubensgemeinschaft beiwohnst. Die Übereinstimmung wird dich betroffen machen.

Betrachte den Gottesdienst als »Fingerübung« für den nächsten Auftrag: **Besuche ein Kloster**. Das ist ein Ort, von dem aus mystische Kräfte die Welt bereichern. Die Stille dort ist geradezu ohrenbetäubend, und das ist in dieser geräuschvollen Zeit eine wahre Erholung. Es ist nicht wichtig, welches Kloster du besuchst. Es geht darum, daß du in der Abgeschiedenheit die Stille über dich kommen läßt. Sie durchdringt dich, und du wirst innerlich zur Ruhe kommen.

Die Suche nach dem Höheren wird dir ein Bedürfnis. Beten und Meditieren sind zwei Formen innerer Reflexion. Dafür ist ein Kloster der perfekte Ort.

Viele Menschen haben ihr religiöses Leben schon lange hinter sich gelassen – aber mit welchen Folgen? Die Funktion des Gebets bestand früher darin, »einen Moment für sich selbst« zu haben. Wieviel Zeit widmest du dir heute noch selbst?

Bei der Beichte zogst du jemanden ins Vertrauen. Wem vertraust du heute noch deine kleinen Vergehen und Lügen an? Schade. Wir haben das Kind mit dem Bad ausgeschüttet. Die Vorschriften und Ideen einer Religionsgemeinschaft brauchen dich nicht davon abzuhalten, religiöse Erfahrungen zu suchen – und zu finden. Das reinigt deinen Geist in aller Stille und bringt dich dem Sinn deines Daseins näher. Du bist nicht gleich ein Tugendbold, wenn du ein Kloster besuchst, damit du dort zur Besinnung kommst. Aber du bist ein Einfaltspinsel, wenn du es nicht tust.

Mache dir den Wert von etwas ganz Normalem bewußt. Wir finden es absolut normal, daß man in den Niederlanden zu allem eine andere Meinung haben kann. Es ist ein freies, demokratisches Land, und so muß es auch sein. Wir finden das so normal, daß wir lieber herumsitzen und dösen – statt bewußt Gebrauch von unserer Meinungsfreiheit zu machen. Deshalb lade ich dich ein, **eine Gemeinderatssitzung zu besuchen.** Dort sitzen die Männer und Frauen, die von dir und deinen Mitbewohnern gewählt wurden, um eure Interessen zu vertreten. Nach einer solchen Ratssitzung verstehst du mehr von Grundabgaben, Straßenbaustellen und Wohnungsbau. Auf diese Weise siehst du die weisen Väter einmal von nahem und lernst ihre Diskussionsweisen kennen.

Es ist auch möglich, **mit eigenen Vorschlägen** oder Kritikpunkten **auf deine politische Partei zuzugehen**. Formuliere sie innerhalb des Parteiprogramms stichhaltig, dann werden sie sicher Berücksichtigung finden.

Wie reagierst du normalerweise, wenn ein Spielmannszug vorbeikommt? Fast jeder schaut amüsiert vom Straßenrand zu und geht seines Weges, wenn die Musik um die Ecke gebogen ist. **Du aber folgst nun der Musik.** Im Takt der Trommeln gehst du fröhlich mit, du spürst, daß die Musik dich erheitert und dich belebt – ohne Ende. Denn die Musiker gehen nun nicht mehr an dir vorbei, du bleibst ja bei ihnen.

Erst nach ein, zwei, drei Stunden nimmst du in bester Stimmung Abschied von den Trommlern und Bläsern und schaust, in welchem Stadtteil du gelandet bist. Solch ein musikalischer Ausflug ist eine unvergleichliche Aufmunterung.

Da du nun sowieso schon dauernd unterwegs bist, kannst du auch gleich durchstarten und zu mir kommen. Ich fände es nett, dir einmal persönlich begegnen zu dürfen. Komme also zu mir und nimm an einem Seminar teil. Du erfährst, wie du das Leben deiner Träume realisieren kannst, welche Wege du einschlagen mußt, um zu dem Ziel zu kommen, das du dir selbst gesetzt hast. Du lernst, deine Lebensqualität mit Hilfe von NLP-Techniken noch weiter zu verbessern. Du weißt natürlich schon, wie das geht, aber in dem *Seminar* erlernst du die Struktur, die Essentials. Du läßt die Wachstumschancen nicht länger links liegen, sondern greifst sie auf. Das geht nur, wenn du bereit bist, aktiv zu werden und den Preis zu bezahlen, den der Weg zu deinem

Traum kostet. Zeit, Energie und Geld wirst du aufwenden müssen.

Du bekommst immer ein positives Ergebnis. Das merkst du schon beim Lesen dieses Buches. Alles, was du bis jetzt unternommen hast, hat dich aufgeweckter, lebendiger werden lassen. Ein Seminar wird das nur noch vertiefen. Ich erwarte dich.

Rufe mich an:

Tel.: 00 31-26-33 40 204

Fax: 00 31-26-33 36 595

TSJAKKAA!

Was du sagst,
das bist du selbst

Scham: die unnötigste Art
des Unglücklichseins.
J. Goudsblom

Ein negatives Selbstbild ist die Hauptursache von Streß. Mit allem, was du tust, schaffst du ein Selbstbild. Insofern hast du also viele, manchmal zu viele Selbstbilder. Der niederländische Kabarettist Toon Hermans hat einmal geschrieben: »Er ist so sehr mit sich selbst beschäftigt, daß er sich auf dem Weg zu seinem täglichen Glück ständig selbst im Wege steht.«

Achtest du zu sehr auf dich, schränkt dich das in deinen Interaktionen mit anderen ein. Zuwenig Aufmerksamkeit für die eigene Person hat den gleichen Effekt. Du mußt hier also ein Gleichgewicht finden, dann hast du die richtige Grundlage für den Umgang mit anderen Menschen.

Als du früher von anderen Kindern beschimpft wurdest, reagiertest du mit: »Was du sagst, das bist du selbst …!« Darin steckt ein großer Kern Wahrheit, auch wenn dir damals wahrscheinlich gar nicht bewußt war, was du da gesagt hattest. Die Äußerungen eines Menschen reflektieren immer dessen Persönlichkeit und Gedankenwelt. Das ist einem nicht immer bewußt, insofern ist es ratsam, den eigenen Äußerungen stets Aufmerksamkeit zu schenken: Was sage ich und wie sage ich es? Auch was man denkt und fühlt, sollte der eigenen Beobachtung unterliegen. Körpersignale sind enorm wichtig. Wie fühlst du dich in einer bestimmten Situation und in der Gesellschaft bestimmter Menschen? Es ist gut, sich mehrmals am Tag darüber klarzuwerden, denn das zeigt deutlich an, ob die Situation für dich noch »stimmig« ist. Achte auf dein Gefühl! Es wird nicht von jemand anderem bestimmt oder von einer Situation. Das Gefühl sitzt in dir, und es ist deins. Es steht dir frei, dich so zu fühlen, wie du willst, und es ist wichtig, daß du dich wohl fühlst, denn wir alle lieben uns selbst am meisten: Denke mal an Menschen, die ihren Nasenpopel essen, oder an deinen eigenen Geruch. Deinen eigenen Schweiß zu riechen, wird von dir nicht als unangenehm empfunden. Läßt jemand einen Furz, dann hältst du dir die Nase zu, aber deine eigenen Fürze sind für dich kein Problem. Viele Menschen genießen es insgeheim, unter die Bettdecke zu kriechen. Das ist bekannt, eigen, vertraut. Dein eigener Körpergeruch ist der herrlichste Duft für dich – wir lieben uns eben selbst am meisten.

Für andere sind diese Düfte sehr unangenehm, und weil wir das wissen, bedecken wir sie mit teuren Parfüms, wodurch die Kosmetikindustrie jährlich Milliarden umsetzt. So wie den eigenen Geruch können wir auch unsere Gefühle verbergen, wenn wir meinen, sie seien für andere unangenehm. Das kann vielleicht auch so sein, aber das Leben wird zu einer

Puppenkiste, wenn jeder mit einer Maske herumläuft. Und das tun viele.

Ausgangspunkt und Basis ist, daß du dich positiv, entspannt und gut fühlst. Dann bist du im Gleichgewicht, strahlst Kraft und Ruhe aus und bist auch für die negativen Emotionen, die andere bei dir hervorrufen könnten, weniger empfänglich. Es wäre herrlich, wenn das immer so einfach gelänge, aber das scheint nur wenigen vergönnt zu sein. Deine Emotionen unterliegen normalerweise einem natürlichen Rhythmus, zu dem auch Niedergeschlagenheit, Trauer, Streß und Einsamkeit gehören. Das ist nicht beunruhigend. Auch auf diese Gefühle hast du ein Anrecht. Akzeptiere sie, auch wenn es zunächst schwerfällt, damit du schneller wieder zu deiner Basis, der positiven Entspannung, zurückkehren kannst.

Gegen negative Gefühle anzukämpfen kostet viel Energie und hat keinen Sinn. Es ist sogar so, daß der Widerstand immer größer wird, je härter du kämpfst. Denn wie sind wir erzogen? Wenn wir etwas nicht wollen, fällt uns kaum mehr ein, als zu sagen: »Das will ich nicht!« – »Ich will nicht ins Bett«; »Ich mag nicht«; »Ich will nicht zur Schule«; »Ich traue mich nicht« usw.

So hast du dir auch angewöhnt, immer wieder zu sagen: »Ich will nicht allein sein«; »Ich will nicht traurig sein«; »Ich will nicht arm sein«; »Ich will nicht unglücklich sein«.

Wie reagiert aber dein Gehirn auf diese Befehle? Es tut, was du ihm befiehlst. Das Problem ist nur, es versteht das Wörtchen *nicht* nicht. Deshalb gibt es dir alle möglichen Gründe und Rechtfertigungen, das, was du eigentlich nicht willst, erst recht zu realisieren: »Ich will (nicht) allein sein.«

So aber bleibt deine Aufmerksamkeit dauerhaft auf das gerichtet, was du nicht willst. Der Teufelskreis ist perfekt.

Dein Gehirn reagiert in deinem Sinne positiv, wenn du ihm die richtige Anweisung gibst: »Ich will mit jemandem zusammensein«; »Ich will fröhlich sein«; »Ich will reich sein« und »Ich will glücklich sein«. Wenn du zudem noch das dazugehörige negative Gefühl akzeptierst und deine Aufmerksamkeit von ihm ablenkst, kannst du die Sache wenden. Ansonsten hält dein Gehirn das Negative fest, weil du es mit Sätzen wie »Ich will (nicht) traurig sein« falsch programmierst.

Eine Erkältung geht von allein wieder weg, und wenn dein Gefühl an einer kleinen »Grippe« leidet, dann erholt es sich von selbst. Sich elend zu fühlen ist nichts, was deine gesteigerte Aufmerksamkeit erfordert – zwei Stunden früher ins Bett, und der nächste, neue Tag strahlt dir entgegen.

Akzeptiere, daß du einen Schnupfen hast, und kümmere dich nicht weiter darum. Während dein Kollege ständig krank ist, zu Hause bleibt und sich fortwährend beklagt, machst du mit dem gleichen Krankheitsbild weiter und nimmst dir keine Zeit, darüber nachzudenken. Wenn du gerade intensiv Sport getrieben hast und völlig außer Atem bist, dann kannst du zwei Dinge tun: dich vor Erschöpfung vornüber beugen und damit deine Erschöpfung bestätigen oder dich aufrecht hinstellen, tief einatmen und dir die neue Energie attestieren, die du während des Sporttreibens aufgetankt hast.

Du kannst immer aus einem Gefühl herauskommen, das dir nicht dienlich oder nützlich ist. Aber du mußt wissen, wie das geht. Wenn du das Wissen hast, fühlst du dich stark!

Deine Stimmung bestimmt dein Verhalten. Wenn du dich gut fühlst, ist dein Verhalten angenehm, vergnügt und positiv und du wirst erreichen, was du willst.

»Komm, Kees, das geht wieder vorbei. Morgen sieht die Welt ganz anders aus«, hat Elsje de Wijn einmal in einem Musical gesungen. Das stimmt. Alles ist vorübergehend, auch dein unangenehmes Gefühl. Je leichter du es als Teil deines Lebens akzeptieren kannst, desto schneller wirst du den Kummer hinter dich bringen können.

Du kannst an dir alles akzeptieren, eine Stupsnase, Korpulenz, Kahlköpfigkeit oder ein künstliches Gebiß. Warum solltest du also nicht auch die Anomalitäten eines anderen Menschen annehmen können? Es ist so leicht. Kämpfst du aber dagegen an, wird die Auffälligkeit des anderen zu einem Problem – das nur durch Akzeptanz beseitigt werden kann.

Spürst du bereits die Akzeptanz, wie sie sich wohlig in deinem Körper ausbreitet und dich entspannt? Damit ist die Sache für dich bereinigt, und gleichzeitig geht die Sonne für dich auf. Fühlst du dich elend, dann siehst du um dich herum nur die Unannehmlichkeiten. Fühlst du dich wohl in deiner Haut, dann ist auch deine Umgebung o.k..

Bist du deshalb ein Träumer? Nein, du bist ein Realist, denn du weißt, wie die Dinge zusammenhängen. Es ist doch eigentlich himmelschreiend, wie Menschen nörgeln und sich beklagen können. Klagen sie aber wirklich über die Umstände (das Wetter, die Politik, die Jugend von heute) oder klagen sie über sich selbst? Sie wissen es zwar nicht, aber im Grunde beklagen sie sich über sich selbst. Überlege mal: Wenn du mit dir selbst zufrieden bist, gibt es dann irgendeinen Grund zu klagen, an dem Wetter herumzunörgeln oder dich über deine Mitmenschen aufzuregen? Nein, denn du hast nur die schönen Seiten im Blick, die du zu schätzen weißt. So bleibst du in der aufwärtsführenden positiven Spirale.

In erster Linie geht es immer um dich selbst. Du bist der Mittelpunkt deines Universums. Alles dreht sich um dich. Du bist das Zentrum deines Lebens. Alle anderen drehen auch ihre Runden, aber um dich herum.

Wenn du in der Lage bist, für dich selbst gut zu sorgen, kannst du auch für jemand anderen sorgen. Liebst du dich selbst, kannst du auch jemand anderen lieben. Liebst du dich zu sehr, dann bist du ein Narziß und bekommst Schlagseite. Letztlich geht es immer um das Gleichgewicht von innen und außen.

Kannst du für dich selbst Verantwortung übernehmen, dann kannst du das auch für andere. Bist du stolz, dann kannst du verstehen, daß ein anderer es auch ist. Verfügst du über ein positives Selbstwertgefühl, dann erkennst und schätzt du es auch bei einem anderen. Verurteile niemals. Akzeptiere, daß du anders bist als andere – und du kannst sie respektieren. Du lebst in einer logischen Wechselbeziehung mit den anderen, einer Wechselbeziehung, die bei dir beginnt.

Deshalb ist dieses Kapitel vielleicht das wichtigste des Buches. Das Buch handelt von dir. Wenn du es ablehnst, darüber nachzudenken, ist es für mich in Ordnung. Du mußt es selbst wissen. Es ist nicht mein Leben, sondern deins. Es ist nicht meine Entscheidung, sondern deine. Das einzige, was ich dir anbiete, ist ein Modell, damit du bei allem, was du tust, optimal funktionieren kannst. Teste das Modell und entscheide dich nur für das, was dir gefällt und was zu dir paßt.

Vier Freunde besuchten Mitte 1993 ein Verkaufstraining bei mir. Alle vier waren überarbeitet und riskierten, einen Herzinfarkt zu bekommen. Sie hatten eine Sache gemeinsam: Sie wußten nicht, wie es weitergehen sollte. Ein Außenstehender würde sagen: Na klar, die Herren sind zwischen vierzig und fünfzig und befinden sich mitten in ihrer »Penopause«, der *Midlife crisis*.

Ich sehe einen anderen Grund für ihre Krise: Sie nahmen alles äußerst wichtig – nur sich selbst nicht. Ihr Geschäft war wichtig, ihre Familie, ihre leitende Funktion, das Auto, ihr Status, ihre Freundinnen, ihre Karriere und ... Sie lebten nur für die Außenwelt (immer eine Illusion) und nicht für sich.

Von mir aus ist das in Ordnung. Ich habe sie in den vergangenen Jahren aufgefordert, anders zu denken, habe sie auf die Sackgasse aufmerksam gemacht, in die sie hineinrannten. Alle vier sind gute Freunde von mir geworden, schlugen meine Bemerkungen aber jedesmal als »Gefasel« in den Wind. Ich würde träumen und müßte mal wieder mit beiden Beinen auf die Erde kommen. »Es geht um Zaster und Laster, Emile. Merk dir das, Junge!« Obwohl sie ungefähr genauso alt sind wie ich, hat die Jagd nach Geld und Sex alte Männer aus ihnen gemacht.

Ich persönlich glaube, daß es ihr Lebensschicksal ist, so zu arbeiten, zu leben und vor allem so zu denken. Der Augenblick der Erkenntnis aber wird kommen. Ich bin davon überzeugt, daß sie in einigen Jahren angenehmer leben werden. Sie müssen diesen ganzen Unsinn offenbar erst durchmachen, um im höheren Alter mehr Bewußtsein entwickeln zu können.

Ich habe ihnen vorgeschlagen, eine Woche in ein Kloster zu gehen, lange Waldspaziergänge zu unternehmen, einmal einen ganzen Tag lang im Spiegel sich selbst anzuschauen oder ein gutes Buch zu lesen. »Beschäftigt euch einmal intensiv mit euch selbst«, habe ich ihnen geraten. »Nehmt euch Zeit.« Freiwillig hätten sie das niemals gemacht. Jetzt sind sie dazu verdammt, sich mit sich selbst zu beschäftigen, denn alle vier sitzen sie zu Hause. Der eine ist entlassen, der andere lebt von der gesetzlichen Unfallversicherung, der dritte ist krank, Nummer vier ist in Konkurs gegangen.

Von diesen Männern können wir sehr viel lernen. Zum Beispiel, daß du selbst am wichtigsten bist und nicht dein Kunde, dein Chef oder deine Schwiegermutter. Du kannst nicht vor deiner Verantwortung davonlaufen und dich aus dem Staub machen. Wegzulaufen bringt nichts. Du wirst ja doch eingeholt … immer – von dir selbst.

Die Überlegung, daß du der wichtigste bist, gibt dir Kraft, und du kannst daraus Verantwortlichkeit ableiten. Du bist der Stein im Teich. Die kleinen Wellen, die du hervorrufst, kommen immer wieder zurück, mit Zinsen. Gibst du jemandem zuwenig, kommt auch wenig zu dir zurück. Gibst du viel, kommt viel zurück. Das ist ein Gesetz, und es ist deine Entscheidung, entsprechend verantwortungsvoll zu leben.

Die Beziehung zur Außenwelt ist meistens nicht physisch: Du brauchst andere Menschen nicht zu berühren, um Kontakt mit ihnen zu haben. Beim Telefonieren siehst du sie nicht einmal und trotzdem hast du eine Verbindung. Du faxt, schreibst, schickst E-Mails oder winkst aus dem Fenster. Auf Berührungen scheint in unserer Gesellschaft ein Tabu zu liegen. Es gibt natürlich Menschen – hauptsächlich Männer –, die von diesem Tabu noch nichts gehört haben und in der Straßenbahn oder am Kopierer wie wild herumgrapschen. Aber das sind nicht die Berührungen, die ich meine.

Man kann Menschen auf zweierlei Arten berühren: eindeutig und nichteindeutig. Eindeutig meint, eine sexuelle Absicht damit zu verfolgen. Leider sind diese Berührungen so sehr ins öffentliche Bewußtsein getreten, daß nun auch nichteindeutige unter Verdacht stehen und tabuisiert werden.

Was ist passiert, als du einmal unerwartet berührt wurdest? Wahrscheinlich hast du dich erschrocken. »Was will der von mir?« war vielleicht deine erste Reaktion. Warum? Hast du eine eindeutige Berührung befürchtet? Du reagiertest mit einer Verkrampfung, und Verkrampfung führt immer zu einer Niederlage. Wenn du dich entspannst und die Berührung eines anderen zulassen könntest, entstünde eine ausgeglichene Wechselbeziehung, ein gutes Gefühl für beide. **Laß dich berühren.** Laß jemand anderen deinen Körper streicheln, kneten und verliere dich darin.

Wir lassen uns nur noch von Ärzten, Physiotherapeuten und Masseuren berühren, alles Menschen, die jemanden von Berufs wegen und damit nichteindeutig berühren. Uns Nahestehenden erlauben wir diese Berührung natürlich auch. Aber dann ist auch schon Schluß. Was für eine Armut.

Würde ein Säugling nicht gehätschelt, ginge er seinem sicheren Tod entgegen. Daraus wird deutlich, was für ein Lebenselixier Berührungen sind. Wir verursachen selbst einen ernsthaften Mangel, wenn wir zu scheu sind und die Berührung eines anderen mit »bestimmten Absichten« etikettieren. *Touch for Health* ist z. B. eine Therapie, mit deren Hilfe körperliche Blockaden durch Berührung aufgehoben werden. Patienten lernen, wieder zu fühlen und jemand anderen zu spüren. Bei Inzestopfern zeigt *Touch for Health* gute Erfolge.

Ein neues körperliches Gleichgewicht zu **finden** bedeutet gleichzeitig, eine Balance im Geist und also auch im Leben zu etablieren. Berührungen sind etwas ganz Normales, aber wir haben sie als normal wahrzunehmen verlernt. Hole dir diese Normalität zurück, und **laß dich massieren.** Entspanne dich, und sage, wo du am liebsten massiert wirst und wie: kräftig oder sanft, intensiv oder à la Shiatsu. Ist es der Scheitel deines Kopfes, dein Rücken, der Nacken oder sind es deine Füße, die massiert werden sollen? Habe keine Angst, dein Körper besteht nicht nur aus erogenen Zonen …

Mache es auch bei anderen. »Soll ich dich massieren?« Lockere den verspannten Nacken eines Kollegen, massiere den Rücken einer guten Freundin, streichle die Füße deines Chefs, und kraule deinem Bruder den Rücken. Das ist ein natürliches Bedürfnis, dem selten nachgegeben wird, und das macht es kompliziert. Abstand zu halten bedeutet, daß wir positive Energien zurückbehalten und nicht weitergeben können. Dabei ist es so einfach, eine Hand auf die Schulter zu legen, jemanden sanft in den Arm zu kneifen, richtig an sich zu drücken – das gibt soviel mehr als der förmliche Händedruck.

Du wirst überrascht sein, wie leicht und angenehm du mit Menschen umgehen wirst und sie mit dir, wenn du für deren Berührungen offen bist und sogar darum bittest. Andere zu berühren erweitert und vertieft den Kontakt ohne komplizierte verbale Formalitäten. Und es funktioniert.

Es gibt jedoch einen Zustand, in dem du selbst die intensivste Berührung nicht mehr spürst. Dieser Zustand ist der des Todes. Der Gedanke daran ruft häufig Ängste hervor – was er nicht unbedingt muß. Er kann dir nämlich auch Einsichten vermitteln. Führe deshalb die folgenden Handlungsvorschläge aus. Sie zeigen dir auch, daß du im Angesicht des Todes zwei Möglichkeiten hast zu reagieren:

a: Ich bin bereit dazu oder **b:** Hätte ich nur ...

Noch hast du viel Zeit, dein Leben so zu gestalten, daß du dereinst wirst sagen können: »Ich bin bereit ...«

Mache es dir in deinem Sessel bequem und schließe die Augen. In dem Wissen, daß du sie wieder aufschlagen kannst, **versetzt du dich nun gedanklich in den Augenblick deines Todes.** Wie wird man auf deinen Tod reagieren? Wer kommt zur Beerdigung? Und was werden sie im Beerdigungszug zueinander sagen. Wer wird dich vermissen? Und wovon handeln die Ansprachen? Das letzte kannst du jetzt schon erraten. Man wird dich wegen deiner Persönlichkeit, deines Einsatzes und deiner Bedeutung für die anderen loben.

Man wird sich daran erinnern, daß du Wärme und Liebe ausgestrahlt hast und für die Gesellschaft überaus wertvoll gewesen bist. Ist das so? Werden sie das sagen? Oder hörst du einige Beerdigungsteilnehmer tuscheln: »Schade, daß er nur an das Materielle gedacht hat. Wir haben wenig von ihm gehabt. Er hat immer genommen, aber was hat er eigentlich gegeben? Wann hatte er Zeit für dich?«

Du kannst aufgrund deiner bisherigen Lebensführung bereits angeben, wie der Kommentar deiner Mitmenschen ausfallen wird. Bist du zufrieden mit dem, was sie sagen werden, oder denkst du, daß sie sich auch an einige dunkle Kapitel deines für immer zugeschlagenen Tagebuches erinnern werden?

Es dauert sicher noch sehr lange, bis es soweit ist, und es bleibt immer noch jede Menge Zeit, um den Kommentar der Hinterbliebenen zu beeinflussen. Du kannst bestimmen, ob Menschen betrübt oder erfreut sein werden, dich gekannt zu haben. Du weißt selbst am besten, was zu tun ist, um ihr Andenken zu beeinflussen. Tue es also. Und tue es jetzt.

»Tun« kann auch die Bedeutung von »lassen« haben. Ich werde es dir mit dem nächsten Vorschlag erläutern: **Laß los.** Wenn du Schmerzen in deinen Zehen hast, dann achte darauf, wie das Blut in deinen Ohr rauscht. Nörgelt deine Frau den ganzen Tag herum, dann soll sie nur weitermachen. Der Regen perlt an dir ab, als hättest du das Federkleid einer Ente. Der Ober, der dich um zehn Mark prellt, bekommt ein Schulterzucken als Reaktion; keine Sitzplätze im Zug? Dann bleibe doch einfach stehen!

Übe es einen Tag lang, und du wirst sehen, wie angenehm du lebst. Der Flegel, der vor dir in die Parklücke drängt, kann dir nichts mehr anhaben. Lache darüber. Laß nur los, auch wenn dir zunächst die Flegelei empörend erscheint und du die Neigung verspürst, dich aufzuregen. Alles, was dich normalerweise stört, wischst du mit einer großzügigen Geste weg. Was macht es schon?

Für alles gibt es eine Zeit und einen Ort. Wenn du in der Lage bist, dich nicht mehr über unwichtige Dinge aufzuregen, dann schaffst du Platz für das, was wichtig ist. Du erlebst es als große Erleichterung. Ist Piet wieder einmal zu spät? Sein Problem. Schließen die Bahnschranken vor deiner Nase? Toll, dann kannst du ein bißchen im Auto aufräumen. Laß es nur geschehen, und achte darauf, daß deine Gefühle nicht mit hineingezogen werden.

Das ist nicht gleichbedeutend mit ignoranter Gleichgültigkeit. Es bedeutet, daß du den Gegenständen, die für dich sehr wohl wichtig sind, bewußt Aufmerksamkeit schenkst. Und indem du ihnen keinen Widerstand entgegensetzt, bringen sie dich noch vorwärts. Übe einen Tag lang, an allem, was dir nicht dient, vorüberzugehen, und konzentriere dich auf das, was gut für dich ist. Laß los, und du wirst besser als je zuvor.

Gerade im zwischenmenschlichen Bereich kommt es häufiger zu Situationen, die dich an negativen Gefühlen festhalten lassen. Daher mein nächster Vorschlag: **Sei** einmal **widerstandslos**.

»Mistkerl! Kannst du die Augen nicht aufmachen! Nörgelfritze, Verrückter, Idiot, Hornochse. Zur Hölle mit dir. Verreck doch, du Saftsack!« Du lachst freundlich zurück.

»Dumme Gans! Du kannst überhaupt nichts. Blödes Miststück, dahergelaufenes. Dich kann man zum Mond schießen, du Zimtzicke!« Du schenkst dem Absender ein Lächeln.

Wenn dir jemand eine knallen will, schaue ihn erwartungsvoll und freundlich an. Sie sagt, daß du ihr Kummer gemacht hast. Du verstehst es. Du willst dich mit einem Freund verabreden, aber er hat nie Zeit. Du akzeptierst es.

Natürlich hast du das Gefühl, vernachlässigt zu werden, aber du reagierst nicht aggressiv, du bist widerstandslos. Du bringst Verständnis auf, und deshalb ist für Zorn kein Platz. Daran muß man sich erst gewöhnen. Normalerweise würdest du zurückschreien, handgreiflich oder böse werden und dich wenigstens auf eine heftige Diskussion einlassen. Streit! Verbale Gewalt.

Dieses Mal hast du nicht das Bedürfnis, dagegen anzugehen. Es kommt zu keiner Diskussion, weil du es dem anderen nicht mit gleicher Münze heimzahlst. Im Gegenteil, du reagierst positiv auf das Negative, das auf dich zukommt – und es wird ein phantastischer Prozeß in Gang kommen.

Wenn du **Böses mit Gutem vergiltst**, bekommst du Gutes zurück. Das Durchbrechen einer negativen Verkettung von Ursache und Folge wird in reichem Maße mit positiven Gefühlen belohnt. Denke an Mahatma Gandhi. Er verhielt sich widerstandslos, und was hat er erreicht? Selbstschutz ist eine natürliche Reaktion und für dein Recht einzutreten auch. Ohne Widerstand aber gibt es für den anderen keine Ehre zu erlangen. Nichts eskaliert. Wut und Aufregung verschwinden wie ein Fleck beim Weißen Riesen. Du lachst darüber.

Einem Lachen und einem Lächeln ist niemand gewachsen. Das ruft immer eine positive Reaktion hervor. **Trainiere** heute **deine Lachmuskeln**. Du kannst sie in deinem linken und rechten Mundwinkel finden. Ziehe sie hoch, atme oben in die Brust ein, und du mußt lachen. Höre nicht sofort wieder auf, lache weiter! Du kannst ohne Grund lachen, einfach lachen. Du fragst dich sicher, warum du lachen solltest, wenn es nichts zu lachen gibt?

Steige in die U-Bahn, die Straßenbahn oder den Zug und schaue dir die Leute an. Oder sieh dir die Gesichter der Menschen auf der Straße an – verzerrt und verkrampft sind sie. Wenn diese Menschen ab und zu ihre Lachmuskeln trainieren würden, bekämen sie eine sanfte, freundliche Ausstrahlung, die unseren Alltag in den öffentlichen Verkehrsmitteln und im Supermarkt weitaus gemütlicher machen würden.

Lachen ist genauso ansteckend wie Gähnen. **Gähne** jetzt **einmal lange und herzhaft**, und achte auf die Reaktion, die du damit hervorrufst. Auch dein Lachen verführt deine Mitmenschen, es dir nach zu tun, und ohne Anlaß werden alle fröhlicher und lockerer.

Den gleichen Effekt hat es, wenn du dir selbst eine positive Frage stellst. Du bist dir wahrscheinlich gar nicht bewußt, wie unglaublich viele Fragen du dir täglich stellst. Als du gerade den Absatz über die Lachmuskeln gelesen hast, hast du dich wahrscheinlich gefragt, ob das ernst gemeint war.

Vielleicht habe ich dich überzeugt, falls nicht, dann wird deine interne Kommunikation weiterhin abwägen. Du fragst dich ständig, ob etwas gut oder schlecht für dich ist. Jeder Mensch ist innerlich fortwährend damit beschäftigt, etwas für sich zu beurteilen. Soll ich dies oder soll ich das tun? Gehe ich nach links oder nach rechts? Hält sie etwas von mir?

Kann ich das tun? Soll ich Paul de Leeuw oder Ted de Braak im Fernsehen anschauen? Gibt es ein Leben nach dem Tod? Soll ich ihn anrufen? Alle Fragen führen zu Antworten, die jedoch nicht immer positiv ausfallen müssen.

Stelle dir jeden Tag mindestens eine positive Frage. Das kann beim Aufstehen oder kurz vorm Einschlafen sein. Du bekommst immer eine positive Antwort. Es dürfen auch mehrere Fragen sein. Zum Beispiel: Was sind die angenehmen Dinge des Lebens? Was macht mich glücklich? Worauf bin ich stolz? Was darf ich morgen Schönes tun?

Positive Fragen stellen den Gegenstand in einen positiven Rahmen. Das gelingt sogar nach einem katastrophalen Tag. Er erscheint dir dennoch geglückt, wenn du dir zu ihm eine positive Frage ausdenken kannst. Dann kommt die positive Antwort nämlich wie von selbst – und der Tag ist gerettet. Stelle dir also jeden Tag mindestens eine Frage. TSJAKKAA!

Menschen, die als Lebenskünstler gelten, verfügen über die Fähigkeit, sich mit positiven Fragen zu bombardieren. Aber sie tun noch etwas mehr. Sie leben jetzt, in diesem Augenblick und genießen ihn. **Genieße alles, was dir der Moment bietet.** Du liest jetzt. Genieße es. Genieße den Moment, in dem du aufstehst, den Duft der Zahnpasta, den Geschmack des Orangentees beim Frühstück, die Kinder, die zur Schule gehen, die Sonne, die im Glas funkelt, den Regen, der gegen die Scheibe prasselt, das Radio, die Geräusche auf der Straße, das Summen des Motors, die Reaktion deines Autos auf die Lenkradbewegungen, die Ampel, die Baustelle, die Schlange am Schalter, das Wartezimmer des Zahnarztes, das vergnügte Gesicht von jemandem, dem du begegnest …

Genieße jeden Augenblick. Du lebst in diesem Augenblick

und in allen anderen, die ihm folgen. Entscheide dich dazu, ihn zu genießen, dann bist du ein Lebenskünstler. Du mußt es nur wollen und dann tun.

Marilyn Monroe hat ein unsterbliches Wort ausgesprochen: »*The best things in life are free.*« Glück zu erfahren hängt nicht von einem dicken Geldbeutel ab. Ein Beispiel: **Denke an etwas, was du gerne haben wolltest und auch bekommen hast.** Erinnere dich, dann wirst du das Glücksgefühl automatisch noch einmal verspüren, und das kostet nichts. Die Freude, daß dein größter Wunsch in Erfüllung gegangen ist, sitzt noch in dir, und du kannst sie wieder hervorholen, indem du jetzt daran denkst.

Denke an dein erstes Moped, den Diamantring, den du von deinem Liebsten bekamst, als er um deine Hand anhielt, die unvergeßliche Kreuzfahrt in der Karibik. Du weißt es selbst am besten. Wenn du die Erinnerung hervorholst, verspürst du das Glück vergangener Tage. Es ist normal, daß die erste Freude in Vergessenheit gerät. Du gewöhnst dich an den Diamantring, die teure Uhr oder das Moped. Im Laufe der Zeit wird selbst das teuerste Geschenk zu etwas ganz Normalem.

Es war ein unvergeßlicher und großer Augenblick, als ihr das erste Haus zusammen gekauft habt, aber so ist es halt: Nach ein paar Jahren ist das eigene Haus nichts Besonderes mehr – im Gegensatz zu den schmucken kleinen Villen in der Nebenstraße … Dein erstes Auto, für das du drei Jahre gespart hast, war dein ganzer Stolz – irgendwann sprang es morgens nicht mehr an, und du kauftest ein neues.

Zurückzugehen zu den Momenten intensiver Dankbarkeit wird deine Freude erneuern. Du frischst das freudige Gefühl von damals wieder auf und weißt neu zu schätzen, was du dir vor Jahren hast leisten können. Emotionales Recycling ist für deine innere Umwelt sehr gut.

Denke jetzt an etwas, das du gerne haben wolltest, aber nicht bekommen hast. Da brauchst du sicher nicht lange nachzudenken: eine große Reise, einen Opel Calibra Turbo, die eine gutaussehende junge Frau oder der irre Typ, ein Kind oder eine Stelle, die dir durch die Lappen gegangen ist. Du hast alles dafür getan, aber es hat nicht geklappt. *Rien ne va plus.*

Jetzt, wo du dich daran erinnerst (beachte: es ist kein aktueller Wunsch), zeigt sich, daß du Abstand dazu gewonnen hast. Dein damaliger Wunsch spielt keine Rolle mehr in deinem Leben. Du bist gewachsen und hast es hinter dir gelassen. Es könnte sogar sein, daß du im nachhinein ganz froh bist, daß er nicht in Erfüllung gegangen ist: mit dem Calibra hättest du dich zu Tode fahren können und bei der Stelle wäre vielleicht ein Despot dein Vorgesetzter gewesen. Im Laufe der Zeit hat sich der Wunsch also relativiert.

Wenn du diese Erkenntnis auf deine heutigen Wünsche überträgst, werden sie sofort ein wenig kleiner. In einigen Jahren wirst du anders über sie denken. Mit diesem Gedanken kannst du leichter akzeptieren, daß dein jetziger Wunsch nicht erfüllt wird. Du lernst, daß dein Wunsch nicht auf ewig ein Wunsch bleiben muß. Er kann verblassen. Dieser Gedanke beruhigt.

Auf diese Weise kann dir der Verstand weiterhelfen, die Gefühle zu lenken und für dich nutzbar zu machen.

Du kannst jedoch auch mal versuchen, deinen Verstand völlig auszuschalten und vollständig nach dem Kompaß deines Gefühls zu steuern.

Mache deshalb heute alles nach deinem Gefühl. Du tust nur, was dir dein Gefühl eingibt, und denkst nicht weiter darüber nach. Wenn du spürst, daß du im Bett liegenbleiben solltest, bleibst du liegen. Schalte sofort das Schuldgefühl aus, auch wenn dir der Gedanke kommt, daß du dadurch zu spät zur Arbeit kommen wirst. Heute ist dein Gefühl-Tag, also denken wir nicht darüber nach. Wir folgen unserem Gefühl. Fühlst du dich mehr nach Tee als nach Kaffee, dann entscheidest du dich für Tee. Fühlst du, daß du jemanden anrufen solltest, dann greife sofort zum Hörer und wähle die Nummer.

Einen ganzen Tag lang nur zu fühlen ist keineswegs ein Luxus, denn wir lassen uns beinahe ausschließlich von unserem Verstand leiten. Es ist eine gute Übung, von jetzt an bei deinen alltäglichen Entscheidungen das Gefühl mitsprechen zu lassen. Dein Verstand kann weiterhin beteiligt bleiben, aber setze mehr auf dein Gefühl. Auf diese Weise entwickelst du Intuition, ein Gefühl, das immer recht hat und der Logik haushoch überlegen ist.

Noch einen Schritt weiter und du gelangst zur Meditation. **Meditiere!** Ziehe die Vorhänge zu. Zünde eine Kerze an, und schalte das Licht aus. Setze dich auf einen ruhigen Platz, und versuche, dich zu entspannen. Nimm dir ruhig Zeit dafür. Betrachte die Kerzenflamme, und mache deinen Kopf leer. Atme tief durch die Nase ein und durch den Mund wieder aus.

Atme tief weiter. Zähle langsam von eins bis zehn.
Entspanne deine Zehen, deinen Spann, deine Knöchel, deine Waden.
Entspanne dich.
Entspanne deine Knie und deine Oberschenkel.

Entspanne dich.

Entspanne dich völlig.

Entspanne deinen Bauch, deinen Nabel, dein Zwerchfell, deinen unteren Rücken und deinen oberen Rücken.

Entspanne dich.

Entspanne deinen Hals und deinen Nacken.

Laß deinen Unterkiefer los.

Entspanne deine Wangen, deine Augen.

Laß deine Augenbrauen hängen, entspann deine Ohren und deine Haare.

Atme ruhig ein und aus.

Auf diese Weise versinkst du in dich selbst.

Entspanne dich.

Bleibe in diesem Zustand und sieh einen langsam dahinplätschernden Bach in einer grünen Landschaft, höre das sanfte Rascheln der Blätter an den Bäumen, das Rauschen des Meeres. Erlebe es so intensiv, daß du dich immer mehr entspannst. Visualisiere die Natur, in der alles seinen natürlichen Lauf nimmt.

Du bist ein Teil davon, und die Natur ernährt dich.

Entspanne dich.

Entspanne dich fünfzehn Minuten, und zähle dann langsam rückwärts von zehn bis eins. Bei eins öffnest du die Augen und stehst langsam auf. Bewege dich vorsichtig, dann schneller, immer schneller. Du birst vor Energie, weil du hundertprozentig entspannt bist. So findest du Ruhe in dir.

Auch hier gilt, daß die Übung den Meister macht.

Meditation wird manchmal auch als eine moderne Form des Betens bezeichnet, aber es gibt einen wesentlichen Unterschied. Bei der Meditation löst du dich, machst deinen Kopf frei und vertiefst dich in dir. Du wartest und beobachtest, was in dir vorgeht. Beten ist dagegen nach außen gerichtet. Du investierst Gedankenkraft und Energie in den Kosmos, der für dich arbeitet. Sie entspannst dich nicht, im Gegenteil. Du konzentrierst dich. Probiere es einmal aus.

Bete! Nimm dir Zeit. Falte deine Hände. Bete.

Traue dich, um etwas zu bitten. Traue dich, dankbar zu sein.

Tue es früh morgens und/oder spät abends.

Nimm dir jeden Tag ein paar Minuten Zeit für dein Gebet.

Amen.

Dies sind Handlungsvorschläge für den Geist, die du alle zu Hause umsetzen kannst. Und da wir jetzt schon einmal in diesem Umfeld sind, fordere ich dich auf, darüber **nachzudenken, warum du eigentlich auf dieser Welt bist**. Denkst du manchmal über deine Bedeutung und Funktion nach, die du in diesem Leben hast? Setze dich ruhig aufs Sofa, laß dich nicht ablenken, und stelle dir diese Frage.

Bist du hier, um es anderen Menschen unangenehm zu machen? Ist das dein Karma, oder bist du hier, um es anderen angenehmer und schöner zu machen? Ist es deine Aufgabe, viel Geld zu verdienen? Ist der Grund für dein Dasein der Genuß? Oder ist es die Askese, die dich mit allerlei Hindernissen konfrontiert? Willst du mithelfen, die Ungerechtigkeit auf Erden zu beenden, indem du den Hunger abschaffst? Willst du einen Beitrag zum Schutz der Umwelt leisten? Willst du den Fortschritt, oder bist du eher konservativ? Bist du auf dem Weg zum Frieden mit dir selbst?

Die Frage ist sehr persönlich. Eine der angeführten Antworten zu nehmen wäre zu einfach. Wenn du nicht so schnell zu einer Antwort gelangst, dann mache dir klar, wie klein und unbedeutend du bist und was für ein nichtiges Rädchen du im Vergleich mit den fast sechs Milliarden Bewohnern dieses Erdklumpens darstellst – nichtig zwar, trotzdem jedoch wertvoll und unverzichtbar.

Es ist eine sehr große Welt, an der du mitarbeitest. Wenn du ausfällst, steht das Räderwerk still. Die Welt hält für einen Augenblick an, weil sie deinen Beitrag vermißt. Ohne ihn verliert die Welt den Zusammenhang, an dem du mitwirkst. Denn wir alle sind zu einem bestimmten Zweck in diese Welt gekommen.

Was hältst du von der folgenden für mich sehr treffenden Metapher? Stelle dir eine Bauzeichnung für ein großes Haus vor. In dem Plan sind überall kleine Steine eingezeichnet. Auch das Fundament besteht aus kleinen Steinen. Würden diese Steine fehlen, dann bräche das ganze mächtige Gebäude zusammen. Andere Steine stützen das Dach, und wieder andere sorgen dafür, daß die Stufen der Treppen nicht nachgeben. Genauso wie jedes einzelne kleine Steinchen in diesem gigantischen Gebäude haben auch wir eine Funktion.

Du magst zwar erkennen, daß du klein und nichtig bist, aber nichts und niemand kann dich ersetzen oder deine Aufgabe übernehmen. Du bist einzigartig. Deine Aufgabe hier ist einzigartig.

Du bist das Rädchen, um das sich alles dreht, und wenn du noch einmal überlegst, was du erreichen willst – und du handelst dementsprechend –, dann bist du ganz TSJAKKAA!

Das sind tiefsinnige Gedanken. Nimm dir Zeit dafür.

So kannst du dir über deinen persönlichen Wert Klarheit verschaffen. Das Erkennen des Selbstwerts ist das Öl in der sozialen Maschine. Ein schlechtes Selbstbild frißt Energie, während du mit einem guten Selbstwertgefühl Berge versetzen kannst. Hast du Schwierigkeiten, ein Kompliment zu akzeptieren? Bitte um eins!

Beschäftige dich zehn Minuten ernsthaft mit dir selbst, und **stelle eine Liste mit allen Eigenschaften zusammen, aufgrund derer du dich selbst liebst.**

Nimm ein Stück Papier oder einen Schreibblock und einen gut schreibenden Kugelschreiber, stelle eine Tasse dampfenden Kaffee oder ein herrliches Bier daneben, oder nimm einen Zug von deiner Zigarette, falls du rauchst. Und dann fängst du an. Setze dir zum Ziel, mindestens 25 Eigenschaften zu finden:

Magst du dich, weil du so selbstsicher bist, oder wegen deiner Stupsnase? Wegen deiner schönen, langen Haare? Deines Humors? Deiner Großzügigkeit? Weil du so sachlich bist? Magst du dich, weil du immer anderen zur Verfügung stehst? Ich schwöre dir, daß es dir nicht leichtfallen wird, 25 Eigenschaften zu finden, die dir einen Grund geben, dich selbst zu lieben. Es ist für die meisten Menschen viel einfacher aufzuschreiben, warum sie sich nicht liebenswert finden.

Ich bleibe aber bei meiner Aufforderung. Schreibe so viele Charakteristika wie möglich auf.

Betrachte dein Äußeres (schöne Beine?) und deine Charaktereigenschaften (vergnügt?) – deine Kreativität (da hast du noch einen Grund!) wird schnell zunehmen. Es fällt dir immer leichter, entsprechende Merkmale zu finden. In dem Maße, wie du dich selbst herausputzt, wirst du glänzen und strahlen – was zur Folge hat, daß du in diesem Licht noch mehr Schönes an dir entdecken wirst. Bist du religiös, gut zu Tieren, reinlich oder magst du den Duft deines ungewaschenen Körpers nicht? Macht nichts, schreibe es auf, und werde dir der guten und schönen Aspekte deiner Person bewußt.

Auf diese Weise durchbrichst du die Gewohnheit, dir Gründe auszudenken, weshalb du mit dir unzufrieden sein solltest. Dieser Weg ist breit und sehr bequem. Nimm statt dessen den schmalen Pfad des positiven Blicks. Das ist die größte Herausforderung, und deshalb erhältst du dafür auch die größte Belohnung. Führe dir anhand vieler, vieler Argumente vor Augen, daß du allen Grund hast, dich zu lieben – und irgendwann wirst du in Jubel ausbrechen.

Du hast dir niemals klargemacht, was für ein phantastischer Kerl du bist. Das alles steckt in dir, und jetzt darfst du

es auch noch genießen. Das ist der Turbo für dein Selbstvertrauen und dein Selbstwertgefühl. Du verfügst offensichtlich über mehr gute Eigenschaften, als du geglaubt hast. Hebe die Liste auf und erweitere sie, wenn dir etwas Neues einfällt.

Wenn du das abgeschlossen hast, wird es dir nicht schwerfallen, **dir ab und zu selbst ein**

Kompliment zu **machen**. Du kannst dir jederzeit zu etwas gratulieren. Das kann schon morgens mit dem Blick in den Spiegel beginnen: »Du siehst heute gut aus.« Mache dir selbst ein Kompliment zu der Auswahl deiner Kleidung und »du warst wirklich clever, den Stau zu umfahren«. Du bist den ganzen Tag damit beschäftigt, dein Tun positiv zu bewerten, auch wenn es dir unbedeutend erscheinen mag. Dein Kompliment wird dich aufmuntern und weiter motivieren. Schmeckt die Suppe? Gut gemacht! Dies wird deine Neigung verstärken, auch anderen Komplimente zu machen, vor allem denen, die es am meisten verdienen. Du kennst jetzt deine guten Eigenschaften und kannst dir selbst für die kleinste Kleinigkeit danken. Das ist prima. Nun wirst du dir vielleicht noch wünschen, reich zu sein, dann wäre das Glück perfekt.

Ich habe eine Überraschung für dich: **Du bist reich**!

»Ich? Reich? Aber mein Konto steht in den roten Zahlen!« Na also! Viele Menschen können nicht einmal in den roten Zahlen stehen, weil sie keinen Kredit bekommen. Du bist reich, weil du ein Dach über dem Kopf hast, so oft fernsehen kannst, wie du willst, alle Bücher lesen kannst, die du willst, sprechen kannst, mit wem du willst. Du bist reich, wenn du abends deine Kinder zu Bett bringst. Du bist reich, wenn deine Tochter zu dir sagt: »Ich hab dich lieb«, obwohl sie schon 23 ist. Du bist unermeßlich reich, steinreich, schaue dich nur einmal um. Dein Leben ist Reichtum.

Du kennst sicher den Unterschied zwischen dem Optimisten und dem Pessimisten. Der erste sagt, die Flasche sei »halb voll«, der andere: »halb leer«. So kannst du auch dein

Leben betrachten. Wenn du es unter die Lupe nimmst, tue es mit dem Blick des Optimisten. **Sei ein Optimist.** Wenn es regnet, ist das gut für den Garten, und über Schnee freuen sich die Kinder.

Ist der Fernseher kaputt? Dann hast du Zeit für ein Buch. Brennt dein Freund mit deiner Freundin durch? Wie gut, daß du rechtzeitig dahintergekommen bist, und du nun wieder deine Freiheit genießen kannst. Dir wurde gekündigt? Das eröffnet zahllose Möglichkeiten, etwas anderes zu tun und sich um das eigene geistige Wachstum zu kümmern.

Optimistische Menschen sehen erst die sonnige Seite und schätzen das Gute an sich, ihren Beziehungen, ihrem Haus und ihrer Umgebung. Sie achten nicht auf Unvollkommenheiten, sondern sehen den großen Zusammenhang. Sie sehen, was klappt. Hast du Segelohren? Dann hast du sicher ein schönes Gebiß. Pflanzen wachsen immer der Sonne entgegen. Du kannst das gleiche tun. Suche die Sonnenseite, und wachse nach oben. Dann bist du unschlagbar.

Manche Menschen sind der Ansicht, sie seien bereits auf der Sonnenseite, weil sie ein flinkes Mundwerk entwickelt haben. Sie sind schnell mit einem Kommentar bei der Hand, weil sie gelernt haben, daß Angriff die beste Verteidigung ist. Diese Menschen haben immer eine Entgegnung parat und lassen sich nicht in die Ecke treiben. Deshalb machen wir einmal genau das Gegenteil. **Sei einen Tag lang nicht so pfiffig.** Selbstsicher zu sein ist gut, aber sich auf das zu konzentrieren, was genau der andere meint, ist besser. Es ist möglich, daß die Hälfte dessen, was der andere sagt, nicht einmal zu dir durchdringt, weil du sofort alles auf dich beziehst. Schlucke einen Tag lang deine Entgegnungen hinunter. Beiße dir auf die Zunge, höre zu, und zähle erst bis zehn, bevor du deine Entgegnung formulierst. Reagiere langsamer.

Sich einen Tag lang keine Geltung zu verschaffen, einen Tag nicht schlagfertig oder der Schönste sein wollen, wird dir Ruhe einbringen. An diesem Tag wirst du erkennen, daß du nicht nach deinen Worten beurteilt wirst, sondern nach deinen Taten.

An sich selbst zu arbeiten bedeutet auch, sich von Zeit zu Zeit zu verwöhnen. Du brauchst nicht zu warten, bis ein anderer auf diese Idee kommt. **Mache etwas, womit du dich verwöhnst.** Ist es die Sauna, eine Kosmetikbehandlung oder ein Windbeutel? Hast du etwas im Schaufenster gesehen, dessen Anschaffung du als »sündhafte Verhätschelung« bezeichnen würdest? Kaufe es! Du bist es wert.

Was wünschst du dir? **Nenne drei Wünsche für Aladins Wunderlampe.** Fühle dich nicht durch die Art deiner Wünsche eingeschränkt. Du darfst ruhig »gigantoman« sein. Oder hast du eher einen kleinen, aber feinen Wunsch?

Kurble deine Phantasie an, und stelle dir vor, daß deine Wünsche in Erfüllung gehen. Das ist die reine Tagträumerei, aber sehr schön. Fordere ein Kind dazu auf, und es schreibt sofort 1001 Wünsche auf. Völlig ungebremst will es alles mögliche haben und tun.

Als Erwachsene wissen wir, daß viele unserer Wünsche unerfüllbar sind, aber jetzt sollst du wieder wünschen wie ein Kind und drei Wünsche benennen. Möchtest du einen anderen Mann oder eine andere Frau? Einen Rolls-Royce mit Chauffeur? Mit Madonna in einer Badewanne voller Champagner liegen? Willst du bei einer Weltraumreise dabeisein? In der Frankfurter Alten Oper vor Zehntausenden von ausgeflippten Fans auf einer Bühne stehen? Der Leibwächter von Whitney Houston sein? Willst du mit einem Playgirl bummeln gehen? Aladin reibt an der Lampe und flupp…, in deiner Phantasie ist er schon in Erfüllung gegangen.

Die Wirklichkeit kann noch ein bißchen auf sich warten lassen, aber man weiß ja nie. Die Saat des Wunsches ist ausgebracht. Die Ernte kann sich unerwartet ankündigen.

Nach einem Sprichwort sind sie Schäume, aber das stimmt nicht. Erst recht nicht, wenn du dir **deinen eigenen Traumtag einrichtest**. Das machst du folgendermaßen: Du setzt dich mit einer dampfenden Tasse Kaffee hin und denkst nach, welche Ingredienzien deinen Traumtag ausmachen.

Edith, die Freundin einer meiner Mitarbeiterinnen, hatte sich vor kurzem einen Traumtag gegönnt. »Ich bin den ganzen Tag im Bett geblieben«, erzählte sie. »Mit meinem Freund natürlich. Wir hatten am Tag vorher allerlei leckere Sachen zum Essen eingekauft und zubereitet. Beim Kiosk haben wir Zeitungen und Zeitschriften gekauft und den Fernseher samt Videogerät neben das Bett gestellt. Was für ein Tag. Ein Traumtag«, sagte sie begeistert, und das konnte man ihr ansehen, weil sie dabei errötete.

Was würdest du an deinem Traumtag tun? Einen Einkaufsbummel machen? Einen Kurztrip nach London buchen, um die Matinee eines Musicals im Westend zu besuchen? Oder wärst du am liebsten einen ganzen Tag lang auf Hallig Hooge? Träume deinen Traumtag, und er kommt auf dich zu. Mache deinen Traum konkret, indem du einen Stift nimmst und dein Programm detailliert aufschreibst. Genieße die Vorfreude des Planens, und entwirf einen »Fahrplan«, der dir unmöglich erscheint; dadurch, daß er schwarz auf weiß auf dem Papier steht, bist du ihm schon ein Stück näher gekommen.

Denke nun etwas länger **über jemanden nach, den du bewunderst.** Es ist egal, ob dieser Mensch noch unter uns weilt oder nicht. Es kann jemand sein, der ganz in deiner Nähe wohnt, oder jemand, der sehr weit von dir entfernt lebt wie Arnold Schwarzenegger oder Claudia Schiffer. Es kann dein Vater, deine Mutter oder dein Partner sein oder das Kind, das so schnell lernt. Frage dich in aller Ruhe, warum genau du diesen einen Menschen so bewunderst. Es muß etwas sein, das dich anspricht. Entdecke, was du bewunderst. Auf diese Weise lernst du etwas über dich selbst.

Ein wenig Aufwand für dein Äußeres stärkt das Ego. Du wirst das feststellen, wenn du **ein Einstecktuch trägst.** Frauen steht es genausogut wie Männern. Ein Einstecktuch ist ein kleines, schönes Taschentuch aus Seide, das extra dazu angefertigt ist, um dich prächtig in Erscheinung treten zu lassen. Es gibt dir etwas Fröhliches und Freundliches. Das Einstecktuch braucht nicht genauso gemustert zu sein wie die Krawatte oder das Hemd. Stecke das Tuch ganz lässig in die Brusttasche, und zeige damit, daß du das Leben liebst.

Du verstärkst diesen Effekt noch mit **einer Blume im Knopfloch.** Unser Prinz Bernhard pflegt diese Gewohnheit schon sein Leben lang. Jeden Morgen wird ihm eine frische weiße Nelke überreicht. Prinz Bernhard genießt das Leben, und die Nelke ist zum Symbol dafür geworden. Welche ist deine Lieblingsblume? Eine schöne blutrote Rose sieht toll aus, ebenso ein Gänseblümchen. Eine Blume in deinem

Knopfloch muntert nicht nur deinen Tag auf, sondern auch den der anderen.

Willst du deinen Alltag etwas prächtiger gestalten, weil du der Ansicht bist, daß die Tage unter der Woche so gewöhnlich sind, dann mache folgendes. **Ziehe dich schön an und gehe aus.** Kleide dich prächtig und festlich. Lackiere Finger- und Fußnägel. Schenke deinem Make-up liebevolle Aufmerksamkeit, oder rasiere dich gründlich. Putze dir die Zähne, und lege ein angenehmes Parfüm oder *Eau de toilette* auf. Sobald du in den Spiegel schaust, bist du schon in der richtigen Stimmung. In der Zwischenzeit hast du dir sicher schon überlegt, wohin du gehen willst: in eine Bar, ins Theater oder in die Disko. Es gibt allen Grund, festlich gestimmt zu sein, denn heute ist ein besonderer Abend. Dieser Alltagsabend selbst ist das Fest, einfach so. Und fragt dich jemand, warum du so top aussiehst, dann genügt: »Ich feiere heute abend den Abend.«

Das war das, was dich betrifft. Zur Belohnung der letzte Vorschlag in diesem Kapitel.

Mache einen Tag lang … nichts.

Arbeit

Im Pendlerzug morgens um acht Uhr gibt es wenig zu lachen. Man hofft auf einen Sitzplatz, und wenn man dann einen gefunden hat, trieft der Verdruß an den Fenstern herunter – eigenartig. Möglich wäre ja auch eine ausgelassene Stimmung. Schließlich kann sich heutzutage jeder freuen, der einen Arbeitsplatz hat. Von dieser Freude aber ist nichts zu sehen. Wenn die Pendler arbeitslos wären, würde die Stimmung wahrscheinlich ganz auf den Nullpunkt sinken.

»Arbeit adelt«, sagte man früher, aber morgens ist davon wenig zu merken. Die mürrischen Gesichter hinterm Steuer im Berufsverkehr zeichnen kein rosiges Bild von der arbeitenden Bevölkerung. Sie blickt unwirsch drein. Sie scheint kollektiv zum Arbeiten verurteilt zu sein. Eine Strafe, die bis zum 65. Lebensjahr dauern wird.

Wenn das Arbeiten zu solchen Formen nationaler Schwermut führt, wie müssen sich dann erst die Frühpensionäre und Arbeitslosen fühlen? Vielleicht sind sie ja auch munterer, weil ihnen der Gang zum Büro oder zur Fabrik erspart bleibt.

Karel ist ein guter Bekannter von mir, der zwanzig Jahre in derselben Druckerei gearbeitet hat und eines Tages erfuhr, daß der Betrieb verkleinert werden sollte: »Gerade erst fünfzig, und was dann?«

Karel: »Die Tatsache, daß man auf der Straße steht, ist am schlimmsten. Das geringere Einkommen ist noch zu verschmerzen. Aber ausrangiert zu werden, das ist übel, mußt du wissen. Hinzu kommt noch, daß die Leute denken, ich würde von der Arbeitslosigkeit profitieren – nur weil ich Arbeitslosengeld bekomme. Sie vergessen, daß ich dafür seit meinem zwanzigsten Lebensjahr eingezahlt habe.«

Es ist die übliche Geschichte. Niemand scheint zufrieden zu sein. Bist du es? Stelle dir mal die Frage: »Warum arbeite ich eigentlich?« Jeder Mensch hat ein anderes Motiv, warum er arbeitet. Der eine möchte mit seinen Händen etwas Schönes gestalten, der andere möchte im Team etwas auf die Beine stellen. Wenn du eine Arbeitsstelle hast, dann denke jetzt darüber nach, warum du dieser Arbeit nachgehst und was deine Berufswahl beeinflußt hat. War es deine eigene Wahl, oder wollte dein Vater, dein Onkel oder deine Lehrerin, daß du dich um diese Stelle bewirbst? Zu deiner großen Überraschung bekamst du den Job dann auch – und konntest nicht mehr zurück?

Ich kenne genügend Menschen, die arbeiten und sich mehr Zeit für die schönen Dinge des Lebens wünschen. Sie freuen sich samstags über ihren freien Tag, denn endlich können sie nach einer arbeitsreichen Woche die Dinge tun, die das Leben sinnvoll machen: mit ihrer Frau einkaufen, Auto waschen und mit den Kindern auf den Spielplatz gehen. Abends sehen sie sich ein Video an oder das Honeymoon-Quiz im Fernsehen. Sie genießen ihr Wochenende. Wenn du arbeitslos bist, hast du jeden Tag diese Möglichkeiten – vielleicht aber kannst du sie gerade deshalb nicht so genießen.

Wieviel Menschen haben zu Hause gelernt: »Müßiggang ist aller Laster Anfang«? Du hast auch gelernt, daß du im Schweiße deines Angesichtes dein Brot verdienen mußt, daß du an sechs Tagen arbeiten und am siebten ruhen sollst. Das ist die Grundlage unserer Arbeitsmoral. Viele Arbeitslose fühlen sich schuldig, weil ihre Situation diesen Vorgaben nicht entspricht.

Die Zeiten ändern sich schnell, immer schneller. Die Arbeitswoche wurde auf viereinhalb Tage verkürzt. Roboter und Maschinen sorgen dafür, daß niemand mehr schweißtreibende Arbeit verrichten muß. Der Sonntag ist auch nicht mehr heilig, da die Geschäfte am siebten Tag ihre Pforten öffnen. Das Arbeitsethos hält nicht mehr Schritt mit der neuen Zeit.

Der stigmatisierende Begriff »Arbeitsloser« ist überholt. Es gibt Leute mit und ohne Arbeit, das ist alles. Der technische Fortschritt hat halt zu einem geringeren Arbeitsvolumen geführt. Du kannst das für eine ärgerliche Entwicklung halten, denn da stehst du nun mit allen guten Vorsätzen – und bekommst einfach keine Stelle.

Die Medaille hat aber auch eine Kehrseite: Du hast keinen Chef, der dich antreibt, du reist außerhalb der Hauptsaison, du kannst schön ausschlafen oder unter der Woche ins Phantasialand fahren. Kurzum: Du kannst dir deine Zeit frei einteilen. Außerdem hast du Zeit für all die Dinge, zu denen du als arbeitender Mensch nicht kommst.

Man braucht schon ein wenig Kreativität, um den einzelnen Tag sinnvoll zu gestalten. Morgens um neun Uhr zur Arbeit zu gehen, abends um sechs wieder nach Hause zu kommen, Schuhe aus, Pantoffel an, und nach den Tagesthemen ins Bett zu gehen ist vergleichsweise einfach.

Wer nicht arbeitet, muß seinen Lebensrhythmus völlig verändern und neu einrichten. So entledigst du dich am sichersten eventueller Schuldgefühle.

Ein Tip: Gehe ehrenamtlichen Tätigkeiten nach. Ich frage mich allen Ernstes, was einem Leben mehr Würde und Sinn verleiht: die ehrenamtliche Tätigkeit oder die Routine einer Neun-bis-sechs-Uhr-Stelle?

Wie kannst du dich also für deine Umgebung und somit für dich selbst nützlich machen? Es wird in unserer Gesellschaft noch so viel Hilfe benötigt. Alte Leute, Pflegebedürftige und Kranke werden in der modernen Gesellschaft an den Rand gedrängt.

Für mich besteht kein Unterschied zwischen den Menschen, die arbeiten und die nicht arbeiten. Der Unterschied liegt nur in der Art und Weise, wie du damit umgehst.

Wer arbeitet, ist in den Augen der Nicht-Arbeitenden manchmal beneidenswert. Der Neid würde verblassen, wenn man messen könnte, wieviel Spaß der Arbeitende bei seiner Arbeit wirklich hat. Denke an die strengen Gesichter im Berufsverkehr ...

Viele Arbeitende bewegen sich in einem Kreislauf, der nur zu häufig ein falsches Gefühl von Geborgenheit vermittelt. Jeden Tag tun sie mehr oder weniger dasselbe, das Wochenende ist auch einigermaßen vorhersehbar, und einmal im Jahr ist Weihnachten. Heute ist gestern, ist morgen. Das nennt man: Eintönigkeit. Die Sicherheit, die sie gibt, besteht nur darin, Unsicherheiten fernzuhalten.

Diejenigen, die arbeiten, möchte ich deshalb fragen: Verläuft dein Leben nach deinem Geschmack? Willst du gerne etwas anderes? Eine eigene Firma vielleicht? Wer »ja« sagt, wird im gleichen Atemzug ein paar Gründe anführen, warum er damit noch nicht angefangen hat: »Dafür gibt es keinen Markt«; »Ich habe kein Geld für eine eigene Firma«; »Ich trage die Verantwortung für meine Familie« oder »Ich muß eine Hypothek abzahlen«. Diese Gründe sind natürlich alle zutreffend und nachvollziehbar.

Es ist jedoch auch zutreffend, daß du dir deine Wirklichkeit schaffst und sie in einen anderen Bezugsrahmen stellen kannst. Du bist dann in der Lage, die bestehende Situation aus einer anderen Perspektive heraus zu betrachten. Nutzt du diese Chance, wirst du wieder schätzen, was du vorher gründlich satt hattest. Du holst die angenehmen Aspekte ans Licht und rückst die negativen in den Hintergrund: Hast du Krach mit den Kollegen, dann betrachte auch die Tatsache, daß ihr trotzdem als Team funktioniert. Ist dein Chef ein gemeiner Hund und steht er bei dir ständig auf der Matte, dann heißt das für dich, daß er dir viel Aufmerksamkeit schenkt.

Arbeit kann Streß verursachen, keine Arbeit zu haben auch. Konsequent und bewußt anders zu denken als normalerweise schafft eine neue Dimension. Hin und wieder die angenehmen Seiten zu genießen reicht nicht aus. Bewerte konsequent und bewußt neu. So oft du kannst, besser noch immer, denn Übung macht den Meister. Trainiere, die schönen Seiten der Dinge zu sehen, und fege deinen Frust vom Tisch, immer wieder. Dein Verstand schafft das schon. Er ist so flexibel, er kann alles, was du willst. Natürlich denkt dein Verstand in Mustern und Schablonen, die du im

Laufe deines Lebens erworben hast. Wenn du davon abweichst, sie zurückläßt, wirst du mehr wahrnehmen. Du siehst und hörst dann plötzlich völlig neue Zusammenhänge und Übereinstimmungen. Du siehst das Stück Stoff anstelle der losen Fäden. Du siehst Möglichkeiten.

Die Monotonie der Arbeit ist einerseits beruhigend, bestätigend und übersichtlich, andererseits kann sie der Langeweile Vorschub leisten. Darüber könntest du dich ärgern.

Deshalb ein paar Vorschläge, mit denen du deine Arbeitssituation verbessern kannst, wenn du in ein Tief zu geraten drohst oder dich bereits in einem befindest.

Arbeite einmal von 6.00 Uhr bis 9.00 Uhr und von 17.00 Uhr bis 22.00 Uhr und nimm dir zwischendurch frei. Die Zeit, in der normalerweise gearbeitet wird, kannst du jetzt nach eigenem Gutdünken verbringen. Wenn andere sich rasieren, schminken, frühstücken oder in die Röhre gucken, bist du schon bei der Arbeit.

Die anderen werden überrascht sein, wenn du morgens um sieben schon am Telefon hängst oder abends um neun

noch beschäftigt bist. Das wird die Aufmerksamkeit erhöhen. Vielleicht bringst du deine Bekannten auch auf die Idee, die Zeit anders einzuteilen.

Deine Kollegen sind erstaunt, daß du gehst, wenn sie kommen, und daß du kommst, wenn sie nach Hause gehen. Du fährst an allen Staus vorbei, kaufst in aller Ruhe ein, holst deine Kinder mittags von der Schule ab, ißt mit ihnen und bringst sie noch zum Sport. Deine Produktivität wird zunehmen, weil du nicht von den Kollegen abgelenkt wirst. Bestimmte Abläufe anders zu organisieren versetzt dich und die anderen in Bewegung. Es ist gerade die Dynamik, der Schwung, der häufig durch Gewohnheit und Abnutzung verlorengegangen ist.

Das gilt auch für deinen Arbeitsplatz. Jeden Tag ist alles gleich. Sachlichkeit ist Trumpf. Der Computer, das Telefon, die Akten – alles steht da, wo es stehen soll, nur der Bilderrahmen und das Stofftier geben dem Ganzen eine persönliche Atmosphäre. **Dekoriere deinen Arbeitsplatz!** Es ist immerhin der Ort, an dem du täglich sehr viel Zeit verbringst. Und da das ganze Leben ein Fest ist, darf dein Arbeitsplatz das auch widerspiegeln. Gib ihm eine neue, persönliche Note, indem du Fotos, Blumen, Girlanden und Lampions aufhängst. Verändere die Anordnung hin und wieder, aber achte darauf, daß deine Umgebung farbenprächtig bleibt. Das wird Erstaunen und vielleicht auch Mißfallen hervorrufen, besonders bei den Arbeitstieren, die sich ständig im Kreis bewegen und deren Pfade ausgetreten sind. Die Verschönerung hat auf dich einen so aufmunternden Effekt, daß es Schule machen wird.

Organisiere ein gemeinsames Wochenende mit deinen Kollegen. Ergreife die Initiative und lade sie in eine Hütte ein, zu einem Seminar, zum Bungalowpark Port Zélande, in einen Center Park, nach Euro Disney oder in die Ardennen.

Achte darauf, daß ihr mindestens eine Nacht überbrücken müßt, denn das heißt gemeinsam essen, schlafen und aufstehen.

So lernst du deine Kollegen außerhalb der alltäglichen Arbeitsroutine kennen. Das wird eine Überraschung. Der stille Mann aus dem Postzimmer entpuppt sich als geselliger Conferencier, der Macho aus der Marketingabteilung traut sich nicht im Dunkeln durch den Wald, und die Kollegin aus dem Sekretariat ist die Stimmungsmacherin des Festes. Und der blonde Flirt, die Chefsekretärin, kocht ausgezeichnet. Viele Menschen haben mehr zu bieten, als sie im Büro erahnen lassen. Es gibt eine Art dahinterzukommen: Lade sie zu einem gemeinsamen Wochenende ein.

Du hast deine Kollegen schon zweimal in Erstaunen versetzt, jetzt ist dein Chef an der Reihe. **Lade deinen Chef oder deine Chefin ein, einen Abend mit dir auszugehen.** Egal, was du von deinem Chef hältst oder er von dir – lade ihn ein. Du tust es nicht, um über deine Arbeit zu sprechen oder um eine Gehaltserhöhung zu bitten, und ganz sicher nicht, um über Kollegen zu lästern. Du tust es einfach, um ihn besser kennenzulernen.

Wenn du in einem großen Betrieb arbeitest, wird der oberste Chef nicht mit jedem einzelnen Mitarbeiter ausgehen können. Aber ich kann mir vorstellen, daß er eine große Zahl der Einladungen annehmen wird. Sprich über Hobbies, deine Kinder, seine Kinder, die beiden Familien, das Leben, eure Karrieren und eure Träume. Das ist ein netter Kontakt ohne Bedingungen.

Traust du dich nicht, dann gib ihm dieses Buch mit einem Lesezeichen an dieser Seite. Markiere diese Idee. Oder du erzählst ihm, daß ich dich aufgefordert habe, es zu tun. Laß mich hinterher wissen, wie es war.

Eine Abteilung in einem großen Betrieb ist häufig eine Brutstätte von Klatsch und Tratsch, Sympathie und Antipathie. Das ist eine normale und akzeptierte Erscheinung, die jedoch keinem nützt. Dieses eingerostete System persönlicher Interessen muß durchbrochen werden. **Gehe** doch einmal **eine halbe Stunde früher zur Arbeit.** Stelle die Heizung an, mache Kaffee und Tee, und sorge dafür, daß für jeden alles bereitliegt. Begrüße deine Kollegen, und gib jedem die Hand. Selbst die, die dich für einen Arschkriecher halten, müssen zugeben, daß das eine richtig nette Geste ist.

Du *brauchst* das nicht zu tun. Du *darfst* es. Du erwartest keine Gegenleistung. Du tust es aus Nettigkeit, als Überraschung.

Du kannst sicher sein, daß deine Kollegen fröhlich und überrascht sein werden. Die Stimmung ist gut. Die morgendliche schlechte Laune verschwindet. Ein Lächeln bricht durch.

TSJAKKAA! Und das alles deinetwegen!

Aus dem Stegreif noch ein paar Vorschläge für deine Arbeit:

* **Nimm die Treppe anstelle des Aufzugs, und achte darauf, wem du begegnest.**
* **Räume dein Büro auf, damit sich die Putzkraft freut.**
* **Spendiere einfach so ein Kuchenstückchen.**
* **Putze nach der Arbeit die Toiletten.**
* **Verbringe einmal eine Nacht beim Wachdienst.**

* Erzähle einen Witz im Fahrstuhl.
* Hilf der Putzfrau einen Abend.
* Stelle dich an die Ausfahrt der Tiefgarage, und wünsche jedem ein schönes Wochenende.
* Stelle deinem Chef anonym einen Blumenstrauß auf den Schreibtisch.

Der Ausländer

Für die meisten meiner Landsleute sind Ausländer auch Menschen. Wenigstens, solange es sich um Amerikaner, Engländer oder Schweden handelt. Es wird schon anders, wenn der Ausländer belgischer Nationalität ist. Dann wird er zur Zielscheibe holländischer Spottlust. Bei Deutschen wird es noch schlimmer. Ich mag die Zahl der Niederländer nicht nennen, die noch immer das Fahrrad ihres Opas zurückhaben wollen.

Asiaten sind bei uns relativ gern gesehen, denn ihr Phlegma fügt sich recht ordentlich in unsere Art zu leben und zu denken ein. Und du wirst mir zustimmen, daß ein Babi Pangang oder ein Nasi Rames prima zu Grünkohl und Kotelett mit Rosenkohl paßt.

Wir gelangen an einen Tiefpunkt in unserer Wertschätzung für Ausländer, wenn es um Marokkaner, Türken, Surinamer, Bewohner der Antillen und Ghanaer geht – es sei denn, sie schießen für unser Land Tore, am liebsten gegen Deutschland. Dann schließen wir unsere schwarzen Landsleute in unsere weißen Arme. Schießen sie aber daneben, dann traktieren wir sie mit Bananensalven.

Es gibt bestimmt viele Niederländer, die mit dieser Art der Diskriminierung nichts anzufangen wissen. Anderen wiederum geht das nicht weit genug. Öffentlich schüren sie die Vorurteile bis zum blanken Haß, und das ist beschämend.

Die Scheinheiligkeit der breiten Masse jedoch läßt vermuten, daß unser Volk tolerant und freundlich gegenüber ausländischen Mitbürgern ist. Aber schaue in die Herzen der Menschen, höre auf ihre Gespräche an der Theke und du wirst eines Besseren belehrt. Die Niederlande schaudern vor Arabern und Farbigen. Es hat keinen Sinn, das zu leugnen. Jeder, der Augen und Ohren hat, kann es sehen und hören.

Uns allen geht es unglaublich gut. Die Niederlande sind ein reiches Land. Aber sind wir in der Lage, bereitwillig abzugeben, den Reichtum zu teilen? Nein, wir schauen lieber auf Frauen mit Kopftüchern und langen Kleidern herab, weil sie anders sind.

Radio und Fernsehen strahlen Fernsehspots der staatlichen Aufklärung über ausländische Mitbürger aus. Wir sehen z. B. einen Mann auf den Knien, der sich ständig nach vorne beugt wie die Muslime in der Moschee. Der Sprecher teilt uns beruhigend mit: »Wenn Sie weiterschauen, sehen Sie einen Fliesenleger.« Es ist aufschlußreich, daß die Regierung auf diese Weise die rassistischen Tendenzen in der Bevölkerung verändern will. Es ist wieder einmal die Angst, die uns umtreibt. Angst vor allem, was anders ist. Angst, daß wir selbst zu kurz kommen. Wir sehen nur die Unterschiede, und eiskalte Schauer laufen uns über den Rücken.

Ich will hier nicht den Moralapostel spielen und mit dem schrecklichen Zeigefinger auf alle zeigen, die Asylsuchende als Bedrohung erleben. Die Welt wäre ein Paradies, wenn alle verständnisvoll und nett miteinander umgingen. Aber davon sind wir leider weit entfernt.

Wir können jedoch anders mit der Realität umgehen und dadurch unsere Gefühlswelt verändern. Wir müssen unseren Verstand nur so programmieren, daß er nicht auf primitiv aufbrechende Impulse reagiert. Dann wirst du bei einer Konfrontation mit Ausländern nicht automatisch von negativen Gefühlen durchspült.

Auf eine positive Art und Weise zu schauen vermittelt ein gutes Gefühl und eine positive Stimmung. Das hat wiederum einen Einfluß auf dein Verhalten.

Du machst dir also selbst eine große Freude damit, wenn du **Ausländer**, ausländische Mitbürger, Gastarbeiter, Anderssprachige, Mitmenschen anderer Hautfarbe oder Farbige **mit anderen Augen betrachtest**, so daß du auf dich und die anderen positiv einwirkst. Du wirst auf deine ausländischen Kollegen oder Nachbarn ganz anders zugehen können und dem Traum eines harmonischen Miteinanders näher kommen.

Du beginnst damit, daß du zunächst die Unterschiede ignorierst oder als eine Bereicherung akzeptierst. Betrachte die Gemeinsamkeiten. Glaubst du, daß eine marokkanische Mutter ihr Kind weniger liebt als eine Mutter aus Purmerend? Glaubst du, daß ein albanischer Vater nicht genauso gern mit seinem Sohn angeln geht wie ein Vater aus Waalwijk?

Das Äußere ist unterschiedlich, der kulturelle und kulinarische Hintergrund ist anders (wieder etwas, das bereichert), aber der türkische Schreiner verspürt den gleichen Schmerz wie ein Zaandamer, wenn er sich auf den Daumen schlägt. Er hat Hunger, wenn er nichts zu essen bekommt, er liebt die Musik und den Tanz, er braucht Schlaf. Er ist genauso stark und verwundbar wie wir. Lachen, Weinen, Sex, Schmerz und Genuß, Angst und Freude, Rührung und Aufregung – die ganze Skala von Emotionen, die wir kennen, ist auch ihnen bekannt.

Sie sehen dieselben Farben, hören dieselben Vögel, schmecken denselben Geschmack von Pfefferminz, riechen denselben Geruch frischen Kaffees und fühlen wie wir die helfende Hand. Die italienischen Eisverkäufer und Restaurantbesitzer haben sich einen Platz in unserer Mitte erworben; Menschen mit einer anderen Hautfarbe oder diejenigen, die hinter dem Eisernen Vorhang gelebt haben, noch nicht. Das wird geschehen, aber wie lange wird es dauern? Wir müssen ihnen helfen und den Anpassungsprozeß beschleunigen.

Die zweite Generation spricht Niederländisch mit dem Akzent der Gegend, in der sie aufwuchs. Wie weit bist du eigentlich aus dem ursprünglichen Nest geflogen? Kommst du aus Leeuwarden und wohnst jetzt in Diemen? Stand deine Wiege in Brabant, und arbeitest du zur Zeit in Amsterdam? Es ist nicht ausgeschlossen, daß deine Eltern Hugenotten waren, die aus dem Süden in unser Land geflüchtet waren. Es könnten auch portugiesische Juden gewesen sein. Oder war dein Vater ein Kanadier, der mit deiner Mutter ein wenig zu stürmisch die Befreiung feierte?

Wenn du deinen Stammbaum betrachtest, begegnest du unter Umständen deinen eigenen ausländischen Vorfahren. Wie sieht ein »durchschnittlicher Niederländer«, wie sieht »Hans Mustermann« eigentlich aus? Frage dich das einmal. Der durchschnittliche Leser dieses Buches ist 28 Jahre alt, aber für die meisten Leser trifft das nicht zu. Ich will damit sagen, daß man keine Gruppe über einen Kamm scheren kann.

Verschiebt sich die Akzeptanz ein wenig, dann rücken uns die ausländischen Mitbürger sofort ein Stück näher. Erkenne an, daß sie da sind, und akzeptiere, daß sie bleiben werden. Du kannst dich dagegen wehren, aber das ist eine Energieverschwendung, die deinem Wohlbefinden schadet. Sei realistisch und öffne dich für deine Mitbürger. Dann geht es dir besser.

Die Indonesier, die in die Niederlande kamen, wurden vollständig in die Gesellschaft integriert. Wir schlemmen ab und zu ihre Reistafel und verwenden auch einmal ein malaiisches Wort. Inwiefern sollten sie anders sein? Auch sie waschen samstags ihr Auto, und ihre Kinder glauben sogar an den Weihnachtsmann.

1956 kamen Ungarn in die Niederlande, die nach der Niederschlagung des Aufstands gegen die kommunistischen Unterdrücker in unser Land flüchteten. Weißt du das noch? Weißt du, daß dein Nachbar ein Ungar ist? Nein, er fällt als solcher gar nicht mehr auf. Er ist – wie du und ich – Niederländer. Vietnamesen verkaufen köstliche Frühlingsrollen auf dem Markt, und ihre Kinder gehen, wie es sich gehört, mit der Schultasche auf dem Rücken zur Schule.

Maslows Pyramide zeigt, daß Menschen an erster Stelle der langfristigen Sicherheit bedürfen. Mit dem Zustrom der Ausländer wird diese Existenzbedingung scheinbar in Frage gestellt. Wir sehen eben nicht mehr den »Fliesenleger«, sondern einen scheinbar fremdartigen Araber. Aber Angst ist ein schlechter Ratgeber.

Gehe einmal zum Schwarzen Markt in Beverwijk und zum Pasar malam. Die Verschiedenartigkeit der heutigen Gemeinschaft verdanken wir den Ausländern, die so mutig waren, Haus und Hof zu verlassen, um es anderswo besser anzutreffen. Was würdest du tun, wenn deine Kinder nichts zu essen hätten?

Eine Möglichkeit, Hilfe direkt vor Ort zu gewähren, besteht darin, die Probleme an Ort und Stelle zu lösen. Das geht z. B. durch das **Adoptieren eines Plan-International-Kindes**. Für 1,40 DM pro Tag adoptierst du ein Kind in der Dritten Welt. Für dich ist das ein minimaler Betrag, für das Kind vor Ort aber ein Vermögen. Das Kind kann jetzt zur Schule gehen, bekommt ordentliche Kleidung, das Dorf kann eine Wasserleitung anlegen, und die Frauen brauchen nicht mehr viele Kilometer zur nächsten Wasserstelle oder zum nächsten Brunnen zu laufen.

Die ganze Familie, einschließlich Opa und Oma, haben eine neue Zukunft. Sie erhalten nicht nur dein »Vermögen«, sondern auch Aufmerksamkeit, Liebe und Zuwendung durch Briefe oder einen persönlichen Besuch von dir. Sie erkennen, daß es auf der Welt Menschen gibt, die nicht nur reich, sondern auch menschenfreundlich sind. Die Telefonnummer von Plan International Deutschland e.V. lautet:

0 40-61 14 00. Du kannst auch an die folgende Adresse schreiben: Pestalozzistr. 14, 22305 Hamburg. Ein Anruf oder ein Brief genügt, und du wirst reicher durch deine Gabe.

Ausländische Mitbürger zu verurteilen ist falsch. Urteile erst einmal über dich selbst. Versuche, deine eigenen Gewohnheiten abzulegen, von denen andere meinen, du solltest sie ändern. Du findest es schon schwierig, statt zwei Zuckerstückchen nur eins zu nehmen, obwohl du dir das selbst vorgenommen hast. Wenn du also das nächste Mal Frauen mit Kopftüchern siehst und du feststellen mußt, daß dein Kollege nach 20 Jahren immer noch nicht perfekt unsere Sprache spricht, dann erinnere dich daran, wie schwierig es ist, alte Gewohnheiten abzulegen.

Die Integration von Ausländern in eine andere Nation ist mit beiderseitigen Korrekturen verbunden; man muß aufeinander zuwachsen. Du kannst dich dagegen wehren, wirst dann aber nur das Gegenteil erreichen. Stelle dir vor, dein Sohn kommt mit einem Freund nach Hause und gesteht dir, er sei homosexuell. Widerstand und Verurteilung bedeuten den Abbruch der Beziehung. Mit Verständnis und Toleranz hingegen erweiterst du die Perspektiven für alle Beteiligten.

Deine Tochter kommt mit einem Farbigen heim, der rappend auf der Schwelle steht. Jagst du die beiden mit einem Riesenkrach auf die Straße, wirst du allen eine Verlet-

 zung zufügen, die kaum mehr verheilen wird. Bist du freundlich und akzeptierst ihre Wahl, wirst du neue Erfahrungen machen und ein zufriedeneres Leben führen können.

Ein besseres Verständnis für Ausländer bekommst du erst, wenn du dir selbst die Chance gibst, sie besser kennenzulernen. Schaffe dir die Basis der Sicherheit und des Vertrauens. Dieses Gefühl kannst du hervorrufen, indem du deine Vermeidungsstrategie ablegst, den Kontakt suchst und z. B. einen Tag mit einem Ausländer verbringst.

Verbringe einen Tag mit deinem marokkanischen Nachbarn, deinem türkischen Kollegen oder einem Passanten aus Surinam. Gehe mit ihm in sein Café, und entdecke einen anderen kulturellen Hintergrund. Iß das Brot, das er ißt, und trinke den Wein, den er trinkt. Sieh dir die Fernsehprogramme in seiner Muttersprache an. Modelliere seinen Lebensstil einen Tag lang, und du wirst einen Rapport machen können, der dich in Staunen versetzt. Du hast einen neuen Freund gefunden. Erfreue dich an seiner Musik, betrachte die Welt mit seinen Augen. Erlebe einen Tag lang sein Leben, und du gewinnst Einblick in die Kultur deines ausländischen Mitbürgers. Das führt zu gegenseitigem Verständnis, Toleranz und schafft neue Freunde.

Wir machen weiter: **Lerne die alltäglichen Begriffe in einer fremden Sprache.** Sage zum türkischen Nachbarn »Guten Morgen« auf Türkisch, »Willkommen« in der Sprache der

Papua zu deinem Kollegen von den Antillen oder »Wie geht es Ihnen?« zum Marokkaner, der dir im Zug gegenübersitzt. Wie fühltest du dich, wenn dich jemand im Basar von Istanbul mit »Guten Morgen, gnädige Frau« anspräche? Du brauchst die Sprache nicht perfekt zu beherrschen. Einige wenige Wörter und Sätze reichen schon aus, um Rapport zu machen.

Die Medien bringen in fetten Schlagzeilen die Nachrichten, daß wieder einmal Stühle durch die Fensterscheiben eines Asylantenheims geflogen oder Menschen mit Fäusten aufeinander losgegangen sind. Und was sagen wir? »Sollen sie doch den Pöbel abschieben!« Wir wissen nicht, wie es ist, mit so vielen Menschen verschiedenster Nationalität auf engstem Raum zusammenzuleben. Wir kennen die Spannungen nicht, die die Unsicherheit im Hinblick auf die eigene Zukunft verursacht. Worüber regen wir uns eigentlich auf?

Besuche ein Asylantenheim. Rede mit den Leuten, die Haus und Hof verlassen haben, um hier Zuflucht zu finden. Hier fühlen sie sich sicherer, zu Hause erwartet sie der Hungertod oder die Folterkammer. Du hörst, wie tiefgreifend und erschütternd es für diese Menschen war, ihr Vaterland mit neuem und unbekanntem Ziel zu verlassen.

Stelle dir vor, dir würde ein solches Schicksal widerfahren. Du verlierst alles, was dir lieb und teuer ist. Du wirst von einem Mordkommando gesucht, das dir mit satanischem Vergnügen an die Kehle will. Wo sollst du hin? Du wählst ein Land, in dem du sicher leben kannst, es genug zu essen gibt und das deinen Kindern eine sichere Zukunft bieten kann. Alles, was dir ans Herz gewachsen ist, mußt du zurücklassen – um dann in einem fremden Land auf Menschen zu stoßen, die ihr eigenes Volk an erste Stelle setzen.

Hungrig, müde und mittellos kommst du an. Du hast keine Ahnung, wie es deiner Familie in deinem Heimatland ergehen wird. Wärst du froh, in einem Asylbewerberheim aufgenommen zu werden? Besuche eins und versetze dich in die verzweifelte Lage von Menschen, die auf bessere Zeiten hoffen. Diese Menschen haben nichts außer ihren Erinnerungen und die Hoffnung auf bessere Zeiten.

Unsere Kinder sind durch das viele Spielzeug, das ihr Herz begehrt, verwöhnt. Sie spielen mit allem, was Fisher Price, Mattel, Märklin, Lego und Nintendo ausspucken. Sie haben einen eigenen Fernseher im Zimmer, häufig einen CD-Spieler und den alten Videorecorder der Eltern. Es nimmt kein Ende.

Achte einmal darauf, wie in der Dritten Welt ein Kind mit einer Konservendose, einer leeren Streichholzschachtel oder einem kaputten Reifen spielt. Das Kind sieht in dem Abfall ein Auto, eine Puppe und einen Fußball. Es spielt voller Hingabe und Phantasie damit. Für das Kind ist es das Kostbarste in seinem Leben.

Straßenjungen in Rio de Janeiro laufen barfuß und in kaputten, schmutzigen Hosen über den Strand von Copacabana mit einem Stück Styropor unter dem Arm. Es ist ihr Surfbrett, daß sie von der Müllhalde geholt haben. Sie vergnügen sich damit.

Ich gönne Kindern aus der Dritten Welt alle Spielsachen, dennoch glaube ich, daß sie unseren Kindern etwas voraus haben. Sie können aus »Nichts« »Etwas« machen. Sie sind auf ihre Phantasie angewiesen und setzen sie – mit einem begnadeten Talent – auch ein. Von ihrer Vorstellungskraft können unsere Kinder noch einiges lernen.

Sehen und Hören ist das Tor zum besseren Verständnis. **Frage einen Süchtigen, warum er der Sucht anheimfiel.** Frage einen Junkie, Alkoholiker, Workaholics, Spielsüchtige etc. – die Antworten werden wahrscheinlich erschüttern.

Sucht ist eine Zwangshandlung. Es sind zunächst nicht so sehr die Stoffe, die die Suchtkranken in ihren Körper spritzen, stopfen, schlucken oder schnüffeln, es ist vielmehr ihr Verhalten, das die Abhängigkeit verursacht hat.

Versuche, dich in diese Personen hineinzuversetzen, die wahrscheinlich nicht so sind, wie du sein möchtest. Frage nach dem Wie und Warum der Sucht, versuche, Verständnis dafür aufzubringen. Du selbst hättest vielleicht auch süchtig werden können, wenn du in einem bestimmten Moment eine andere Entscheidung getroffen und die verhängnisvolle Verkettung von Ursache und Wirkung in Gang gesetzt hättest. Diese Erkenntnis stimmt dich dem Abhängigen gegenüber milder.

Höre dir objektiv seine Geschichte an, ohne sein Handeln zu rechtfertigen oder zu verurteilen – dann wirst du das Schicksal der Süchtigen besser verstehen.

Zeige für jeden Verständnis, der anders ist. Denn der andere ist so wie du. Manchmal nicht o.k., zu anderen Zeiten aber sehr o.k.. Verstehe den anderen, und du verstehst dich selbst. Und das ist **Tsjakkaa!**

Du hast noch Fragen, möchtest ein Seminar (auch in Deutschland) buchen, brauchst eine Unternehmensberatung, möchtest einfach »Guten Tag, Emile« sagen oder mir deine Kritik zu diesem Buch schicken, willst einfach nur anrufen, um die Leitung zu testen, oder Kassetten, Videos etc. haben …? – Hier ist meine Anschrift:

Ratelband Research Institute
PO BOX 282
6860 AG Oosterbeek, NL
Tel.: 00 31-26-33 40 204
Fax: 00 31-26-33 36 595

Auch die Großen der Geschichte mußten die Kleinigkeiten des Alltags bewältigen: Gauguin, Tolstoj, Schopenhauer und Dickens hatten zeitlebens Probleme mit Frauen. Mozart, Rembrandt und Marx fehlte es ständig an Geld. Händel, Flaubert und Bismarck litten an Übergewicht; Goethe, Baudelaire und Faulkner tranken zuviel... Gerhard Prause führt auf die unterhaltsamste Weise die kleinen Schwächen der Genies vor und zeigt anhand vieler amüsanter Episoden: Auch sie waren nur Menschen wie du und ich. Ein ebenso tröstlicher wie informativer Spaziergang durch die Geschichte.

Gerhard Prause

Genies ganz privat
Die kleinen Schwächen
großer Frauen und Männer

Mit zahlreichen Abbildungen

Econ | **ULLSTEIN** | List

Satirisch und ironisch, gleichwohl mit vollem Ernst, läßt Horst-Eberhard Richter die Meisterdenker Konfuzius, Platon, Buddha, Augustinus, Descartes, Marx, Freud und Einstein ein himmlisches Wortgefecht führen. So streiten sie, ob der globalisierte Ultrakapitalismus in weltweitem Chaos enden, ob die technologische Revolution eine schönere neue Welt bescheren oder ob ein gründlicher Sinneswandel die Menschen zur Gesundung ihrer Verhältnisse führen wird.

»Unter seiner Regie gelingt dem Club der toten Denker ein höchst lebendiger und spannender Dialog, der mitten hineinzielt in die ambivalenten Befindlichkeiten der Gegenwart.«

Die Zeit

Econ

Horst-Eberhard Richter
Als Einstein nicht mehr weiterwußte
Ein himmlischer Krisengipfel

Horst Eberhard Richter

Als Einstein nicht mehr weiterwußte
Ein himmlischer Krisengipfel

Econ | **Ullstein** | List